RENUNCIANDO POR AMOR

IZOLDINO RESENDE DE MORAIS
PELO ESPÍRITO ERNESTO

1ª Edição Impresso no Brasil
Agosto / 2012

Capa/Projeto gráfico
Hilário Silva Resende
Matheus Arantes

Revisão:
Mary Ferrarini
Cléia Silva
Ana Maria Costa

Preparação de originais
Romildes Carvalho da Silva
Eva Pereira da Silva
Cléia Silva

PEDIDOS:
Editora e Distribuidora de Livros Espíritas
"Cristo Consolador"
Nome fantasia: Editora e Distribuidora de Livros Espírita Chico Xavier
Rua: Geraldo Teixeira da Costa, 292
B. São Benedito – Telefones (0**31) 3636-7147 /
0800-283-7147
CEP – 33120-520 – Santa Luzia – MG
www.editorachicoxavier.com.br
contato@editorachicoxavier.com.br

Macedônio, Ernesto (Espírito)
Renunciando Por Amor / Izoldino Resende de Morais
- Santa Luzia: Editora Cristo Consolador – 2012.
376 p.
1. Romance Espírita 2. Obra Psicofonada.
I. Morais. Izoldino Resende de, II- Título.

ISBN: 978-85-60451-11-1 CDD 130

Todo o produto obtido com a venda do presente livro será destinado a divulgação da Doutrina Espírita e das obras assistenciais promovidas pelo Grupo Espírita "Eurípedes Barsanulfo", de Santa Luzia.

SUMÁRIO

Prefácio

"Os Espíritos não podem aspirar à perfeita felicidade enquanto não estão puros; toda mancha lhes impede a entrada nos mundos felizes. Assim acontece com os passageiros de um navio tomado pela peste, aos quais fica impedida a entrada numa cidade, até que estejam purificados. É nas diversas existências corpóreas que os Espíritos se livram, pouco a pouco, de suas imperfeições. As provas da vida fazem progredir, quando bem suportadas; como expiações, apagam as faltas e purificam; são o remédio que limpa a ferida e cura o doente, e quanto mais grave o mal, mais enérgico deve ser o remédio. Aquele, portanto, que muito sofre, deve dizer que tinha muito a expiar e alegrar-se de ser curado logo. Dele depende, por meio da resignação, tornar proveitoso o seu sofrimento e não perder os seus resultados por causa de reclamações, sem o que teria de recomeçar."

O Evangelho Segundo o Espiritismo. Cap. V – Bem-Aventurados os Aflitos – Item 10: Causas anteriores das aflições.

Abençoado mundo de Expiações e Provas, o planeta caminha celeremente para sua fase regeneradora, sob a sublime liderança do Cristo Jesus.

Esta é a notícia que nos chega dos planos espirituais.

A hora é de grandes mudanças físicas, espirituais e morais.

Durante a romagem terrestre, o homem experimenta sofrimentos e dores para os quais não encontra explicação.

Conforme estuda e progride, ele compreende que suas angústias e aflições têm raízes fincadas nos erros cometidos no pretérito espiritual.

Ele descobre que o caminho para a verdadeira felicidade passa, inevitavelmente, pela internalização dos ensinamentos do Cristo, pelo abandono de antigos vícios e paixões, pelo exercício do Amor e pela prática inadiável do Bem.

Criados simples e ignorantes, somos seres divinos em evolução, destinados à perfeição relativa.

A estrada do aperfeiçoamento é longa e requer disciplina, esforço, dedicação e fé para o desenvolvimento pleno das faculdades concedidas ao espírito pelo Criador.

A cada existência, mais uma oportunidade de aprendizado e crescimento, desde que saibamos usar o livre-arbítrio com sabedoria, em prol do aperfeiçoamento de nossas potencialidades.

A vida na Terra, que às vezes nos parece tão longa, é apenas um instante diante da Eternidade.

Que possamos aproveitar os apelos da espiritualidade superior para realizar todo o bem de que somos capazes.

Dotados de livre-arbítrio, somos responsáveis pelo sucesso ou insucesso de nossas empreitadas, que têm origem em nossas boas ou más escolhas.

A alegria do dever cumprido é a justa recompensa para as dores e tribulações enfrentadas no caminho e, até mesmo, para as lágrimas de dor e saudade tantas vezes derramadas.

Nessa fase de transição planetária, os espíritos amigos esperam de nós todo empenho, dedicação e abnegação necessários para a nossa renovação espiritual, aspirantes que somos a habitar futuramente a Terra regenerada.

Nesta obra, temos a oportunidade de acompanhar a trajetória de duas almas afins que se reencontram na Terra, mas que trazem provas previamente estabelecidas e necessitam trabalhar em favor do próximo e de seu próprio crescimento espiritual.

Sabemos que Deus, nosso Pai, não coloca fardos pesados em ombros frágeis e, por isso, constataremos o auxílio que lhes é endereçado pelo Plano Espiritual para o cumprimento de suas tarefas.

Mary Ferrarini

Capítulo 1

ALMAS AFINS

Corria o ano de 1944. O Brasil passava por uma grave crise econômica. O país ainda sofria amargamente a influência da Segunda Guerra Mundial.

Esta obra perpassa um período conturbado que o país atravessou, juntamente com seus desdobramentos econômicos, políticos e sociais na vida do povo brasileiro.

A história é relatada de forma moderada com relação aos acontecimentos históricos, e se passa no interior do estado de São Paulo. Conta a vida de duas famílias, com características e valores muito distintos, e a trajetória de duas almas afins, que vieram ao plano físico com uma grande missão.

Era uma fazenda de beleza inigualável, com pastos verdejantes, árvores frondosas e pássaros a cantarolar em uma divina orquestração. A natureza naquele lugar, sem dúvida, era sublime.

Os cuidadores da casa-grande, como assim a chamavam, eram o senhor Mário, um homem simples, de modos rudes, mas de bom coração, e sua esposa. Ela, dona Marina, era linda como uma flor, mulher humilde e de uma doçura encantadora. Estava sempre a cuidar do seu único filho, a joia rara de seu coração. O nome dele era André. Ele tinha 5 anos e era um menino carinhoso e muito inteligente.

Os donos daquele pedacinho de céu iam poucas vezes à fazenda. E aquela família humilde morava em uma casa nas imediações da casa-grande, para poder trabalhar e gerir a fazenda na ausência de seus proprietários.

André sempre acompanhava a mãe na lida com aquele antigo casarão de estilo colonial.

Marina era uma mulher de alma sensível e coração puro. Tinha verdadeira paixão pelas plantas, cuidava do grande jardim com muito carinho. De três em três dias, colhia lindas flores, colocava-as no vaso e as levava para enfeitar sua humilde casa.

O menino, criança ainda, achava interessante a mãe conversar com as flores. Antes de arrancá-las, ela pedia licença para pegar algumas e levá-las para sua casa, a fim de torná-la mais viva e feliz.

Aquelas conversas eram muito frequentes. Todos os dias, ao regá-las ou quando as podava, Marina sempre conversava com aquelas que se tornaram suas amigas.

Da mesma forma e com o mesmo carinho ela tratava os pássaros, que eram tão mansos que vinham comer em sua mão.

O jardim e o pomar daquela fazenda davam beleza e encanto àquele lindo lugar.

André tinha muita vontade de entrar no casarão e conhecer o seu interior, mas a mãe tinha medo de o menino cair nas escadas e se machucar, por isso pedia a ele que a aguardasse do lado de fora, enquanto executava a limpeza daquela linda mansão.

Naquele período de sua vida, André, na mais perfeita harmonia de uma vida feliz e tranquila, vivia em plenitude com a natureza, sem conhecer nenhuma outra criança.

Para ele, tudo ali era uma maravilha, não faltava nada. Era como se vivesse em um lugar encantado, onde a natureza se fazia presente em todos os momentos, com o cantar dos pássaros, a beleza esplendorosa das flores e o deslizar acariciador das águas do pequeno córrego que atravessava a residência.

Ali era o mundo encantado daquele menino.

Um lugar onde reinavam a paz e a alegria, enfim, tudo se resumia a felicidade e doçura na vida daquele pequeno ser.

Mas como a felicidade perfeita e sem mesclas ainda não pertence a esse mundo, a pobre e inocente criança não sabia o que estava por vir.

Uma grande reviravolta estava para acontecer na vida dos nossos personagens, que, até então, era só de encanto e felicidade.

Certa manhã de domingo, quando tudo parecia normal, André, passeando pelo jardim, deparou com um casal que observava tudo, debaixo de uma gigantesca mangueira. A casa centenária estava completamente iluminada. Na janela do segundo andar do casarão, André viu uma linda menina de cabelos cacheados e ficou encantado. Naquele momento, aquela pequenina lhe despertou uma enorme simpatia.

De modo impensado, começou a caminhar com os olhos fixos naquele rosto que o cativou profundamente. E era correspondido.

No momento em que André chegou à porta do casarão, entrou e viu que era muito mais bonito do que imaginava. Olhou para cima e viu o teto de madeira muito alto, bem distante dele. De modo infantil, ele subiu correndo a escada majestosa, avistou um longo corredor e viu que a menina vinha correndo em sua direção. Ao se aproximar dele, já foi logo o abraçando, pegando em sua mão e chamando-o para brincar em seu quarto, onde estavam os seus brinquedos.

As crianças ficaram brincando no quarto por muito tempo. Em dado momento, dona Laura, a mãe da menina Esther, começou a se preocupar com a demora da filha no andar superior da casa. Foi até o quarto da menina e, entrando, viu o menino brincando com sua filhinha.

Os dois riam e a menina demonstrava grande felicidade, como se eles já se conhecessem há muito tempo, divertiam-se na maior simplicidade. Dona Laura, então, perguntou à filha quem era aquele garoto. A menina, com uma voz meiga e alegre, disse que era seu mais novo amiguinho, que acabara de conhecê-lo.

O menino, então, falou à senhora:

— Eu moro na casa ao lado.

Dona Laura, então, concluiu:

— Ah, você é filho do caseiro?

O menino ficou calado, pois não sabia o que era caseiro.

— Qual o nome dele, minha filha?

Esther e André estavam tão felizes que se esqueceram de se apresentar, pois criança não tem esse tipo de formalidade. A menina somente se lembrou disso quando sua mãe quis saber o nome de seu mais novo amigo. Esther, então, apresentou seu novo amiguinho à sua mãe.

Dona Laura, olhando para as duas crianças brincando, de modo delicado, falou para o menino:

— André, é melhor você descer e ir para sua casa, sua mãe deve estar preocupada com a sua ausência. Outro dia, vocês brincam mais um pouco.

Esther insistiu para que o amigo ficasse um pouco mais, mas a mãe não realizou o desejo da filha. E André, então, retornou ao seu lar.

André era um menino muito doce. Aos 5 anos de idade, já sabia rezar o Pai-Nosso. À noite, era de seu costume olhar para o céu e se encantar com a beleza das estrelas, pois ali sentia a presença de Deus.

Sua mãe era a grande incentivadora do seu aprimoramento espiritual e moral. Marina sempre lhe ensinava que deveria viver honestamente. Nunca deveria desejar as coisas alheias e, principalmente, destacava a importância da prece e do ato contínuo de fazer o bem, do amor ao próximo e do respeito por todas as criaturas da natureza, e sempre agradecer a Deus pela vida e pelo alimento.

André fazia preces todos os dias, quando se levantava, na hora das refeições e ao se deitar. Sua mãe sempre orava com ele. E, assim, ele criou o hábito da oração.

André, apesar da pouca idade, já tinha muita fé no Criador, porque sabia, mesmo com a sua inocência infantil, que Deus é nosso Pai e que tem o poder de decidir tudo sobre a nossa vida, que, afinal, Lhe pertence. "Deus é dono de tudo, é muito maior do que imaginamos." Sua crença reforçava esses ensinamentos.

Dona Marina também explicava ao filho que todos nós temos um anjo da guarda, que é um amigo espiritual que acompanha as pessoas em todas as etapas da vida e que é concedido por Deus. Ensinava ao menino que podemos pedir ao Pai Celestial a ajuda necessária quando passamos por alguma dificuldade ou aflição, e o anjo da guarda tem o papel de amparar e de não deixar que nada de ruim aconteça conosco.

André tinha uma infinita admiração por sua mãe, que era, para ele, um modelo de vida, pois despendia amor em tudo o que fazia. Era uma mulher pobre aos olhos dos homens, mas rica aos olhos do Pai Celestial. Devotada a Deus, tinha muita fé na espiritualidade. Era uma mulher extraordinária! Assim, educou o filho dentro de tudo aquilo em que acreditava e que vivenciava. A criança, desde cedo, recebeu esses importantes ensinamentos.

André era muito carismático, amoroso, educado e humilde. Estava, agora, muito mais feliz com a presença de sua amiguinha.

André, extasiado por ter conhecido Esther, chegou em casa bastante entusiasmado com a novidade. E, adentrando o casebre, foi logo contando à mãe a experiência maravilhosa que tivera:

— Mamãe, eu ganhei uma amiguinha.

Marina estranhou o que o filho dizia por saber que na fazenda não havia crianças, a não ser Esther, a filha de seus patrões. E, então, pediu-lhe que explicasse melhor o que havia acontecido.

— Mamãe, a mãe da menina também é muito bonita e boazinha. Ela disse que eu posso voltar novamente para brincar com ela.

A mãe, após se recuperar da surpresa, perguntou ao filho como a menina se chamava.

O menino, no seu jeito infantil, falou:

— É Incefa, mamãe, Incefa.

A mãe, já ciente de quem se tratava, disse:

— Que nome difícil é esse? Não seria Esther?

Ele confirmou:

— Sim, mamãe, é esse mesmo.

A mãe, então, deu uma risada e disse:

— Meu filho, são os nossos patrões. Seu pai me disse que eles estavam a caminho. Nós trabalhamos para eles. Sabia que viriam de mudança, mas não imaginava que fosse assim tão rápido.

Depois que terminou as explicações, ela preveniu o filho, dizendo:

— Muito cuidado, meu filho, para não se envolver demais, porque eles são ricos e nós somos pobres. O mundo deles é muito diferente do nosso.

O menino, naquela inocência de criança, não replicou sua mãe por não entender o que ela havia dito. Após as palavras de advertência de sua genitora, foi para o jardim.

Quando André estava no jardim brincando, surgiram na frente dele dezenas de pardais e um passarinho azul, sendo que o último nunca tinha sido visto pelo menino. No mesmo instante, apareceu uma senhora sorrindo para ele.

Houve uma troca de olhares, que penetrara no fundo de suas almas. O menino ficou cativado pelo semblante agradável daquela senhora, que transmitia muita paz e serenidade.

Ao lado dela apareceu um senhor vestido de branco, muito simpático. O menino observou de longe que os dois conversavam constantemente e sempre olhavam para ele. Eram os espíritos Ernesto e Mariana.

Mariana era a avó materna do menino. No mundo espiritual, ela assumiu o compromisso de acompanhar o neto em sua nova missão, pois o menino teria de realizar grandes sonhos e grandes feitos nessa nova etapa, envolvendo o trabalho de caridade, fraternidade e humildade.

Eles estavam ali, juntos, para iniciar essa tarefa, já que o garoto tinha completado 5 anos de idade e estava dentro da programação divina desabrochar a mediunidade de vidência e audiência dele.

Ernesto e Mariana tinham o importante papel de ajudar e amparar André, para ele superar suas dificuldades na vida e tramitar no caminho programado pela espiritualidade maior. Por isso, eles estariam sempre por perto para ajudá-lo.

Além daquela missão de ajudar o próximo, fundando uma instituição religiosa que envolvesse a caridade e a fraternidade, ele também teria de passar por uma grande provação, que seria o relacionamento entre ele e sua amiguinha Esther, que tinha acabado de conhecer.

Esther também tinha uma missão: realizar um trabalho de educação em prol das crianças abandonadas. Nessa jornada, cada um tinha uma missão a cumprir.

A espiritualidade tinha um papel decisivo sobre a vida dos dois, e estaria sempre os amparando nas adversidades que viessem a surgir.

André e Esther traziam grandes afinidades de reencarnações passadas. Um amor muito profundo unia aquelas duas almas. Na última encarnação, os dois foram marido e mulher e viveram uma linda história de amor na vida material. Viveram sessenta anos juntos e sem nunca discutir.

A razão dessa afinidade grandiosa de André e Esther é o resultado de um convívio milenar. Mas encontrariam grandes dificuldades nesta existência para garantir a prova desse grande amor.

CAPÍTULO 2

ABENÇOADA MISSÃO

No mundo espiritual, eram aguardados com muita esperança pelos benfeitores espirituais. Os planos traçados para André, Esther e seus familiares estavam relacionados a débitos de reencarnações passadas.

Próximo do lindo jardim da fazenda, Ernesto, com grande expectativa e confiança no trabalho que iria iniciar com seus protegidos, disse a Mariana:

— Mariana, sabemos do compromisso dos dois, mas, já que se reencontram reencarnados e sob o esquecimento do passado, eles têm o livre-arbítrio. Podem tomar suas próprias decisões em relação aos compromissos assumidos na espiritualidade. Mesmo querendo conduzi-los para que possam executar suas tarefas dentro da programação divina, não podemos alterar seu livre-arbítrio. Eles podem mudar sua trajetória e não executar o que prometeram antes de reencarnar.

Na última reencarnação, os dois foram muito felizes, mas não ampararam os seus semelhantes. O relacionamento entre eles era intenso, mas não davam importância ao próximo. Não estendiam amor àqueles que sofriam. Viveram somente para si mesmos, sem filhos vindos dos laços consanguíneos, por serem estéreis. E, demasiadamente egoístas, nem sequer adotaram uma criança. Grandes oportunidades surgiram em seus caminhos, e eles tinham estrutura suficiente para isso, mas não quiseram praticar este amor entre os necessitados.

Esqueceram-se de que viver na Terra não é somente deleitar-se com seus prazeres, mas dividir o que temos de melhor com aqueles que sofrem e com todos os que batem à nossa porta em busca de ajuda, seja ela material ou espiritual.

É assim a Lei de Ação e Reação. É dando que se recebe! E é dessa forma que somos julgados diante daquilo que fizemos nesta ou em reencarnações passadas. Somos nós os únicos responsáveis pela situação evolutiva em que nos encontramos.

— Eles podem escolher, em razão do livre-arbítrio, mas nós vamos fazer de tudo para auxiliá-los nesta nova caminhada evolutiva.

Entre todas as missões, renunciar a si mesmo em favor do próximo é aquela que encontramos maior dificuldade para superar, em razão das imperfeições que adquirimos no decorrer da nossa existência como espíritos.

Muitos assumem compromissos de pequena relevância no Plano Espiritual, no entanto, ao reencarnarem retomam os mesmos vícios do passado.

Não há crescimento, estacionam como água numa fonte sem saída, por vários anos. Isso acontece com muitos de nós quando reencarnamos. O esquecimento do passado é uma bênção divina e uma prova da misericórdia do Pai.

O Livro dos Espíritos[1], de Allan Kardec, nos esclarece melhor sobre esse assunto:

"A vida do Espírito, pois, se compõe de uma série de existências corpóreas, cada uma das quais representa para ele uma oportunidade de progresso, do mesmo modo que cada existência corpórea se compõe de uma série de dias, em cada um dos quais o homem adquire mais experiência e instrução. Mas assim como na vida do homem há dias que não produzem nenhum fruto, na do Espírito há existências corpóreas que não lhe trazem nenhum resultado, porque não as soube aproveitar.

Bem se sabe que o círculo familiar não ocorre somente com a família consanguínea, mas se estende àqueles do nosso convívio diário. Portanto, quem está dentro ou fora da família faz parte da

1 *O Livros dos Espíritos*, Tradução: Bezerra, Evandro Noleto.Federação Espírita Brasileira, 2011, p. 181, pergunta 191-a.

nossa caminhada evolutiva. Nada pode continuar na imperfeição, tudo tem de ser mudado para melhor.

A água, para que seja utilizada em benefício das pessoas que queiram ter uma boa saúde, tem de ser purificada. Nós também: para que possamos ter a saúde espiritual, precisamos passar pela reforma íntima. A purificação é o resultado de tudo o que fazemos a nós mesmos em prol do nosso crescimento espiritual. Nesse processo, passamos por dores e sofrimentos, tudo na mesma proporção do que um dia causamos aos outros. Somos responsáveis por nossos atos. Assim, todas as coisas, positivas ou negativas, que vivenciamos têm como fim último a evolução de nosso espírito.

Na caminhada evolutiva, todos temos uma estrada a percorrer com o objetivo de evoluir sempre. Tudo o que depositamos nessa via, em reencarnações passadas, temos o compromisso de assumir. Ao reencarnar, temos a oportunidade de retirar tudo o que nos impede de avançar e vencer as dificuldades, seguindo no caminho designado por Deus. Muitas vezes, nessa caminhada, vamos machucar as mãos e os pés, porque em vidas passadas usamos os mesmos para machucar os outros. Esses sofrimentos, no entanto, não são vingança, mas um aprendizado. Eles nos fazem sentir a dor que provocamos nos outros, nos arrepender e nos redimir dos erros. Esta e a Lei de Causa e Efeito.

Vamos fazer de tudo para ajudar essas duas almas afins, já que, juntas, tiveram várias reencarnações na mesma família. Muitas vezes como marido e mulher, pai e filha e até como irmãos.

Os laços consanguíneos dos dois já se arrastam por milênios. Eles têm no coração um amor tão puro que lhes dará força para vencer as provações.

Infelizmente, há muitos casamentos por interesse financeiro. As pessoas se esquecem que, quando se casam, assumem um compromisso de prover filhos. Quando a vida a dois é norteada por interesses materiais, é efêmera, e isso inviabiliza uma vida feliz em família. Há muita coisa que os prazeres materiais, como o dinheiro, não podem nos oferecer.

Somente o amor supera as dificuldades vividas no tempo. Sem amor, torna-se impossível a vida a dois por muito tempo. Daí os numerosos casos de separação, na Terra, por falta desse nobre sentimento. Os bens materiais são passageiros, enquanto o amor transcende a vida física e permanece na vida espiritual e por várias encarnações.

Quando alguém afirma que a relação se enfraqueceu, está desgastada e que o amor se acabou, o que é impossível acontecer, pois o amor jamais acaba, na verdade está afirmando que o amor nunca existiu. Se findar é porque nunca existiu mesmo! Pode ter existido uma paixão ou uma fantasia, e tudo o que é fantasia tem um prazo de validade. O amor é transcendental. O casal que se ama, mesmo com o passar do tempo e as mudanças que houver, tem o coração vibrando intensamente de alegria, exatamente porque o amor transcende a ação do tempo.

Em seguida, os espíritos sorriram para o menino e desapareceram. Já havia se passado mais de meia hora desde que André tinha ido ao jardim. Ele ouviu os chamados da sua mãe, que o procurava. Ao encontrá-la, ele foi logo dizendo:

— Mamãe, no jardim havia uma senhora e um senhor. Os dois estavam em um canto conversando. A mulher era muito bonita, um pouco mais velha que a senhora. Eles ficaram olhando e sorrindo para mim, ficaram ali por muito tempo. Parecia que já me conheciam, mamãe!

Dona Marina pensou um pouco e disse:

— Meu filho, você está enganado, aqui não tem ninguém. Somente o pessoal que chegou, os nossos patrões. Lá na casa-grande não há pessoas mais velhas. O casal é jovem, e aqui por perto não mora ninguém com essas características. Como é que eles apareceram e sumiram assim?

— Não sei, mamãe, mas eles estiveram aqui por muito tempo.

A mãe concordou para não contrariar o menino. Em seguida, informou-lhe que iria à casa-grande. E o menino pediu:

— Deixe-me ir com a senhora?

— Sim, vou levá-lo, mas não faça novamente o que fez, de entrar na casa como entrou. Eu não gostei. O pessoal é rico e diferente de nós, eu já falei sobre isso.

Ao chegar ao casarão, a dona da casa veio receber a empregada e, como elas ainda não se conheciam, pois dona Laura nunca viera à fazenda, esta foi logo se apresentando, e a serviçal fez o mesmo. A dona da casa foi muito gentil com a empregada. Marina deu-lhe as boas-vindas e perguntou se precisava de seus serviços naquele momento.

Dona Laura respondeu:

— Tenho muita roupa para ser lavada. Se puder, queria que as lavasse. Quando terminar, ajude-me a desfazer as malas que ainda continuam fechadas, colocando as vestimentas em seus devidos lugares, nos guarda-roupas. Peço que tome cuidado com a roupa de meu marido, pois ele é exigente e gosta de roupa muito bem passada.

Marina ouviu todas as orientações domésticas e, depois, informou à patroa que tinha um filho que estava sempre a acompanhá-la. Desejava saber se isso poderia ser um problema para os donos da casa. Em seguida, de um modo despreocupado, dona Laura falou:

— Não tem problema algum, o menino pode subir e ficar brincando com Esther. Meu marido é muito ciumento, mas não vai se importar com a amizade das crianças.

Marina foi lá fora, buscou André pela mão e entraram. Quando já estavam subindo as escadas, indo para o segundo andar da casa,

Esther veio correndo ao encontro do menino. Delicadamente, tomou-lhe as mãos e, assim, se encaminharam para o quarto.

André prontamente se pôs a escolher algum brinquedo, mas observou que Esther, realmente, tinha muitos brinquedos para meninas; eram várias bonecas. Mas no meio daqueles brinquedos, ele viu um piano.

Perguntou a ela se podia brincar com aquele brinquedo. Ela disse que sim, e que ia ensiná-lo a tocar. E realmente ensinou-o a tocar algumas notas.

Naquele ambiente agradável, André estava muito emocionado pelo carinho e a amizade de sua amiguinha. E com um gesto voluntarioso, tentando agradar, perguntou se ela sabia rezar. A menina disse que não. E o menino se dispôs a ensiná-la a oração do Pai-Nosso.

— Sente-se e feche os olhos. Vou falar e você vai repedindo comigo. Vamos começar.

— "Pai nosso que estais nos céus, santificado seja o vosso nome, venha a nós o vosso Reino...".

Após repetidas vezes, em vários dias, a menina aprendeu a rezar a abençoada oração. Ele, então, pediu a ela que todas as noites, ao se deitar, fizesse essa oração e pedisse a proteção ao "Papai do Céu", para que Ele mandasse os anjinhos para cuidar dela.

Passaram-se alguns dias e, em uma tarde, os dois brincavam juntos. Dona Laura entrou no quarto da menina, que perguntou a ela:

— Mamãe, a senhora sabe rezar?

Atônita, a mãe, que não era afeita aos princípios religiosos, levou um susto e replicou:

— O que é isso, menina, de onde você tirou isso?

— A senhora não sabe, nunca rezou?

Desta vez, dona Laura, um tanto nervosa e acuada pela circunstância do momento, interrogou:

— Esther, pare com isso. Por que tantas perguntas?

Então a pequenina contou à mãe que aprendera a orar com André. Para demonstrar seu conhecimento, Esther fez corretamente a oração do Pai-Nosso e, em seguida, a prece infantil do Anjo da Guarda, pedindo a proteção de Deus para ela e para seus pais. Quando terminou a oração, declarou à mãe que já não mais sentia medo de dormir sozinha!

Dona Laura ficou bastante impressionada com o aprendizado da filha, e surpreendeu-se ainda mais com aquela criança, que, apesar de tão pequena, já se dispunha a ensinar sua filha esse ato tão bonito e nobre.

CAPÍTULO 3

O FILHO DO CASEIRO

Nos dias que seguiram, dona Laura não tirou da mente a cena do ensinamento espiritual que sua filha recebera de André, e decidiu contar ao marido o acontecido. Perguntou, primeiramente, se ele conhecia o filho do caseiro. Ele disse que não. Então, a esposa, entusiasmada, contou a ele:

— Estou encantada com André, um garoto de apenas 5 anos de idade, mas muitíssimo inteligente. Você acredita que ele ensinou nossa filha a fazer a oração do Pai-Nosso! Esther me disse que já não tem mais medo de dormir sozinha, pois agora acredita que, fazendo a prece, Deus enviará seus anjinhos para cuidarem dela, não deixando que nada de ruim lhe aconteça.

Após ouvir o relato da esposa, dr. Luís falou em tom nostálgico:

— Que coisa interessante! Até hoje, nunca falamos sobre essas coisas com nossa filha.

O marido fez uma confissão a dona Laura:

— É, meu bem, acho que não sei mais rezar o Pai-Nosso. E lhe digo mais: há tempos que não faço uma oração!

O diálogo serviu para dona Laura como argumento para a presença do menino André nas dependências daquele belo casarão. E disse, em seguida, ao esposo, que seria muito bom a companhia do menino para Esther.

Dr. Luís se dispôs a conhecer melhor o menino. Pediu à esposa que convidasse André e sua família para um almoço em sua casa. Dona Laura ficou feliz com a reação do marido, e fez tudo conforme o solicitado.

No dia seguinte, André estava tranquilo porque sua mãe iria para o trabalho somente mais tarde, e ele poderia, portanto, ficar no jardim, que lhe trazia grandes momentos de felicidade. Ao chegar ao jardim, parou no mesmo local onde, dias atrás, tinha visualizado Ernesto e Mariana. Observava os pássaros que beijavam as flores, quando, sem que ele soubesse de onde, apareceu uma visão espiritual. Era novamente Mariana, que, aproximando-se dele, disse:

— Você, meu filho, está de parabéns pelo seu trabalho. Foi maravilhoso ensinar sua amiguinha a rezar. A oração é a forma que temos de falar com Deus. Você não imagina o quanto você e ela vão necessitar de oração nesta vida!

Lembre-se, meu filho, quando estiver orando, de que sua avó estará sempre por perto para atender a seus pedidos, nunca me afastarei de você, estarei sempre ao seu lado.

Dizendo isso, deu-lhe um suave beijo, afastou-se e desapareceu.

O menino ficou muito feliz com o que ouviu. O carinho e a ternura que aquela bondosa senhora lhe transmitiu fizeram com que ele ficasse magnetizado. E saiu correndo e foi contar para sua mãe o que acontecera:

— Mamãe, eu vi, de novo, aquela senhora no jardim, e ela me disse que ficou muito feliz porque ensinei Esther a rezar o Pai-Nosso. Ela falou que a oração é uma forma de falar com Deus. Disse-me, também, que quando eu precisar de ajuda posso contar com ela, e que é minha avó e estará sempre nos ajudando.

Marina, falara a André que os avós dele, tanto maternos, quanto paternos, haviam falecido e, por isso, não poderia ser sua avó. O menino insistiu e acrescentou:

— Mamãe, esta senhora parece muito com você. É a sua cara!

As palavras do menino deixaram Marina muito assustada, pois ela e a mãe tinham uma grande semelhança física. Quem as conhecia dizia serem idênticas.

Marina começou a revirar os guardados. Olhou em um lugar, olhou em outro e foi procurando tudo até que encontrou uma maleta que estava cheia de documentos antigos. Ali no fundo estava um antigo retrato de sua mãe, tirado pouco tempo antes de ela falecer.

Em seguida, pegou aquela fotografia, mostrou-a para o filho, que lhe respondeu entusiasmado:

— Mamãe, é esta a minha avó. É ela quem eu vi lá no jardim, disso tenho certeza absoluta

Marina olhou para seu filho e, tomada de emoção, deixou que lágrimas descessem em sua face meiga. André, apesar de não estar entendendo o que se passava, também se emocionou.

— Meu filho, os mortos, às vezes, falam com os vivos. Minha mãe, Mariana falava com seus pais, e eles já haviam falecido. Então, realmente, a vida não acaba, é eterna. Continuamos vivendo depois da morte física.

Temos de amar e respeitar todos os seres vivos, pois, pelo que estou vendo e aprendendo, meu filho, a vida é um maravilhoso presente de Deus. Portanto, continuamos existindo em outro lugar. Acredito, realmente, que viu a minha mãe. André, se você voltar a vê-la, gostaria que lhe dissesse que continuo amando-a como sempre amei.

Naquele exato momento, apareceu a figura da avó para o menino, que, olhando para sua mãe e para o lado, na direção em que se encontrava o espírito Mariana, disse:

— Vovó, mamãe mandou falar que continua amando a senhora como sempre a amou.

Marina não conteve as lágrimas, que escorreram por sua face. Ficou envolvida em um sentimento de emoção e alegria, jamais poderia imaginar que um fato como aquele pudesse acontecer em sua vida.

O espírito de Mariana, vendo a filha chorar, disse para o menino:

— Meu neto querido, diga a mamãe que suas lágrimas são as minhas, e que a amo profundamente. Estarei sempre por perto para ampará-la em todas as dificuldades de sua vida.

O menino repetia tudo o que sua avó falava.

E, no final desse colóquio, o espírito disse:

— Minha filha, mesmo nas dificuldades, na dor, Deus estará por perto, não somente de você, mas de toda a Sua criação. Continue amando a natureza assim como tem feito até agora, porque o amor é luz, é a essência divina.

O choro de felicidade e emoção de Marina era uma forma de agradecimento ao Pai Celestial pela comprovação da imortalidade da alma e por sua mãe estar sempre por perto em todos os momentos de sua vida. E, assim, abraçou André e chorou copiosamente. Naquele momento, o espírito Mariana envolveu sua filha em seus braços e deu um longo e fraterno beijo em sua face. Marina pôde até sentir a presença da mãe ao seu lado. Após esse episódio, Mariana partiu para as esferas superiores.

Marina pediu ao filho que não contasse nada a ninguém sobre o que havia acontecido. Tinham de manter segredo, pois poderiam julgá-los loucos ou mentirosos.

Mãe e filho permaneceram por muito tempo ali abraçados, até que Marina se lembrou de suas atividades em seu trabalho e de que deveria retornar o quanto antes.

Esse dia foi inesquecível, marcado por grande felicidade e alegria.

Marina seguiu para o trabalho e, chegando lá, dona Laura veio ao seu encontro a dizer-lhe:

— Estava conversando com Luís ontem e falei sobre seu filho. Ele gostaria muito de conhecê-lo melhor, e convidou-os para almoçarem conosco no domingo.

— Agradeço o convite, falarei com meu marido. Acredito que, no domingo, estaremos aqui com vocês.

À noite, Marina falou com o seu marido sobre o convite. Em poucas palavras, Mário concordou.

CAPÍTULO 4

OBSESSÃO E LOUCURA

Alguns dias se passaram, e chegou o tão esperado domingo. Para eles, os cuidadores da casa-grande, era um dia especial. Eles vestiram as melhores roupas para o encontro, pois não é sempre que se almoça na casa dos patrões. Seria um acontecimento inesquecível.

Envolvidos em um contexto patriarcal, com valores e princípios fundamentados em relações de grande subserviência entre empregados e patrões, era de se ressaltar o comportamento distinto dessa família nobre, do interior de São Paulo. Um episódio como esse de socialização entre a família rica e a família pobre não era comum, em face do grande preconceito existente na época. Isso explica o comportamento dessa família simples do campo.

Chegaram à casa-grande e foram muito bem recebidos. Dona Laura os convidou para entrar e pediu que Marina ajudasse a arrumar a mesa e a servir o almoço, enquanto os dois homens ficavam na sala conversando e as crianças brincando junto deles.

Dr. Luís puxou conversa com André, perguntou-lhe quantos anos tinha. André, feliz, respondeu que tinha 5 anos. Indagou ao menino o que ele achava de sua filha Esther e se eles eram bons amigos. Ele respondeu que a menina era boa e sua única amiga.

O dono da casa, desejoso de saber sobre o menino André, inquiriu:

— Como que você, ainda tão pequeno, já sabe rezar?

— Foi minha mãe quem me ensinou.

— Já vi que sua mãe é uma pessoa muito especial.

O menino replicou ao médico:

— Desde que comecei a falar, mamãe me ensinou orar. Ela me ensinou, também, que todos nós precisamos da oração, da mesma forma que precisamos nos alimentar.

— Meu filho, sua mãe é uma mulher muito sábia, poética.

Mário não entendia muito bem o que o patrão falava. Ele era um homem que sempre vivera na roça e tinha pouca instrução.

As horas se passaram e o almoço foi servido.

Em volta da grande mesa, dr. Luís começou a olhar para Marina e pensou consigo mesmo:

— Meu Deus, que mulher linda! Que cabelos e olhos bonitos! Toda bem cuidada, nem parece uma camponesa! Como que uma princesa dessas foi se apaixonar por um matuto como o Mário? Ela merece uma vida bem melhor. Sem contar que é muito mais bonita e encantadora que a minha esposa. Ela me encantou profundamente, e não terei sossego enquanto não tê-la em meus braços.

Dr. Luís, olhando para Marina, pensava coisas inconfessáveis, e os seus olhos até brilhavam de desejo por aquela bela e singela mulher. Ela, porém, não percebia nada. Para ela tudo parecia normal. Até que, em certo momento, sentiu a presença da sua mãe desencarnada. Em seguida, começou a orar, agradecendo a Deus pela maravilhosa presença. Ao final daquela oração silenciosa, dr. Luís, que estava olhando para ela, perguntou:

— Como é mesmo o nome da senhora?

— Marina, senhor.

— O nome da senhora é muito bonito, assim como você. O seu marido está de parabéns pela esposa que tem.

— Muito obrigado, disse Mário. Concordo plenamente. Marina é, para mim, muito mais que uma esposa, é uma grande companheira que está sempre orando pelo bem-estar da nossa família e dos nossos amigos.

Dr. Luís, por ser um homem desprovido de sentimentos sinceros, não entendeu nada que amorosamente Mário, aquele humilde homem, lhe falou. O que Mário disse sobre a esposa foi, para o dr. Luís, simples devaneio em sua licenciosa e comum maneira de raciocinar. Aquelas palavras, antes, soaram aos ouvidos libidinosos do patrão como pensamentos fantasiosos que motivaram ainda mais o seu interesse egoístico por Marina.

Naquele momento, durante o jantar, Marina recebeu uma intuição, um aviso de que aquele homem não era uma boa pessoa, que estava com interesses escusos em relação a ela; que deveria tomar muito cuidado, pois ele poderia causar muitos problemas em sua vida. Pressentiu que um grande obstáculo a estava rondando, e que precisaria ter muita fé em Deus para viver com os problemas que aquele homem, de sentimentos sórdidos, lhe causaria. Sabia, no seu íntimo, que aquele homem não a deixaria mais em paz.

Mário falava com o patrão sobre as plantações. Dr. Luís perguntava a ele o que havia na fazenda. O caseiro lhe contava sobre as diversidades naturais que existiam naquele lugar, porém, o médico fingia demonstrar interesse pelo assunto. Na verdade, ele mantinha o olhar fixo em Marina.

Com aqueles pensamentos negativos, ele entrou em sintonia com os espíritos desequilibrados que o acompanhavam havia muito tempo, atraídos por suas vibrações e seus pensamentos de malícia. Nosso irmão estava vulnerável, e um espírito, então, tocou-lhe a cabeça, dizendo:

— Leve-a para dar uma faxina em seu consultório, e lá você ficará sozinho com ela.

Assim que dr. Luís captou o pensamento do obsessor, foi logo dizendo:

— Sr. Mário, estou precisando de um grande favor seu. Meu consultório está muito sujo, precisando de uma limpeza, uma verdadeira faxina. Amanhã não atenderei lá, porque estarei em reunião com uma equipe médica em outra parte da cidade. Será que o senhor se importaria se eu levasse sua esposa para dar uma boa faxina em meu consultório? Laura, minha esposa, vai também à cidade para fazer compras e visitar a irmã.

Dr. Luís continuou falando:

— O senhor não precisará ir ao trabalho amanhã, poderá ficar em casa para cuidar do seu filhinho.

O empregado respondeu:

— Tudo bem, ela vai fazer o trabalho, estamos aqui para cumprir suas ordens, doutor.

Marina ouviu tudo calada, mas ficou muito preocupada com aquele assunto, pois sabia que não era só um trabalho, que por trás daquele pedido havia más intenções.

À tarde, depois que voltou para casa, Marina estava muito pensativa e seu semblante demonstrava bastante preocupação. E, por causa disso, conversou com o marido:

— Meu bem, se eu pudesse, não iria para a cidade, não gostei do jeito com que o nosso patrão olhou para mim.

Mário, que até então nada tinha percebido de anormal na atitude interesseira do patrão, na sua ingenuidade, falou:

— Que é isso, mulher! Um doutor vai olhar para você de forma estranha? Ele é um homem sério. Não precisa ter medo, ele é uma boa pessoa e, além do mais, é nosso patrão!

Marina insistiu em dizer que o olhar daquele homem a assustara muito, e que ainda falou que ela era muito bonita, enfatizando assim o elogio que o patrão lhe fizera na véspera.

— Eles são assim mesmo, são muito educados, falam que todo mundo é bonito. E você é realmente muito bonita, é muito linda, é minha princesa, disse o marido terminando a fala de forma jocosa.

Dizendo isso, os dois se abraçaram e trocaram um longo beijo.

No seguinte dia, bem cedo, Marina levantou e se preparou para ir à cidade com os patrões.

Dr. Luís dirigia seu carro e planejava como iria realizar seus planos. Sabia que Marina não seria uma presa tão fácil quanto as mulheres que já tivera, e que teria dificuldade em tê-la. Era necessário conquistá-la.

Quando chegaram à cidade, dr. Luís levou sua esposa para a casa da irmã e voltou com Marina no carro. Em vez de ir direto para o consultório, passou pelo centro da cidade, mostrando a ela vários cortes de tecidos. E, de modo a galanteá-la, dizia que se tornariam lindos vestidos em seu corpo sinuoso.

Ela, constrangida e envergonhada, sem condições de nada responder, ficou calada. Naquele momento, somente o silêncio e a prece estavam presentes em seu coração.

Dr. Luís continuou falando, elogiando-a. Marina continuou a orar sem dar nenhuma resposta.

Chegaram ao consultório, e o médico foi logo ordenando a Tereza, sua secretária, que dispensasse todos os clientes daquele dia, e colocasse uma placa na porta dizendo que o estabelecimento estaria fechado para reparo nos equipamentos. E no dia seguinte voltaria ao funcionamento normal. Disse, também, que Tereza estava dispensada de suas atribuições.

Marina iniciou a limpeza do consultório, mesmo depois de ouvir a mentira que o patrão contou à sua secretária.

Dr. Luís foi até á geladeira, pegou uma garrafa de vinho, levou-a para a sua mesa, encheu duas taças e ofereceu uma a Marina.

A empregada respondeu de modo embrutecido:

— Eu não bebo, muito obrigada, senhor.

— Tome um pouquinho. Vamos brindar.

— Dr. Luís, eu vim aqui para limpar o seu consultório, não para festejar com o senhor. Não tenho motivo nenhum para brindar. Quero trabalhar e, quando terminar o meu trabalho, quero que me leve para casa.

— Na verdade, estou precisando que você limpe, mas não é o consultório, ele está até limpo, mas sim o meu coração, que precisa de seus cuidados. Estou encantado com você, Marina.

Marina continuou a trabalhar, e dr. Luís continuou a galanteá-la.

— Depois que a vi, não consigo tirá-la do pensamento, é a mulher mais bonita que já conheci em toda a minha vida. Você tem uma doçura, um encanto que penetra no fundo do meu coração. Como médico, já atendi muitas mulheres, mas jamais vi alguma com sua beleza e perfeição!

Marina, desejando que a conversa se findasse, disse em tom de ameaça:

— Senhor, eu gostaria que não continuasse falando isso. Se não parar, vou embora!

Dr. Luís, de modo irônico, respondeu:

— Você nem sabe de que lado veio, e não pode fazer isso comigo. Um homem apaixonado faz loucuras.

E, já muito irritada e ultrajada, disse ao patrão:

— O senhor é um homem casado, tem família e filha. Eu também. Além do mais, sou somente sua empregada, o senhor é meu patrão e tem de me respeitar do mesmo jeito que o respeito.

Ela falava sem parar de trabalhar. De repente, ele se levantou, pegou-a com toda a força e apertou-a em seus braços.

Marina, involuntária e instintiva, rapidamente deu um tapa com toda sua força no rosto do dr. Luís, que se avermelhou na hora. Ao receber aquele golpe, ele a soltou de uma vez. Vendo-se livre, ela saiu em direção à rua. Ele, imaginando que poderia acontecer um escândalo, saiu apressado no encalço dela. Conseguiu alcançá-la e detê-la antes que chegasse à rua. Com a situação já controlada, os dois entraram no carro para buscar dona Laura e a filha.

Dr. Luís, chegando à casa da sua cunhada, chamou a esposa para irem embora. Dona Laura, ao ver o marido com o rosto vermelho, assustou-se e perguntou-lhe o que tinha acontecido. Ao que ele respondeu que fora somente um tombo. Segundo ele, a causa foi o chão, que estava molhado. Ele escorregou e, em consequência disso, caiu. Dona Laura estranhou que ele tenha se machucado somente o rosto, e o questionou por isso. E ele respondeu:

— Foi tão somente o rosto. Estou achando que essa vermelhidão se deve à alergia provocada pelo sabão que Marina estava usando para a limpeza do chão do meu consultório.

Dona Laura não contestou o marido, pois ele falou muito convincentemente e mantinha-se muito sério. Mas ela ficou desconfiada de que algo havia acontecido. Em primeiro lugar, o marido falara que a faxina levaria o dia inteiro. E, naquele instante, não era nem meio-dia e Marina já tinha concluído todo o serviço. Além do que, nesse breve lapso de tempo, ele chegara muito sério e com seu rosto vermelho. Ela ficou pensando, imaginando os acontecimentos.

Entraram todos no carro e seguiram para a fazenda. A esposa, muito inteligente, observava o marido. Ele fez o trajeto de duas horas de viagem sem falar uma só palavra.

Chegaram à fazenda. Marina se despediu de dona Laura e de Esther e foi embora para casa sem se despedir do dr. Luís. Nesse momento, ao observar que Marina não se despediu do dr. Luís, a patroa, teve certeza de que algo tinha acontecido.

Ao entrar em casa, dona Laura perguntou:

— Gostaria de saber o que você fez com a nossa empregada. Ela veio de lá até aqui sem falar nada, despediu-se de mim, da nossa filha e não se despediu de você. Quero saber o que houve.

O médico, sem jeito, sem saber como falar, disse:

— A única coisa que aconteceu foi que eu falei que ela é muito porca e não fez a limpeza bem-feita.

A esposa discordava radicalmente do marido, por saber o quanto Marina executava bem seu trabalho. Disse a ele que providenciasse outra desculpa, porque essa não a satisfizera. O marido pouco se importou com a opinião da esposa. Disse a ela que podia decidir entre acreditar ou não. Ou, se preferisse, que perguntasse à própria empregada. E de um modo bastante grosseiro e preconceituoso, disse:

— Esse povo criado na roça é selvagem. Eles não entendem nada de sociedade.

Dona Laura, naquele instante, não pronunciou mais uma palavra sequer, mas suas desconfianças se reforçaram em razão da irritação do marido com esse assunto.

Preferiu se conter, pois sabia que iria descobrir a verdade, de uma forma ou de outra, por intermédio dele mesmo ou de Marina. Ela tinha total confiança na empregada. Por conhecer o caráter do esposo, que era falso e desonesto e não tinha nem um pouco de respeito por ela. Ela já tinha desconfiado dele, por várias vezes, com outras mulheres, inclusive com algumas de suas secretárias. Aquela que por ele não tivesse apreço, que não lhe dava confiança, ele a mandava embora.

Marina chegou em sua casa muito aflita. Não sabia se contava ou não para o marido. Se contasse, não poderia prever qual seria sua reação. Ficou pensativa, pedindo a Deus uma orientação. Desejou, ardentemente, que sua mãe aparecesse para orientá-la. Estava diante de uma situação muito difícil, que não conseguia resolver sozinha, mas acreditava no Pai Celestial e sabia que, nesses momentos, somente Ele poderia intuir sobre a melhor decisão a tomar.

Era uma situação muito difícil. Marina se sentia numa encruzilhada, sem saber qual direção tomar, quando, de repente, no fundo do coração, sentiu a presença dos mentores espirituais, que vieram em seu auxílio.

São intuições que recebemos dos mentores espirituais que querem o nosso progresso na linha da evolução. Nesses momentos de dificuldade, eles sempre vêm nos amparar. E só estarmos em sintonia com eles.

Mesmo assim, Marina continuava aflita e não tinha a quem recorrer, a não ser ao amparo divino. Até pensou que fora um pouco violenta ao dar aquele tapa tão forte no patrão, porém, foi a forma que encontrou de se livrar daquele homem vil. Caso não tivesse reagido, alguma coisa mais grave poderia ter acontecido.

Marina agira por instinto. Ela não teve tempo para pensar e chegar à conclusão alguma. Estava arrependida por ter usado tamanha truculência. No entanto, pensava:

"Se eu não o tivesse agredido, o que não poderia ter feito comigo? Sou uma mulher honesta, não quero sujar minha honra em uma aventura fora do meu casamento. É como disse o Mestre Jesus: 'O que Deus uniu o homem não separa[2]'.

Meu marido e eu estamos unidos por Deus. Casamos e vivemos por amor. Confesso a Ti, Senhor, que tenho pena da dona Laura. Que homem mau-caráter e horroroso é o seu marido, que não respeita sua própria família!"

Mil pensamentos passavam por sua mente. Ela orava e olhava para o filho, até que, em certo momento, o menino olhou para a mãe e disse:

— Mamãe, a vovó Mariana falou para a senhora ficar em silêncio, não dizer nada a ninguém.

---

2 Mateus 19:6.

Marina, então, abraçou o filho e chorou incessantemente. Ficou por longo tempo emocionada, agradecendo a Deus e a sua mãe pelo conselho recebido. Entendera que o certo era guardar aquele segredo com ela pelo resto da vida.

Mário estava em casa e notou sua esposa um tanto triste, estava diferente. Quis saber o que havia acontecido. Perguntou a ela se não tinha gostado da cidade, e ela disse:

— Não é que não gostei, mas já me acostumei tanto com a vida que levo aqui, que achei as coisas da cidade muito estranhas. Se pudesse, nunca mais sairia deste lugar.

Conversaram bastante, depois os dois foram se deitar. Naquela noite, Marina não conseguiu dormir, pensando no que seria da sua vida dali em diante. E indagou a si mesma:

"Quanta dificuldade encontrarei em meu caminho? Será que aquele homem vai me deixar em paz? Meu Deus, o que devo fazer?"

Marina se manteve em oração, agradecida pelos conselhos recebidos por intermédio do filho.

CAPÍTULO 5

BUSCANDO RESPOSTAS

Em meio a incertezas e aflições naquela fazenda, Laura, a fim de esclarecer suas dúvidas sobre o dia em que foram à cidade, chamou Marina para uma conversa franca:

— Desde o primeiro dia em que a vi, notei que era muito séria, muito correta, uma pessoa muito digna. Sei que algo aconteceu quando esteve na cidade.

— Realmente aconteceu. Dr. Luís não gostou dos meus serviços, dona Laura, e falou que eu sou muito porca e selvagem.

Naquele instante, estava presente o espírito Mariana, que a intuiu na melhor resposta. No entanto, ficou apreensiva por não ser ela mesma a responder. Sabia que tinha recebido a resposta de sua mãe já desencarnada. E pensou: "Sinto, meu Deus, que minha mãe está aqui neste exato momento. Obrigado, Senhor, por essa oportunidade de tê-la ao meu lado sempre me amparando".

Dona Laura disse à empregada que imaginava que coisas piores tivessem acontecido a ela, devido ao comportamento estranho de seu marido.

A conversa se estendeu bastante, e elas ficaram muito tempo conversando sobre a existência humana. Foi quando dona Laura perguntou:

— Marina, o que pensa sobre Deus?

— Deus é o Pai de todos nós e Criador de todas as coisas. Tudo o que acontece em nossa vida é encaminhado e decidido por Ele.

Às vezes, fico me perguntando, dona Laura, por que nascem pessoas com plena saúde e outras com deficiências físicas e mentais? Por que há ricos e pobres? Por que todos não têm as mesmas condições de vida? Isso me leva a crer que existe outra vida, e que temos o que merecemos.

— Outra vida? Mas como outra vida? – perguntou dona Laura.

— Sim, outra vida além desta. Acho que quando a gente morre, fica vivo em outro lugar, e depois podemos até voltar e viver de novo aqui. Eu acredito mesmo que tem alguma coisa, só não sei explicar.

Dona Laura acrescentou:

— Olha, Marina, existe um lugar na cidade onde falam disso, mas as pessoas têm muito medo dessas coisas. Eles acreditam na vida após a morte e na reencarnação.

Marina demonstrou bastante interesse pelo assunto, e perguntou à patroa o que seria isso.

— Pelo que ouvi falar, quando a pessoa morre, vai para um mundo diferente, e depois volta para reencarnar como outra pessoa.

— Reencarnar em outra pessoa, não tem jeito não. Como é que uma pessoa vai se encarnar em mim? Realmente não tem jeito. Deve ser em uma criança, não é? – disse Marina

— Marina, você sabe ler? – perguntou dona Laura.

— Eu estudei muito pouco, mas sei ler e escrever – ela respondeu.

— Vou à cidade para encontrar o endereço do local onde se pratica esta religião e comprar livros que possam esclarecer melhor o assunto – disse dona Laura.

Decidiram, então, que estudariam juntas, e o que uma não entendesse, a outra explicaria. Dona Laura resolveu que compraria vários livros, mas teria de escondê-los do marido, que, com certeza, não aceitaria.

O tema espiritualidade despertou nas duas grandes inquietações sobre a vida e um forte interesse, por isso retomaram o diálogo.

E dona Laura comentou:

— Marina, acho estranho que minha filha se pareça tanto com minha falecida mãe. Será que não é a mamãe que voltou e renasceu como minha filha?

A nossa irmã refletiu sobre o que ouvira da patroa e disse:

— Tudo é possível para Deus. Se é verdade o que essa religião prega, pode ser. Se sua mãe precisava renascer, claro que gostaria que fosse na casa da própria filha. Imagine se você morre, onde você escolheria nascer? Na sua família ou na família de um estranho?

— Na minha família, é claro! Mas será que podemos escolher?

— Não sei, mas acredito sim.

Marina perguntou a dona Laura:

— Sua mãe já apareceu para a senhora alguma vez, após seu falecimento?

— Não, nunca vivi essa experiência. E com você, isso já aconteceu?

De modo desconcertado, ela disse:

— Não sei se vi ou se sonhei – mas, em pensamento, temia dizer a verdade, por não saber qual seria a reação de dona Laura.

Marina, naquele instante da conversa, sentiu a presença espiritual de Mariana a aconselhá-la sobre o que era melhor fazer:

“Filha, pode falar para ela o que já viu. Pode contar toda a verdade, ela é uma pessoa confiável.”

Marina, sentindo-se mais confiante, após ouvir o conselho da mãe, decidiu contar a dona Laura o segredo que guardava.

— O espírito de minha mãe apareceu primeiro para o André, por duas vezes, e depois para mim. Ela conversou comigo por intermédio do meu filho. Eu estou contando para a senhora porque senti a presença da minha mãe, e ela está me dizendo que posso lhe contar toda a verdade. Mas gostaria de lhe pedir segredo sobre isso.

A patroa ficou impressionada com o que acabara de ouvir, e disse:

— Agora temos mais motivos para fazer o estudo dessa religião desconhecida.

As duas se despediram, e Marina foi embora para casa muito alegre. Para ela, aquele dia tinha sido maravilhoso. Apesar de ter passado por uma grande provação, descobriu que ganhara uma amiga. Notou que, com aquele diálogo, deram início a uma grande amizade.

As duas eram vítimas do dr. Luís, por isso, mais do que nunca, precisavam estar unidas para enfrentar, com mais ânimo e coragem, a enorme fera que as espreitava.

O relato de Marina nos mostra que os espíritos, para divulgar a Doutrina Espírita não precisam estar encarnados, pois os desencarnados fazem a sua parte na divulgação.

O dr. Luís, em seu consultório, já não conseguia coordenar seus pensamentos. Depois do episódio com Marina, ele atendia seus pacientes, mas não conseguia fixar a mente no trabalho. Suas ideias vagavam e, a todo o momento, imaginava e sentia Marina em seus braços, tocando-a, como no dia em que a abraçou à força e foi agredido por ela.

Mas ele não estava preocupado com a agressão sofrida, e sim com o fato de não esquecer o perfume que ficou no ar no momento em que pôde abraçá-la. Estava encantado com seus olhos, com sua maneira de ser, a sua simplicidade. Ele não a via como uma simples mulher, mas como uma mulher que o magnetizara profundamente, e que, por mais que se esforçasse, não conseguia esquecer, ficando o tempo todo em seus pensamentos.

À sua volta havia uma nuvem escura, cheia de fragmentos de ondas mentais que chegavam a seus pensamentos, advindas de um espírito obsessor que sempre o acompanhava nos momentos de seus deslizes extraconjugais.

Sempre que o dr. Luís estava sozinho, esse espírito o influenciava para, assim, atrair outra presa para os braços dele e, dessa forma, também tirar proveito da situação com a vampirização do sexo. Nos momentos íntimos entre o obsediado e a sua esposa, o obsessor não tinha condições de vampirizá-los por causa das vibrações positivas que saíam do coração de dona Laura.

Dona Laura era uma mulher que, mesmo não sendo dedicada a nenhuma religião, trazia em seu coração muito amor, uma grande vontade de servir e tinha grande compaixão por seus semelhantes.

Dr. Luís não queria esquecer Marina, queria muito mais que só pensar nela. Desejava-a loucamente. O espírito que o acompanhava insuflava-o a continuar pensando nela; e ele, por sua própria vontade, envaidecia-se de ter aqueles devaneios e das suas aventuras extraconjugais. Por essa razão, era muito fácil manipulá-lo. O obsessor não encontrava dificuldades em sugestioná-lo, pois o seu campo mental estava aberto. Era uma presa muito fácil para qualquer espírito obsessor.

No consultório, dr. Luís continuava a receber as influências daquele espírito obsessor, que começou a sugestioná-lo por meio de seus pensamentos:

— Você pode atacá-la na fazenda mesmo. Basta trazer sua esposa e sua filha para a cidade. Uma pequena desculpa resolveria seu problema.

Naquele mesmo dia, já no fim da tarde, ele chamou sua secretária e pediu a ela que chegasse mais cedo ao consultório no dia seguinte,

para suspender as consultas do dia e remarcá-las para depois. Teresa, preocupada, falou:

— Doutor, há pessoas muito enfermas que precisam ser atendidas amanhã. Pessoas que vêm de muito longe. O senhor não acha que deveria, quando for faltar, planejar com antecedência e não marcar ninguém para esse dia? Assim, em cima da hora, é muito complicado.

— Teresa, amanhã preciso resolver um problema. Infelizmente, desta vez vai ter de ser assim. Na próxima vez, avisarei com antecedência. Despediu-se dela, encaminhou-se até seu carro e voltou para a fazenda.

No caminho, aquele espírito continuava a influenciar o dr. Luís, emitindo pensamentos que beneficiavam a ele também. O obsessor estava igualmente encantado por Marina. Era realmente um grande vampiro na área sexual.

Lembremos que no mundo espiritual existem vampiros de todas as formas, espíritos que não conseguem viver longe dos vícios da bebida, do sexo ou das drogas. Esses espíritos vêm para a Terra à procura de pessoas que estão ligadas a esses vícios para vampirizá-las e se satisfazerem.

Eles ficam entrelaçados àqueles que lhes estão mais suscetíveis, que estão na mesma faixa vibratória. Há pessoas que vivem na Terra vinculadas ao vício por mais de trinta anos e, nesse tempo todo, tinham ao seu lado um vampiro, um espírito sugador.

O processo de obsessão ocorre de acordo com o entrosamento e a abertura que o encarnado dá aos espíritos menos evoluídos. Os desequilíbrios podem ocorrer em vários campos e estão relacionados a qualquer tipo de abuso.

Naquele momento, dr. Luís estava passando por um pequeno processo de obsessão. Com um pouco de esforço e dedicação, poderia sair daquela situação. Dr. Luís já havia traído sua esposa por várias vezes, tendo muitas aventuras extraconjugais. Ele já não tinha vontade própria e estava em um padrão vibratório muito baixo.

O Pai nos concedeu o privilégio do livre-arbítrio, pelo qual podemos optar sobre qual caminho seguir. Era muito difícil para os mentores espirituais influenciar seus pensamentos para o bem, já que os conselhos que emitiam não eram absorvidos por ele. Havia uma grande barreira entre ele e seu anjo guardião.

Dr. Luís era um homem que não se preocupava com as questões espirituais. Era como se estivesse caminhando sozinho no meio da escuridão.

A presença de Deus em nós, em qualquer situação, é como uma luz que nos conduz ao caminho correto e não nos deixa cair no abismo. Mas ainda existem pessoas materialistas, que vivem apenas para si mesmas e não acreditam em nada, estão perdidas em meio às trevas. Essas levarão um longo tempo para encontrar a luz.

Dr. Luís chegou ao casarão, desceu do carro, subiu as escadas e foi recebido por sua linda filhinha, Esther, que foi logo o abraçando. Ele pegou a menina no colo e foi para o andar superior da casa, onde permanecia sua esposa.

A mesa já estava preparada para o jantar.

Chegou e já foi notando que a esposa estava diferente. O rosto dela transbordava de alegria.

Ela também observou que ele estava muito satisfeito. Aproveitando o momento, dona Laura foi logo dizendo:

— Meu bem, hoje estive pensando em ir à cidade para ver minha irmã, gostaria de conversar com ela. Se você não se importasse, queria ir com você amanhã cedo, e à tarde você passa lá para me pegar.

Ele olhou para ela e deu um sorriso, pensando consigo mesmo:

"Muito bom, meu plano está dando certo, nem foi preciso inventar uma desculpa, ela mesma se ofereceu para ir. Os ventos estão a meu favor. Amanhã é o grande dia, é a oportunidade de realizar meu grande prazer."

Naquela noite, dormiu muito pouco, já que seus pensamentos estavam em desordem. Imagens de Marina já despida apareciam e desapareciam em sua mente. Ele a abraçava e beijava em uma alienação mental criada por si mesmo. Seu pensamento já estava plasmando mensagens no ambiente.

O espírito obsessor, que o acompanhava, ditava sugestões para que tudo acontecesse conforme o programado. O objetivo era ter nos braços aquela mulher, de qualquer jeito.

Amanheceu e a nobre família seguiu bem cedo para a cidade. Chegando lá, depois de duas horas de estrada, o dr. Luís deixou a esposa e a filha na casa da cunhada, deu uma volta pela cidade e foi a uma loja onde vendiam lindos cortes de tecido. Comprou alguns cortes, de variadas estampas, imaginando que dariam lindos vestidos àquela bela mulher.

CAPÍTULO 6

O GRANDE DESEQUILÍBRIO

No caminho de volta para a fazenda, dr. Luís foi planejando como ofereceria o que comprara a Marina. Pensava, também, sobre o que fazer para conquistá-la. Seu primeiro pensamento foi o de oferecer-lhe aquele valioso presente. Mas, se não desse certo, ele se utilizaria de outra forma para garantir seu intento.

O homem estava transtornado, completamente desequilibrado. Não podemos dizer que esse desequilíbrio era de paixão ou amor, porque o amor não aprisiona ninguém, pelo contrário, o amor liberta, deixa a pessoa amada decidir o que quer.

Chegou à fazenda ainda bem cedo. Já dentro da sua casa, olhou para um lado e para o outro e não viu Marina. Saiu procurando-a. Fora até ao banheiro, encontrou-a limpando-o. Ele a cumprimentou, e ela ficou em silêncio. Ele perguntou:

— Você ainda está com raiva de mim? Você não acha que era eu quem deveria estar com raiva por ter apanhado? Mas não estou com raiva de você. Continuo sendo seu amigo como antes. Gostaria de lhe pedir desculpa pelo transtorno que lhe causei. Foi um minuto de desequilíbrio diante da sua simpatia.

Marina, seus olhos encantam qualquer homem. Sua voz é doce e suave; quando você fala, toca meu coração. Gostaria de ser pelo menos seu amigo, não podemos ficar assim. Lembre-se de que é minha empregada, mora na minha fazenda e, além disso, trabalha com minha esposa. Ela pode desconfiar de alguma coisa.

De uma forma ou de outra, temos de perdoar um ao outro. Já que não consigo ter você em meus braços, pelo menos poderia ser minha amiga. Isso seria importante para mim. No momento, não temos escolha, o destino nos laçou.

Marina ouvia tudo e pensava que em alguma coisa ele tinha razão. Era impossível ficar indisposta com ele, já que era seu patrão. Como empregada, ela tinha o dever de servi-lo. Por isso, decidiu responder:

— Doutor, realmente não é certo eu ficar de mal com senhor. Mas precisa reconhecer que sou uma mulher casada e tenho muito respeito pela família que Deus me deu. Dr. Luís, eu prefiro morrer estrangulada a pertencer a outro homem, amo demais meu marido e minha família.

Encerrada a conversa, dr. Luís solicitou à empregada:

— Vou sentar ali à mesa e, quando você terminar a limpeza, gostaria que me servisse um café.

Ele foi para a cozinha, sentou em volta daquela grande mesa, e ficou pensando nas palavras tão fortes e seguras que ela falou para ele. Notou que realmente existia uma barreira entre eles, e que seria muito difícil realizar seus desejos.

Terminada a limpeza dos banheiros, Marina foi até a cozinha, pegou o café, alguns biscoitos e bolos, e colocou-os na mesa para o patrão.

E ele lhe fez um pedido:

— Por favor, Sente-se aqui. Vamos conversar mais. Depois você continua seu serviço.

Ela, muito educada, sem dizer nada, sentou-se à mesa e se posicionou para ouvi-lo.

Ele pegou o enorme pacote que estava na cadeira ao lado, colocou em cima da mesa, foi abrindo e retirando aqueles lindos tecidos de seda pura, mostrando-os para ela e falando:

— Comprei-os para você.

Marina respondeu:

— Eu não posso ganhar presente, a não ser do meu marido.

Ele ignorava o que ela falava e continuava a desembrulhar os presentes e a mostrá-los para ela.

— Não posso aceitar. Eu jamais enganaria o meu marido. Já me sinto um pouco culpada por não poder contar a ele o que nos aconteceu no consultório. O senhor não imagina o esforço que fiz para esconder esse segredo dele, pois somos muito sinceros um com o outro.

— Não importa, já que você carrega um segredo tão pequeno, pode também carregar um segredo grande. A questão da roupa é muito fácil, é só você falar que ganhou de sua patroa. Ele jamais vai perguntar para Laura se foi ela quem deu o presente.

— Você sabe que sou um homem muito rico. Posso pagar a ele até dez vezes o que ganha. Mas você precisa me recompensar, matando os meus desejos. Além do mais, você tem um filho, se amanhã ou depois eu vender a fazenda ou mandar vocês embora, para onde irão? Não é muito fácil arranjar um lugar para morar. Daqui a um tempo seu filho precisará estudar e se formar, para ser um grande homem, mas com esse salário que ganham isso não será possível. Você não está pensando neles, está sendo egoísta.

Depois de ouvir tudo aquilo, Marina replicou:

— Doutor, concordar com tudo o que me disse é não pensar neles. Se, quando crescer, meu filho souber que traí o pai dele por dinheiro, que valores morais eu teria passado a ele?

— Entenda que seu filho jamais vai saber, Marina. Nós dois somos adultos, podemos guardar segredo. Você é tão linda que não merece viver em um casebre como aquele. Posso mandar construir uma casa nova para sua família.

— Se eu fizesse isso, não teria coragem de voltar para o meu lar. Desde quando comecei a namorar o Mário, nunca olhei para outro homem, e ele também nunca olhou para outra mulher. Sempre fomos fiéis um ao outro, e nossa fidelidade nunca acabará. Até depois da morte continuarei amando e respeitando-o.

Dr. Luís olhou para ela, assustou-se com aquelas palavras, e perguntou:

— Você acreditava em vida após a morte?

— Sim. Se não acreditasse, não teria nenhuma razão para viver. O que Deus faria com tantas almas que nascem todos os dias? O sentimento não está no corpo, e sim na alma, dr. Luís, que continua vivendo após a morte do corpo físico.

Dr. Luís, de modo irônico, disse:

— Eu já abri vários cadáveres e nunca encontrei nenhuma alma dentro deles.

— O senhor não iria encontrar mesmo, porque a alma não está dentro do corpo, apenas o comanda.

Todas aquelas palavras para ele eram frívolas, por isso falou:

— Essas teorias não me interessam. No momento, o que me importa é resolver nossos problemas. Fiz de tudo para ficar hoje em casa e resolver essa situação. Não podemos continuar assim, porque aonde quer que eu vá você vai comigo, em meu pensamento. Não consigo esquecê-la. Não posso perdê-la de vista, porque a amo profundamente, como nunca amei ninguém.

— Eu não quero me entregar aos seus braços. Se o senhor continuar insistindo no assunto, contarei ao meu marido. Ou, então, teremos de nos mudar daqui. Se o nosso trabalho é importante, se precisa de nós, deixe-me em paz.

Dr. Luís, mesmo depois de ouvir aquelas palavras, continuou insistindo:

— Por favor, só um abraço, um beijo e mais nada. Farei tudo o que quiser. Posso me separar de minha esposa. Irei morar com você onde desejar, em qualquer parte do Brasil ou em qualquer lugar do mundo. Mas se você não aceitar a minha proposta, me dê ao menos um abraço, e me sentirei aliviado.

Marina, visivelmente irritada, respondeu:

— O senhor jamais encostará em mim novamente. Deixe-me em paz, quero retornar às minhas atividades.

Ele ficou em silêncio e, com apenas um gesto, consentiu que ela voltasse ao trabalho. Ela se levantou da cadeira e foi logo retirando as coisas que estavam sobre a mesa, limpando tudo, para sair logo dali.

Mas, enquanto isso, ele, por sarcasmo, derramou um pouco de açúcar sobre a mesa. Ela foi à cozinha, pegou um pano molhado e voltou para limpar. Quando ela se aproximou da mesa, ele a agarrou e a beijou à força.

Marina ficou transtornada e completamente revoltada. Saiu correndo, desceu as escadas e foi para sua casa. Chegando lá, desabou em lágrimas. Chorou o resto do dia. André ficou o tempo todo ao seu lado, tentando acalmá-la. Pegava flores no fundo do quintal e as oferecia à sua mãe. No entanto, ela continuava chorando.

Mais tarde, dr. Luís foi até a casa da empregada. Chegando lá, encontrou a porta aberta. Ele nunca havia ido àquela casa.

Ao chegar observou que, realmente, ela morava num verdadeiro casebre. Foi entrando um pouco agachado, para que sua cabeça não batesse na madeira que sustentava o telhado, que, por sinal, tinha muitas telhas quebradas. Olhando de baixo para cima, era possível ver o céu. Nesse momento, avistou sentada em um velho banquinho de madeira sua linda princesa chorando. Naquele momento, pela primeira vez, teve compaixão ao ver a situação daquela família. Então disse a Marina:

— Por favor, pare de chorar. Vou deixá-la em paz. Vou tentar esquecê-la. Não vai ser fácil, mas vou me esforçar. Se não conseguir, mudarei para a cidade, e aí vocês vão morar na casa-grande. Caso isso não aconteça, mandarei construir uma casa para vocês. Não há condições de morarem em um lugar como este.

Ela silenciou o choro e não disse nada.

Dr. Luís voltou para sua casa levando na mente aquela imagem. A lembrança constante daquele lugar foi muito importante para ele, pois as impregnações daquele espírito obsessor, que andava com ele, foram abrandadas diante do sentimento de compaixão que ele teve para com aquela família. Só de entrar naquela casa tão simples, ficou envolvido pelas vibrações positivas do ambiente. Tudo aquilo contagiara seu coração, despertando sua sensibilidade, que estava adormecida havia muito tempo, já que ele nunca havia visto uma situação difícil como a que presenciara.

Assim, ele voltou para casa livre das influências negativas daquele espírito que o estava deixando transtornado.

Marina, em sua humilde casa, se recompondo, começou a orar por dr. Luís. Viu que aquele homem era um doente, talvez mais doente do que seus próprios pacientes. Percebeu que sua enfermidade estava na alma. Esse é um mal que temos de sanar por nós mesmos. Não há medicamento que cure. O remédio está dentro de cada um de nós.

O humilde camponês chegou do trabalho e notou que a esposa estava um pouco diferente. Olhou em seu rosto e viu que seus olhos estavam inchados. Seu olhar estava triste. E interrogou Marina, perguntando o que tinha acontecido. A esposa disfarçou confirmando que estava entristecida por saudades da mãe, então, chorara o dia todo.

Mário deu um forte abraço na amada, que correspondeu num gesto de agradecimento e ternura, como se estivesse abraçando sua alma, querendo se refugiar na sua atmosfera espiritual, como alguém que se encontra precisando de um abrigo para se esconder de algum perigo. Ali encontrava segurança, e sabia que somente naqueles braços se sentia verdadeiramente segura.

Naquele fim de tarde, depois de pensar e refletir bastante em tudo o que lhe aconteceu, dr. Luís pegou seu carro e se dirigiu para a cidade, para buscar sua esposa, que havia deixado na casa da irmã.

O dr. Luís fez todo aquele percurso da fazenda até a cidade sem parar um minuto sequer de pensar em sua empregada. Ela não saía do seu pensamento.

Dona Laura, ao chegar à casa da irmã, cumprimentou-a e contou-lhe o motivo de sua visita. Informou que precisaria ir a um lugar, e gostaria muito de sua companhia. No entanto, era necessário que mantivessem segredo. Cláudia perguntou aonde iriam, e dona Laura informou que era à Vila Santa Maria, na Rua das Flores, e sua irmã respondeu de modo repressivo:

— Está ficando louca? Ninguém passa naquela rua, você sabe o que tem lá? O padre, ontem, falou que agora os espíritas da Rua das Flores estão andando pela cidade, batendo de porta em porta e pedindo doações, dizendo que é para ajudar os seus miseráveis. Ele falou que qualquer doação deve ser dada somente para a instituição São Vicente de Paulo.

Dona Laura não se importou com o que a irmã dissera sobre a advertência do padre, por estar convicta de que iria em busca de respostas para suas aflições sobre Deus e os homens. Falou à Cláudia que precisava saber se existe vida após a morte e se era possível a comunicação com os mortos.

Cláudia deu uma risada e perguntou a ela quem colocara aquilo em sua cabeça. Dona Laura, instigando a irmã, perguntou se ela nunca teve curiosidade sobre estes assuntos, e ela respondeu:

— Realmente, tenho curiosidade, sim, Laura. Há uma passagem na Bíblia, das Bem-Aventuranças, que sempre me impressionou. "Bem-aventurados os que sofrem, pois serão consolados."[3] Mas onde está a justiça divina, da qual o Mestre Jesus falava? Por que há gente que sofre a vida toda? Onde vão receber esse consolo? Nascem e morrem no sofrimento. Será que Jesus nos enganou?

Dona Laura respondeu:

---

3 Mateus 5:4.

— Cláudia, sobre isso já conversei com o padre, e ele me disse que eu não deveria pensar nessas coisas, que são mistérios de Deus e não podemos questionar. Temos de aceitar da forma como está escrito. Por isso, eu desanimei de ir à Igreja, e já tem um bom tempo que não frequento a casa paroquial. Agora decidi buscar a verdade sobre o mistério da vida.

As duas se prepararam e saíram com grande expectativa. Foram no carro de Cláudia. Ao chegarem à Vila Santa Maria, as irmãs foram surpreendidas pela miséria que existia naquele lugar. Caminharam por algumas ruas estreitas e por alguns becos e chegaram à Rua das Flores. Naquela rua, várias crianças brincavam nuas, enquanto as mães lavavam roupas em uma nascente de água.

Já um tanto cansadas, decidiram se informar se havia mesmo, naquele lugar, uma Casa Espírita. E Dona Laura perguntou a um morador, que lhe respondeu:

— Minha senhora, por aqui há uma casa onde o pessoal mexe com um negócio de conversar com os mortos.

— O senhor pode nos informar onde fica essa casa?

— Sim, a casa fica no fim da rua, mas não posso acompanhá-las, porque tenho medo.

— Muito obrigada, meu senhor, pela informação.

Finalmente, chegaram à casa que tanto procuravam, e foram surpreendidas pelo movimento de pessoas na porta daquela humilde casa.

As irmãs se aproximaram da casa e perguntaram a uma senhora, que estava na porta, o que se fazia ali. E a senhora respondeu:

— Aqui é a Casa Espírita do Doutor Bezerra de Menezes.

Laura perguntou:

— E quem é dr. Bezerra de Menezes?

— Foi um homem muito bom, conhecido como o médico dos pobres na Terra. E hoje, no mundo espiritual, continua amparando seus semelhantes em muitas casas espíritas. Esta foi criada em sua homenagem. Entrem e fiquem à vontade.

Elas foram entrando, passando pelas pessoas e sentindo as boas vibrações daquele ambiente maravilhoso.

Ficaram encantadas com o que viram. Um homem comentava sobre o Evangelho, especificamente a passagem que elas tinham tanta dificuldade de compreender: "As Bem-Aventuranças".

Assim, sentaram-se para ouvir essa linda passagem que Jesus nos deixou.

"Quando Jesus, vendo as multidões, subiu a montanha, e depois ele se sentou, os seus discípulos aproximaram-se dele. Então ele começou a falar, e ensinou-lhes, dizendo:

Bem-aventurados são os pobres em espírito, porque deles é o reino dos céus.

Bem-aventurados os que choram, porque serão consolados.

Bem-aventurados os mansos, porque herdarão a terra.

Bem-aventurados os que têm fome e sede de justiça, porque serão saciados.

Bem-aventurados são os misericordiosos, porque alcançarão misericórdia.

Bem-aventurados os puros de coração, porque verão a Deus.

Bem-aventurados são os pacificadores, porque serão chamados filhos de Deus.

Bem-aventurados os que são perseguidos por justiça, amor, porque deles é o reino dos céus.

Bem-aventurados sois vós, quando vos insultam, vos perseguem e disserem toda a espécie de mal contra vós na minha conta. Alegrai-vos e exultai, porque é grande o vosso galardão no céu, pois do mesmo modo perseguiram os profetas que foram antes de vós."

Laura e Cláudia ouviram aquele homem de cabelos grisalhos, firme em suas palavras, que quando falava a todos encantava com o jeito pelo qual esclarecia a questão das Bem-Aventuranças.

Ele dizia que Deus é o Pai de amor e bondade, que dá oportunidades iguais a todos os seus filhos. Para aquele que está passando por muito sofrimento, se a causa de suas aflições não está nesta vida, só pode ter sido originada nas reencarnações passadas. O caminho da evolução é a nossa consciência tranquila, ela que nos comanda ao crescimento espiritual e aos mundos superiores. Portanto, jamais ficaremos em paz vivendo nesses mundos e carregando no coração as nossas imperfeições. Diante dos espíritos superiores, não conseguimos esconder o estágio evolutivo em que nos encontramos. Eles conseguem ver as nossas deficiências morais, e isso nos causa um grande constrangimento.

Por isso, pedimos aos benfeitores espirituais a bênção da reencarnação, com o objetivo de reparar os erros que cometemos em vidas pregressas.

Imaginem se a lei de Deus sofresse mudança de acordo com seus filhos? Onde estaria esta justiça? Todos são iguais perante o Pai. Por amor, Ele nos criou simples e ignorantes. Ele nos deu a eternidade para evoluirmos. Somos uma centelha divina em busca da perfeição. Somente com o espírito iluminado gozaremos dessa felicidade.

Portanto, temos de entrar no mundo dos espíritos com a alma pura, como Deus nos criou um dia. No caminho da evolução, somos herdeiros de nós mesmos.

Terminada a explanação sobre o tema, ele disse:

— Meus irmãos. Vamos agora ao trabalho do passe. Todos vocês, que estão aqui pela primeira vez, sejam bem-vindos à Casa Espírita Doutor Bezerra de Menezes. Vamos elevar o pensamento a Deus, nosso Pai, nosso Mestre Jesus, abrindo nossos corações, para que essa centelha divina possa iluminar a todos nós intimamente. Vamos nos preparar para receber dos benfeitores espirituais o passe curador, que vai reconfortar o nosso coração.

Peço ao nosso Pai que preencha o nosso coração com o sentimento da caridade, da fraternidade, do perdão, da indulgência, para que possamos perdoar e compreender as necessidades do próximo, pois ele é o nosso grande espelho, podemos ver, por meio dele, as nossas imperfeições. E assim, Senhor Jesus, nós lhe agradecemos por essa oportunidade de nos encontrar no corpo de carne para estudar a Tua doutrina consoladora. O Senhor nos disse que enviaria o Consolador prometido. Hoje, nós estamos em condições de receber esses ensinamentos.

Ó, Mestre Jesus, ampare aqueles que ainda não estão maduros para o Seu Evangelho, para que eles possam amadurecer e beber dessa essência divina, dessa água da vida eterna. Como o Senhor mesmo disse junto daquela samaritana: *"que, quem beber dessa água jamais terá sede"*.[4] Ó, Senhor, mate a nossa sede de aprender e compreender melhor os seus ensinamentos. Hoje o Consolador está aqui entre nós e, por meio das obras da Codificação Espírita, nós podemos entender todos aqueles ensinamentos que o Senhor nos deixou. Muito obrigado, Senhor Jesus, pela oportunidade.

Em seguida, foi iniciado o trabalho de passe. Quando aquele senhor chegou até dona Laura para aplicar o passe, ela sentiu como se sua alma estivesse saindo do corpo, percebeu que estava pairando no ar. A brisa que sentia no ambiente lhe dava vontade de chorar, e sentia uma alegria imensa, que nunca sentira em sua vida, uma vontade de ajudar o próximo que, até então, nunca tinha experimentado. Um desejo de mudar intimamente contaminou todo seu ser, ao ouvir aquelas lindas palavras.

Logo depois do passe, formou-se uma fila com aqueles que queriam conversar com o palestrante. Laura e Cláudia estavam aguardando aquele senhor.

---

4 Jo 4:14.

Quando chegou a vez das irmãs, elas se apresentaram a ele, que também se apresentou dizendo seu nome, Joaquim. Em seguida, perguntou para as duas:

— O que as trouxe aqui, minhas filhas?

Laura falou:

— Senhor, o que nos trouxe aqui foi a curiosidade. O que eu sempre questionei com o padre João foi exatamente o que o senhor falou sobre as Bem-Aventuranças. Essa questão até fez com que eu me afastasse da Igreja. Eu questionei com ele, por várias vezes, e ele não quis me responder. Essa leitura que o senhor fez respondeu aos meus principais questionamentos. Eu gostaria muito de conhecer mais sobre esse assunto, adquirir esses livros.

— Vou doar-lhe as obras da Codificação de Allan Kardec – disse Joaquim.

Dizendo isso, saiu e trouxe cinco livros e os apresentou. Orientou-as a ler as obras começando por *O Livro dos Espíritos*, depois *O Livro dos Médiuns*, *O Evangelho Segundo o Espiritismo* e que o ideal seria intercalar, entre uma obra e outra, *O Céu e o Inferno*, que fala sobre a justiça divina, mostrando para elas as partes principais do livro, e *A Gênese*, que fala sobre a criação da Terra.

Ela ficou maravilhada com os livros, e disse:

— Eu gostaria de pagar, pelo menos como uma contribuição para esta obra social tão bonita que o senhor realiza.

Falando isso, pegou a carteira e tirou uma grande quantia de dinheiro e entregou a ele.

Ele disse:

— Não posso aceitar o dinheiro, senhora. Mas, caso queira ajudar, pode fornecer alimentos para o almoço dos necessitados, que a Casa Espírita oferece todos os dias.

Laura concordou e disse que mandaria mais tarde as doações. As duas se despediram de Joaquim e voltaram para a cidade. Chegando à cidade, foram diretamente a um armazém, e dona Laura comprou três sacos de arroz, dois de feijão e cinco latas de banha. Deu o endereço da Casa e pediu que entregasse a compra no local.

O dono do armazém conhecia muito bem aquele endereço, pois também contribuía, havia muito tempo, com aquela obra social, fazendo algumas doações. Olhou para dona Laura e disse:

— Minha filha, que bom investimento você está fazendo. O senhor Joaquim, para mim, é um dos homens mais importantes desta cidade. É um santo que dedica sua vida aos pobres que vivem naquele bolsão de pobreza.

E Laura respondeu:

— Realmente, são sofredores, mas hoje eu pude compreender essas coisas. Seria muito bom se o senhor fosse a algumas reuniões deles, pois elas nos esclarecem muitas dúvidas. Já vi que o senhor é um homem muito inteligente, que sabe questionar. Eu tinha vários questionamentos em minha vida, e hoje foram esclarecidos por aquele senhor.

E ali, com aquela conversa franca e sincera, o diálogo foi encerrado, e as irmãs foram embora.

As duas foram conversando pela estrada, tentando entender o que tinha acontecido naquela humilde casa.

— Cláudia, vou estudar estas obras em casa com a minha empregada, e aconselho a você, que mora aqui na cidade, que não deixe de visitar constantemente o sr. Joaquim. Quem sabe você não poderá ajudá-lo, já que está muito bem de vida? Pelo que entendi, só temos o bem que fazemos aos outros, porque os bens materiais ficam aqui na Terra.

— Vou pensar nisso e ver o que posso fazer para ajudá-lo.

Na casa de Cláudia, dona Laura guardou muito bem os livros para que dr. Luís não os visse. Ela não sabia qual seria a reação dele. Ele, às vezes, era um pouco agressivo. Não aceitava dialogar, quando se tratava de religiões. Enquanto dr. Luís tivera um dia de aflição, para sua esposa fora muito diferente, pois viveu momentos de elevação espiritual ao lado de sua irmã. Ao cair da noite, dr. Luís chegou à casa de Cláudia, e dona Laura foi logo descendo com alguns objetos na mão, despedindo-se da irmã e entrando no carro.

Durante o caminho, dona Laura ia pensando na grande oportunidade que estava tendo na vida. Era como se estivesse conhecendo outro mundo, uma nova maneira de entender e de ser.

Ela agradeceu a Deus a oportunidade de ter sido esclarecida aquela passagem de Jesus sobre As Bem-Aventuranças que tanto questionara. A doutrina nova iria elucidar, cada vez mais, suas dúvidas, e assim iria entender melhor os desígnios de Deus. Com certeza, dali para a frente, ela seria muito mais feliz, pois aquela doutrina reveladora lhe traria muito mais do que esperava.

Chegaram em casa bem tarde e foram descansar em seus aposentos. Foi um grande dia, com muitas experiências para o casal.

No dia seguinte, dona Laura aguardava, com ansiedade, a chegada de Marina para lhe contar o que tinha acontecido. Logo que ela adentrou a casa, a patroa a chamou para conversar. Mostrou à amiga os livros que ganhou na Casa Espírita que conheceu. Marina demonstrou entusiasmo e grande expectativa em lê-los, e propôs à dona Laura começarem a estudar o assunto dos livros o quanto antes. Elas, rapidamente, guardaram tudo, pois o dr. Luís estava chegando para o café da manhã e não ia gostar de vê-las com livros sobre religião.

Marina, desejosa de começar os estudos, preparou a mesa para o café da família um pouco mais cedo, de modo que o patrão pudesse terminar logo e ir para a cidade.

Dona Laura, que mal pôde esperar o marido ligar o carro e sair para o trabalho, chamou a amiga e, já em posse dos livros, sentaram-se à mesa para iniciar o estudo. Abriram primeiro *O Livro dos Espíritos*.

Elas começaram a trocar ideias e anotavam o que não conseguiam entender. Dona Laura, depois, iria pedir esclarecimentos ao sr. Joaquim, quando fosse à cidade.

Laura e Marina ficaram estudando *O Livro dos Espíritos* por algum tempo, até que notaram que estava na hora de preparar o almoço.

Depois que todos almoçaram, as amigas retornaram ao estudo das obras básicas de Allan Kardec. Tornou-se rotina na vida de Laura e Marina. Elas estudavam todos os dias, até que o conhecimento lhes possibilitou uma compreensão mais ampla da Doutrina Espírita.

Haviam se passado dois anos naquela linda fazenda. Dona Laura e Marina já dominavam os pontos centrais dos livros da Codificação, em razão dos estudos assíduos de todos os capítulos.

Dona Laura, por ser uma mulher que tinha muitas posses, procurou reverter seus bens materiais em favor da caridade. Mesmo distante, contribuía com as obras sociais do sr. Joaquim na Vila das Flores.

Cláudia, sua irmã e o Joaquim conseguiram realizar um grande trabalho na Casa Espírita Bezerra de Menezes. As duas irmãs ajudavam financeiramente na compra de alimentos, agasalhos e medicamentos para os necessitados, a fim de que esse auxílio pudesse ser transformado em tesouro de luz.

Dona Laura fazia tudo isso sem que o marido soubesse.

O sr. Joaquim ensinou dona Laura a fazer o Culto do Evangelho no Lar. Escolhendo um dia da semana, em volta de uma mesa, dona Laura, Marina e as duas crianças passaram a fazer o Evangelho no Lar. As crianças prestavam atenção nas leituras, participavam perguntando, pois eram muito inteligentes.

Marina, prevendo a dificuldade que o filho encontraria para estudar, em face das poucas opções de estudos da época, decidiu ensiná-lo o que sabia. Ensinou André a ler e a escrever e, com isso, o menino pôde se dedicar aos livros espíritas. Quando ele tinha dificuldade nas leituras da Codificação, pedia o auxílio da mãe, que, prontamente, o ajudava. Mãe e filho tinham uma relação de grande afinidade.

André, com a mediunidade ostensiva na vidência e na audiência, continuou a ver e a ouvir as orientações de sua avó. Mariana sempre aparecia para orientá-lo, falava com ele por intermédio de sua mediunidade. A comunicação constante de sua mãe era, para Marina, uma bênção de Deus.

Marina chegava a pensar que não merecia tantas bênçãos divinas por não poder contribuir financeiramente com nenhuma instituição e com nenhum irmão necessitado. No entanto, retribuía todo o bem recebido em forma de prece, para os irmãos encarnados e desencanados.

Mas o que Marina não sabia era que ela estava realizando uma grande missão. É incomensurável o poder da prece. Ela tem poder de consolar, amparar e mudar corações. A oração é a forma que todos nós temos de falar com Deus, tanto é beneficiado aquele que ora como aquele que a recebe.

Mesmo Marina tendo tamanha fé em Deus, ela não estava livre de todas as provações. O tempo estava chegando, e era hora de ser testada a sua fé.

CAPÍTULO 7

AS PROVAÇÕES

Dr. Luís, durante esses anos, não mais perturbou Marina, em razão do sentimento de pena que nutrira por aquela pobre mulher e sua família. Pensou em ajudá-los, no entanto, não o fez.

Com esse sentimento fraternal, o obsessor se manteve distante dele por um bom tempo. Mas aguardava o momento certo para obsediá-lo novamente.

Mesmo com o passar do tempo, dr. Luís não conseguiu esquecer Marina. Passado aquele sentimento de compaixão, o obsessor se fez presente, plasmando imagens de quando ele a teve em seus braços. Com influência externa, novamente ele começou a desejá-la e a planejar como poderia tê-la na intimidade.

Dr. Luís observava, havia muito tempo, o quanto as duas crianças se amavam profundamente. Ele, então, pensou em uma forma de atingir Marina.

— Vou tirar a minha filha de perto de André.

E, assim, terei condições de negociar com minha amada. Ele comunicou à esposa que, a partir daquele dia, a empregada poderia vir para fazer o trabalho, no entanto, não queria mais que trouxesse André consigo, pois Esther estava crescendo e não era bom para ela ficar na companhia de um menino.

Marina acabou ouvindo o fim da conversa. Aquela pobre mulher, que há muito tempo não trocava uma palavra com o patrão, aproximou-se dele e, em tom exaltado, disse:

— Não se preocupe, pode ficar tranquilo, dr. Luís. A partir de amanhã, meu filho não entrará mais nesta casa.

O patrão ficou sem jeito ao saber que a empregada ouvira a conversa, e disse de modo a se explicar:

— Não é bem assim – disse ele. – Ele já está virando um rapazinho, já tem sete anos de idade, e Esther está ficando uma mocinha. E levaremos nossa filha para a cidade, para estudar, ou seja, ficarão afastados um do outro.

Dona Laura disse:

— Eles são muito amigos, Luís! André é um menino muito bom, inteligente e educado. Eles nunca brigaram e vivem como se fossem dois irmãos. Esther sentirá muita falta dele. Não sei o que vai acontecer, a menina pode até ficar doente, e você, sendo médico, sabe disso.

Como dono da casa e detentor das ordens daquele lugar, disse, para encerrar o assunto:

— Eu sei. Mas precisamos dar um basta nisso, eles não poderão ficar juntos a vida toda. É melhor separá-los agora, porque se não teremos problemas futuros.

Já estava quase na hora de Marina ir para casa. Pegando seu filho pela mão, disse a ele que, a partir do dia seguinte, não poderia mais ver sua amiguinha Esther.

André e Esther não relutaram ao distanciamento, em razão da educação e obediência que possuíam. Eles trocaram um longo abraço de despedida. Um disse ao outro o quanto era importante aquela amizade, e que nunca se esqueceriam. Por fim, André deu um beijo na bochecha de Esther, que correspondeu. Nesse instante, lágrimas rolaram em suas faces pueris.

André foi para casa com a mãe. No outro dia, ficou brincando sozinho, enquanto sua mãe trabalhava.

Enquanto Marina fazia suas obrigações no âmbito doméstico, disse à patroa que não poderia ficar na casa-grande até muito tarde, pois o filho estava sozinho em casa, e isso não era bom, tinha de ficar um pouco com ele.

Dona Laura falou à amiga que não concordava com a decisão do marido, por achar a amizade das crianças muito benéfica para ambos. Propôs à Marina que trouxesse o menino às escondidas, e saísse mais cedo do trabalho, a fim de que Luís não o visse.

Marina era uma pessoa muito correta. Sabia que, se mentisse para o patrão, estaria mentindo para Deus e para a espiritualidade que os acompanhava.

Disse à amiga que, no fundo, o dr. Luís tinha razão, que a separação dos dois deveria acontecer, pois André não teria as mesmas oportunidades que Esther, devido à diferença do nível social entre eles. Acrescentou dizendo que deveria cumprir as ordens do seu patrão, pois, afinal, era ele quem pagava o seu salário e estava ali para servi-lo.

Marina pediu à amiga um dos livros de Allan Kardec para ler em sua casa, na companhia de seu filho. Dona Laura, amiga e patroa, muito gentil, informou que compraria para ela todos os livros da Codificação, e disse que também estudaria com sua filha em casa. Dona Laura ressaltou a importância do aprendizado espiritual para as crianças, para que pudessem crescer sabendo discernir sobre os acontecimentos futuros de sua vida.

Marina revelara à amiga que tinha certa urgência em ensinar a seu filho o máximo que pudesse e soubesse sobre a doutrina consoladora.

A razão dessa pressa em instruí-lo advinha dos pressentimentos que tinha sobre seu futuro. Marina dissera que seu filho precisaria muito do auxílio dos benfeitores espirituais, pois sentia que o tempo dela no plano terrestre estava por se findar, e o menino sofreria muito com a sua ausência. Marina se entristecia em pensar que deixaria o filho, ainda tão criança, sem seu zelo e carinho. Sabemos que a perda de uma mãe nunca pode ser preenchida.

– Confesso, dona Laura, que senti a falta de minha mãe por um longo tempo. Mas agora, tendo provas da existência da vida após a morte, em razão das comunicações que tive com minha mãe por intermédio de André, é como se ela estivesse me esperando de braços abertos para ficarmos finalmente juntas no Plano Espiritual.

– Marina, não pense mais nisso. Você é muito jovem e vai viver por muitos anos – disse-lhe dona Laura, a fim de consolá-la pela aflição que sentia.

Dona Laura emprestou-lhe *O Evangelho Segundo o Espiritismo*, para que Marina pudesse lê-lo com André. Informou-a de que em breve iria à cidade e compraria os livros para ela, conforme havia prometido.

Todos os dias, André acompanhava sua mãe até a subida de um morro, de onde podia avistar o casarão. Do alto, ele via sua amiga Esther. Esse era o único recurso de que eles dispunham para se ver. Esther também ficava do outro lado olhando-o. André permanecia, durante um bom tempo, sentado em uma pedra a observá-la. Era impossível separar aquelas duas almas. O amor que os unia era eterno, tão sublime que estava até nas fibras de seus pensamentos, no mais profundo de suas almas.

Um ano se passou, e Esther foi estudar na cidade. Ia com o pai, de manhã, e voltava à tarde. A menina chegava em casa, ia para o seu quarto, abria a janela e lá no alto do morro, sentado em cima da pedra, estava esperando-a André, aquele que a amava profundamente. Ali, os dois, em pensamento, se encontravam e se abraçavam. Era vivenciado um lindo sentimento entre aquelas duas crianças de almas afins. Havia tanta alegria e emoção que inebriava a alma ver o amor tão lindo que existia entre os dois.

Por outro, lado dr. Luís, completamente influenciado, não estava mais suportando não ter Marina em seus braços. Começou a pensar em novas investidas para garantir seu intento. Quando tinha esses pensamentos, ficava vulnerável, e o espírito que o obsediava lhe dava sugestões para executar seus desejos mais sórdidos, por estarem na mesma faixa vibratória. Em dado momento, o obsessor instruiu o dr. Luís como fazer para realizar os seus desejos:

— Vá para a cidade amanhã, leve sua filha e sua esposa e deixe que passem o dia e a noite por lá, na casa da sua cunhada. Você volta sozinho para a fazenda. Assim, no dia seguinte, Marina não saberá que a patroa não está em casa. Tente despistá-la para que não possa desconfiar de nada. Prepare um sonífero, coloque-o no café e dê para ela beber. Assim podemos nos aproveitar dela e vamos conseguir o que estamos esperando há tanto tempo.

Dr. Luís ficou passível às orientações do obsessor naquela noite.

Logo pela manhã, dona Laura solicitou ao marido:

— Posso ir com você e Esther para cidade? Preciso fazer algumas compras e visitar minha irmã.

O obsessor deu uma risada a fim de demonstrar que tudo corria de forma positiva para o seu plano e, por consequência, o obsediado teve a mesma sensação.

O dr. Luís disse à esposa:

– Sim, sem problemas.

À tarde, como de costume, André quis ver sua amiguinha. Foi para o morro, sentou-se na mesma pedra de todas as tardes, olhou para o casarão e não viu Esther. Ficou ali por algum tempo, esperando que sua amiguinha chegasse à janela. À medida que o tempo passava, uma tristeza profunda invadia seu coração. Permaneceu ali até que os raios do sol atravessaram o monte e o pôr do sol começou a desaparecer. Com o coração angustiado e os olhos marejados, a criança retornou ao lar com profundo sentimento de saudade em seu peito. Pela primeira vez, fora dormir sem ver sua amada.

— Mamãe, acho que dona Laura não voltou da cidade, porque eu subi lá no morro, olhei para o casarão e não vi Esther.

— Meu filho, não se preocupe. Quando o dr. Luís chegou, eu estava estendendo as roupas, e ele me disse que dona Laura foi direto para o quarto porque estava com muita dor de cabeça e muito cansada, que eu podia vir embora para casa. Dona Laura queria ficar em silêncio para melhorar a dor. Então, me despedi dele, deixei as coisas bem arrumadas e a mesa pronta para o jantar.

André perguntou se ela havia visto Esther, e ela respondeu:

— Não a vi, mas penso que Esther estava com a mãe, já que ela estava passando mal. Filho, quando eu passo mal você fica sempre ao meu lado, e Esther deve fazer a mesma coisa. Então, vamos dormir, que amanhã a mamãe tem muita coisa para fazer. Mas, antes de dormir, vamos abrir *O Evangelho Segundo o Espiritismo* numa página qualquer.

Abriu o livro na página que dizia:

"1. Aprendestes que foi dito: 'Amareis o vosso próximo e odiareis os vossos inimigos'. Eu, porém, vos digo: 'Amai os vossos inimigos; fazei o bem aos que vos odeiam e orai pelos que vos perseguem e caluniam, a fim de serdes filhos do vosso Pai que está nos céus e que faz se levante o Sol para os bons e para os maus e que chova sobre os justos e os injustos. - Porque, se só amardes os que vos amam, qual será a vossa recompensa? Não procedem assim também os publicanos? Se apenas os vossos irmãos saudardes, que é o que com isso fazeis mais do que os outros? Não fazem outro tanto os pagãos?'"(S. Mateus, cap. V, vv. 43 a 47.) - "Digo-vos que, se a vossa justiça não for mais abundante que a dos escribas e dos fariseus, não entrareis no reino dos céus."(S. Mateus, cap. V, v. 20.)

2. "Se somente amardes os que vos amam, que mérito se vos reconhecerá, uma vez que as pessoas de má vida também amam os que os amam? - Se o bem somente o fizerdes aos que vo-lo fazem,

que mérito se vos reconhecerá, dado que o mesmo faz a gente de má vida? - Se só emprestardes àqueles de quem possais esperar o mesmo favor, que mérito se vos reconhecerá, quando as pessoas de má vida se entreajudam dessa maneira, para auferir a mesma vantagem? Pelo que vos toca, amai os vossos inimigos, fazei bem a todos e auxiliai sem esperar coisa alguma. Então, muito grande será a vossa recompensa e sereis filhos do Altíssimo, que é bom para os ingratos e até para os maus. - Sede, pois, cheios de misericórdia, como cheio de misericórdia é o vosso Deus." (S. Lucas, cap. VI, vv. 32 a 36.)"[5]

Ao terminar a leitura, Marina fez um breve comentário sobre os ensinamentos recebidos. A essa altura, André já estava caindo de sono, e foi para a cama se deitar.

Marina ficou mais um pouco meditando sobre o que tinha acabado de ler, e pensou consigo mesma: "Meu Deus, no momento eu não tenho nenhum inimigo, mas existe alguém com quem tenho de tomar muito cuidado, pois ele pode me trazer muitos problemas e me ferir profundamente a alma. Se isso acontecer, não sei, meu Pai, se estarei em condições de perdoar-lhe. Tenho medo do dr. Luís, no entanto, tenho muita fé em Deus, e sei que tudo o que acontecer comigo é porque mereço e está dentro da minha trajetória evolutiva.

"Meu Senhor, se acaso eu tiver de passar por alguma provação, suplico a Ti que me dê forças suficientes para lutar, compreender e, principalmente, suportar todas as dificuldades que vierem em minha direção." Após essa grandiosa reflexão, Marina foi descansar.

Não devemos nos queixar das provas, nem tampouco daqueles que nos servem de instrumento. Temos de agradecer a Deus a oportunidade do crescimento espiritual. Temos de pegar

5 O Evangelho Segundo o Espiritismo, cap. XII, 56ª ed., São Paulo: Lake, 2000.

nas mãos que nos dão ensejo de demonstrar a nossa paciência e resignação.

O homem que no mundo ocupa elevada posição não se julga ofendido com os insultos daquele a quem considera seu inferior. O mesmo se dá com o que, no mundo moral, se eleva acima da humanidade material. Este compreende que o ódio e o rancor o aviltariam e rebaixariam.

Naquela noite, quando Marina saiu em espírito, esteve com sua mãe Mariana. No mesmo lugar onde se reencontraram, estava também o espírito de sua grande amiga, sua patroa Laura. Lá estavam espírito de André e de Esther. Todos estavam em uma reunião nas dimensões espirituais do ambiente onde habitavam. Mariana, então, disse a Marina:

— Minha filha, diante dos desígnios de Deus, você está prestes a iniciar a sua provação. Por mais que queiramos evitar, nós estaríamos agindo contra a lei do Criador. Mas é assim que quitará seu débito e ficará livre para seguir o seu caminho. Sabemos, também, que estão aqui duas almas que terão de passar por provações dolorosas. Mas, se souberem aproveitá-las, resgatarão um passado cheio de débitos de tempos distantes, que no momento não podemos esclarecer mais profundamente.

Sabemos, minha filha, que você está sendo convidada pelos amigos espirituais a retornar à pátria espiritual. Mas seu retorno vai ser mediante um grande sofrimento. Quando estiver entre nós, poderá amparar seu filho, que vai precisar muito de sua ajuda. E você também, amiga Laura, na caminhada evolutiva, juntamente com seu marido, não está isenta de passar por grandes tribulações.

A caminhada evolutiva de André e Esther será difícil e longa. Os dois têm grandes débitos do passado, e perante a Lei de Causa e Efeito se faz necessário quitar.

As duas amigas perguntaram:

— Nós temos condições de saber alguma coisa referente às nossas vidas e as dos nossos filhos?

O espírito Mariana respondeu:

— Não podem. Há assuntos dos quais não temos autorização para falar, estão sob o comando de Deus. Quando vocês despertarem no corpo físico, terão uma vaga lembrança de que algo aconteceu.

Mariana se despediu de todos, abraçando e beijando um a um.

No dia posterior, Marina, ao despertar no corpo físico, sentiu uma grande melancolia, um sentimento de tristeza incomparável. Sentia que algo lhe aconteceria, porém, não sabia definir do que se tratava. A saudade lhe apertava o coração.

Marina foi, então, ao quarto de André e observou que seu filho também não estava como de costume, parecia um tanto angustiado.

Na casa de Cláudia, Laura acordou do mesmo jeito, triste e melancólica. Perguntou à filha se estava bem, se havia dormido direito, e a menina respondeu:

— Mamãe, eu tive um sonho, mas não consigo me lembrar totalmente dele. Sei que a dona Marina e o André estavam conosco. Tinha, também, uma senhora que não consegui identificar. Estávamos em um lugar lindo, não sei dizer o que aconteceu no sonho, mas acordei com uma saudade, uma vontade de não sair mais daquele lugar.

Dona Laura esclareceu à filha o que estava sentindo:

— Minha filha, isso é melancolia. *O Evangelho Segundo o Espiritismo* fala sobre a melancolia. Quando chegarmos em casa, vamos ler essa passagem.

Ontem, comprei alguns livros para Marina, que são obras da Codificação de Allan Kardec. E sei que ela ficará muito feliz com estes presentes. Esther, só voltaremos para casa no fim do dia, já que seu pai não veio nos buscar ontem. Enquanto isso, sua tia vai levá-la para o colégio. Darei uma volta pela cidade e comprarei alguns presentes para seu amiguinho André, que, imagino, deve estar muito triste com o distanciamento de vocês.

— Realmente, mamãe, eu sinto que Andrezinho está muito triste, e eu também estou. Acho um absurdo papai fazer isso conosco. A gente não fazia nada demais, a não ser brincar. Ainda bem que posso vê-lo de longe. Não sei o que seria de mim se não pudesse vê-lo mais, sinto muito amor por ele.

— Minha filhinha, o sentimento que nutre por André é maior o que sente por mim?

— É um amor diferente, não sei como explicar. Se um dia eu pudesse escolher um homem para me casar, o escolheria de olhos fechados, e tenho certeza de que seria a mulher mais feliz do mundo.

Dona Laura deu uma risada, por achar engraçada aquela menina, ainda tão criança, falando palavras tão sinceras e importantes na vida de qualquer mulher. A mãe entendera o que a filha dizia, pois sabia que existia algo de diferente entre os dois.

— Quem sabe, minha filha? Vocês ainda são duas crianças, mas talvez um dia isso possa acontecer. Por que não?

— Mamãe, lembra as lições que encontramos nos livros espíritas? Elas nos falam sobre a família material e a família espiritual. O amor que sinto pelo André é o amor espiritual. Eu seria a pessoa mais feliz do mundo se pudesse viver com ele, é o grande sonho da minha vida. Eu sempre vou esperar por ele, nunca vou abandoná-lo. Tenho certeza de que ele também me ama, porque quando olhamos um para o outro, sinto um brilho nos seus olhos, mesmo com a distância que nos separa. Sentimos a falta que fazemos um para o outro.

— O que é isso, minha filha, você tem somente oito anos! Como pode me falar essas coisas de pessoas adultas?

— Lembre-se, mamãe, de que o espírito não tem idade?

Dona Laura ficou com um semblante plácido e disse:

— Realmente, minha filha, você está certa.

Após o café da manhã, Esther seguiu com a tia para o colégio. Esther deu um beijo no rosto da mãe, acenou com as mãozinhas, despedindo-se, entrou no carro e foi para a escola.

Enquanto isso, na fazenda, uma nuvem negra pairava sobre o ambiente. O espírito que obsediava o doutor Luís se encontrava nas dependências daquela casa, aguardando o momento certo para se aproveitar da fraqueza dele. O obsessor o acompanhava por todos os lugares, como se fosse sua própria sombra. Esse espírito não iria deixar de alcançar seus objetivos.

CAPÍTULO 8

NOVAMENTE AS SOMBRAS

Marina, como fazia todos os dias, chegou bem cedo ao casarão. Bateu à porta, e foi recebida pelo seu patrão, que de pronto atendeu e foi logo dizendo:

— Entre, Marina. Por gentileza, sirva-me um café, pois hoje estou um tanto quanto atrasado e preciso chegar mais cedo ao consultório.

Antes de entrar, Marina perguntou pela patroa.

Dr. Luís respondeu, mentindo:

— Ela está muito bem, está dormindo até agora. Laura estava com muita dor de cabeça e passou a noite toda acordada, por essa razão a mediquei com medicamentos que provocam sono, e ainda não acordou.

Marina perguntou pela menina, e ele respondeu que ela ficara na cidade com a tia Cláudia, que também não estava se sentindo bem, pois estava sozinha. Esther, então, lhe fizera companhia.

Marina entrou e foi para a cozinha preparar o café. Logo em seguida, serviu o patrão, que parecia estar mesmo com muita pressa.

— Eu vou tomar café da manhã sozinho?

— Muito obrigada, dr. Luís, eu já tomei café em casa.

— Qual é o mal de tomar uma xícara de café comigo? Eu não gosto de tomar café da manhã sozinho.

Ela concordou, colocou café na xícara. Mas, antes que tomasse, ele, usando a sua esperteza, perguntou:

— Você ainda tem aqueles pãezinhos de queijo?

— Tenho, doutor, mas são de ontem.

Dr. Luís, para fazer com que Marina saísse da mesa, disse:

— Traga-os, que vou comer uns dois.

Ela, então, encaminhou-se até a cozinha para pegar os pães de queijo.

Nesse momento, dr. Luís pôde executar seu plano. Aproveitou-se da ausência da moça e colocou uma dose de sonífero em sua xícara.

Marina retornou com o alimento solicitado por ele. Para se ver livre daquele homem o mais rápido possível, tratou de beber rapidamente seu café, para, então, retirar-se da mesa.

O dr. Luís, quando viu que ela já estava quase por terminar de tomar o café, disse:

— O pão de queijo está um pouco frio, seria possível esquentá-lo?

Ela, então, pegou a bandeja com os pães de queijo e a levou até a cozinha, para cumprir as ordens do patrão.

O dr. Luís não perdeu tempo, e acrescentou mais café e mais sonífero na xícara de Marina.

Quando ela retornou com os pães de queijo, colocou-os na mesa, e dr. Luís pegou um, colocou na boca e disse:

— Que delícia! Está muito saboroso! Coma um para você ver como está bom.

Marina aceitou, começou a comer e, automaticamente, pegou sua xícara e, sem perceber que continha mais café, começou a beber.

Terminando aquela bebida matinal, Marina sentira um sono muito forte, sentiu os seus movimentos alterados, ficando progressivamente mais fraca, com uma forte tontura.

Marina esforçou-se para retirar os objetos da mesa, no entanto, logo que pegou a bandeja, começou a cambalear. Dr. Luís levantou-se para socorrê-la e, segurando-a, disse:

— Calma! Calma! Isso é queda de pressão, acontece. Você só precisa se deitar um pouco para que possa melhorar.

O dr. Luís pegou-a nos braços e a levou para seu quarto. Deitou-a em sua própria cama.

Em alguns segundos, Marina estava dormindo profundamente. O médico observava aquele rosto lindo, que estava agora sob seus comandos. Enquanto olhava, pensava naqueles lindos lábios, que havia muito tempo sonhara em beijar.

Ele, então, começou a passar as mãos em seu rosto e em seus lábios. Calmamente, começou a desabotoar a blusa daquela mulher, que havia muito cobiçado, e ficou a contemplar aquele corpo completamente perfeito. Corpo de sereia, sem nenhuma imperfeição, nem uma cicatriz sequer. Arrancou toda a roupa e começou a acariciar seu corpo todo.

Naquele momento, o espírito vampirizador, que não aguentava mais esperar, queria, a qualquer custo, aproveitar-se da oportunidade, para, então, absorver as energias sexuais e sentir-se realizado. Ele aguardava aquele momento havia muito tempo, e estava completamente aflito e desesperado. Esse tipo de situação é muito comum com um estuprador. O corpo do obsediado fica completamente entregue às vicissitudes do obsessor desequilibrado.

O dr. Luís, envolvido pelas vibrações daquele espírito, como um monstro selvagem, começou a ter relações sexuais com Marina totalmente desacordada.

Aquele espírito obsessor, envolvido em uma verdadeira simbiose espiritual, tamanha era sua ânsia, sentiu-se aprisionado e dali não conseguiu sair mais.

Marina estava em seu período fértil. Naquele momento, a espiritualidade ali presente, aproveitando o momento da forte vinculação magnética entre o espírito e a encarnada, deu início ao processo de reencarnação daquele obsessor.

Ele entrou em um processo de esquecimento e, assim, aconteceu o seu retorno à vida física.

Após o médico ter feito tudo o que arquitetara, ele, com seus conhecimentos médicos, fez toda a higienização necessária no corpo de sua vítima, tomando todo o cuidado para que a mesma não acordasse e percebesse o que acontecera. Em seguida, vestiu-lhe a roupa e a deixou sozinha no quarto, a fim de que, quando despertasse, não sentisse nenhuma mudança.

Doutor Luís foi para cozinha, sentou-se à mesa e tomou várias doses de café. Permaneceu ali por uma hora. Seu desespero era tão grande, que acabou com todo o café que estava na garrafa. Despertou em seu coração a dor do arrependimento, já que, naquele momento, encontrava-se completamente livre da influência do obsessor que havia muito tempo o acompanhava.

Marina, aquela mulher indefesa, que sofreu nas mãos dos dois obsessores (o desencarnado e o encarnado) foi, aos poucos, se recuperando e voltando ao seu estado normal. Ao despertar, vinha a sua mente a imagem do médico em sua frente, acariciando-a, mas não registrava na memória o estupro.

Naquele momento, seu espírito estava longe, sob a proteção e o amparo da sua mãe, e somente permanecia ligado ao corpo físico pelo cordão fluídico.

Não foi possível evitar o fato, porque, diante das leis reencarnatórias, a nossa irmã tinha um grande débito nessa área. Mas a misericórdia divina nos dá a oportunidade de resgatar os nossos débitos, e era muito importante quitá-los com esses dois espíritos: o médico e o obsessor.

Marina levantou-se e se sentia um pouco tonta, mas tinha de cumprir suas obrigações. Foi em direção à cozinha, encontrou o dr. Luís com a cabeça baixa, como se estivesse dormindo, e começou arrumar a mesa, porém, com o barulho das xícaras, o dono da casa acordou. Ele olhou para aquela mulher a quem fizera mal e sentiu um grande remorso.

Meio sem graça, perguntou:

— Está se sentindo melhor?

— Estou bem melhor agora. Passei muito mal, tenho a impressão de que tive até um pesadelo.

— Você pode me contar como foi esse pesadelo?

— Não sei explicar muito bem, mas, ao que parece, o senhor estava no quarto tocando em mim, eu via o seu vulto na minha frente.

— Deve ser por causa da reação do medicamento que lhe dei para que pudesse se recuperar. Se eu não tivesse interferido, você poderia ter morrido. A senhora teve uma queda de pressão muito grande, e ainda não está bem. Pode ir para casa se recuperar, descanse bastante e volte amanhã.

Marina estranhou o modo como o patrão falou, pois jamais a chamara de senhora. Ele sempre a chamou pelo nome, e nunca a tratou tão bem quanto naquele dia. Parecia que era outro homem. Mas o que Marina não sabia era que ele tinha se livrado do obsessor, e agora se encontrava arrependido e completamente transtornado.

Uma pessoa arrependida tenta compensar o ato que o levou ao arrependimento. No caso do médico, realmente foi um grande crime: usar de forma sórdida para possuir uma pessoa no estado de inconsciência, sem nenhuma compaixão.

Marina partira para seu lar, e o dr. Luís ficou à mercê de sua consciência perturbada. À tarde, o médico, ainda bastante desnorteado, foi buscar dona Laura e Esther na cidade.

Marina já se sentia totalmente recuperada. Começou a notar que, intimamente, estava diferente, e percebeu que havia algo errado. Pensou consigo mesma: "Meu Deus, será que fui estuprada? O que aquele verme fez comigo? Aproveitou-se do meu desmaio? Não acredito, meu Deus, não pode ser. Seria um absurdo! Não, ele não seria capaz de tanta crueldade. O que faço agora, meu Senhor? Ajude-me, meu pai!"

Não posso denunciá-lo ao meu marido, pois ele poderá matá-lo e acabará indo para a cadeia. Se Mário procurá-lo para tirar satisfação, não vai resolver nada. Meu Deus, parece que está arrependido! Vi que seus olhos estavam muito vermelhos, e isso significa que chorou muito. Posso posicionar-me de outra forma, calando-me e não falando mais com ele. Mas como ficar calada diante de tal ofensa? Jamais pensei que outro homem, que não fosse meu marido, pudesse tocar em mim. Não concordo com essa traição. Mesmo sabendo que não tive culpa alguma, sinto que traí meu marido. Meu pai, não sei se fui realmente estuprada, o que faço? No meio de tantas dúvidas e indecisões, Marina começou a orar. Chamou André e pediu-lhe que orasse com ela:

— Meu filho, vamos pedir a Deus que mande a vovó para me ajudar, porque estou completamente transtornada.

— Mamãe, alguma coisa aconteceu com a senhora na casa-grande?

— Não aconteceu nada, meu filho, somente passei muito mal hoje.

Então vamos orar e pedir à vovó que me aconselhe sobre qual a melhor decisão a tomar.

Fizeram algumas orações e abriram *O Evangelho Segundo o Espiritismo*, cuja lição aberta foi Perdão das Ofensas[6].

Com os ensinamentos tão primorosos daquela lição, ela pensou decidida: "Não vou destruir a minha vida nem a vida de outras pessoas por algo que não tenho certeza. Desconfio que pode ter acontecido alguma coisa, mas não vi, não estava lúcida, não tenho certeza. Naquela cama estava somente meu corpo. Não vou destruir minha vida por uma incerteza".

Mariana, naquele momento, se fez presente e falou com André:

---

6 O Evangelho Segundo o Espiritismo, cap. X, item 14. São Paulo: Lake, p.138.

– André, meu neto querido, diga à mamãe que ela deve perdoar, pois tudo o que nos acontece é porque está no nosso caminho. É uma forma de quitar as dívidas que adquirimos em encarnações passadas e que ainda não foram saldadas.

E André repetia as palavras que sua avó dizia.

Após orientar sua filha, Mariana desapareceu. André informou à sua mãezinha que a avó não mais estava presente.

Marina propôs ao filho agradecer a Deus a oportunidade de quitação de mais uma dívida, e também rogou ao Pai que lhe desse forças para suportar aquele momento de grande dor. Pediu a Deus para atenuar o peso que trazia na alma e que levaria por toda sua existência.

Naquela noite, no casarão, dr. Luís não tinha sossego. Visualizava, a todo momento, a cena do estupro. Pensava insistentemente sobre a maldade que praticara contra aquela mulher indefesa. Ele refletia e concluiu que, desde que vira Marina, desejou ardentemente tê-la em seus braços, mas as coisas não aconteceram de forma natural, com a mesma intensidade que ele queria. Então pensou:

"Eu não poderia ter feito isso com Marina, ainda mais à força, em estado de inconsciência".

O desespero marcou a mente daquele homem, e para sempre carregaria a culpa no fundo de sua alma, até o fim de seus dias.

Assim, iniciou na vida dos personagens uma grande provação, a bênção do resgate de vidas passadas, pois Marina engravidara sem programação. Aquela mulher sofria muito, grávida de um homem que não amava e, principalmente, que não era seu marido. Para uma mulher honesta e sincera, isso era um atentado à sua moral.

No dia seguinte, o médico saiu cedo de casa para o trabalho. Quando Marina chegou, o patrão não estava mais no casarão.

Dona Laura percebeu que algo tinha acontecido na sua ausência, pois Marina estava muito diferente, visivelmente triste. Definitivamente, não era a amiga que conhecia sorridente e alegre. Observando como Marina estava diferente, Laura perguntou:

— Marina , por favor, diga-me o que aconteceu. Por acaso, Luís fez mal a você? Ele a maltratou ou alguma coisa assim? O que aconteceu que te deixou tão triste assim?

Marina respondeu:

— Não se preocupe, dona Laura, não aconteceu nada, apenas, tive um mal-estar repentino e o dr. Luís me socorreu – mas não relatou o que suspeitava ter acontecido.

Dona Laura desejava conectar os fatos ao comportamento dos dois, e afirmou:

— Luís estava muito estranho quando foi nos buscar à tarde na casa de minha irmã. Estava sério e silencioso, e fizemos todo o trajeto sem que ele dissesse uma só palavra. Nem mesmo as brincadeiras de Esther o alegraram. Era notória a sua tristeza.

Em busca de uma alguma resposta, Laura cogitou a possibilidade de seu marido ter feito algo contra sua amiga enquanto estava desacordada. Então perguntou-lhe:

— Será que ele fez alguma coisa com você enquanto estava desmaiada?

A amiga, de pronto, respondeu:

— Não sei, não me lembro de nada. Mas me recordo de que quando acordei ele estava na cozinha, debruçado na mesa, e parecia ter chorado.

— Ai, meu Deus! O que será que ele fez? Você notou algo de diferente?

— Não – respondeu Marina.

Desejando que a conversa findasse, Marina disse a dona Laura para não se preocupar. E, em seguida, as duas se dirigiram para a limpeza do quintal.

Marina, retomando sua mente para suas obrigações naquela casa, concluiu em voz alta com sua amiga:

— Há muitas coisas para fazermos hoje. Ontem não consegui terminar o meu serviço, agora vou lavar as roupas.

— Amiga, caso não seja possível fazer tudo hoje, amanhã te ajudo a arrumar a casa.

Mas, por mais que Marina disfarçasse bem, a imagem do rosto de seu patrão não saía do seu pensamento, visualizava incessantemente as mãos daquele homem vil a tocar-lhe o corpo acariciando-o e beijando-a. Essa cena se passava como um filme em sua mente, e seu sentimento era de revolta, muita raiva e um enorme nojo dele.

CAPÍTULO 9

TRISTES CONSEQUÊNCIAS

Passaram-se os dias e tudo voltou à rotina habitual naquela fazenda. No entanto, a consciência do dr. Luís nunca mais foi a mesma, pois, desde o estupro, continuava abatido e bastante deprimido. Os seus afazeres se estreitaram com vícios. Carregando por uma forte culpa, passou a consumir grande quantidade de bebida alcoólica. Apresentava-se, todo o dia, embriagado e sempre portava uma garrafa de uísque. E como em um ciclo, trabalhava, bebia e sempre dormia embriagado.

A relação do médico com sua esposa ia de mal a pior, devido aos conflitos que vivenciava. Não dava mais atenção à sua mulher, e o relacionamento conjugal esfriara-se completamente.

Aquela senhora tão distinta sofria com aquela situação. O comportamento do marido estava alterado, tanto psicologicamente quanto fisicamente, pois ele engordara muito.

O que dona Laura não sabia é que seu esposo vivia um conflito interior muito grande, que superava todos os seus desejos. Ele se sentia impossibilitado de ter contato íntimo com mulher alguma que se apresentasse, devido ao tormento que carregava em seu coração.

O tempo se passou naquele casarão. Dona Laura, observando as mudanças de comportamento de Marina, concluiu que a amiga estava grávida. Mas, muito discreta, relutava em perguntar, para evitar maiores constrangimentos. A patroa sabia que a amiga estava fazendo um esforço imenso para esconder aquela gestação, tanto do marido quanto dela.

Todos sabem que uma gravidez não pode ser guardada em sigilo por muito tempo, então, mais cedo ou mais tarde, a verdade apareceria.

As certezas de dona Laura sobre a gravidez se acentuaram, e decidiu perguntar à amiga sobre o assunto.

Marina, sem conseguir se esquivar da pergunta de dona Laura sobre sua gravidez, confirmou, dizendo:

— Sim, estou grávida! Mas tenho receio da reação do meu marido, pois a gravidez não foi planejada. Você sabe, nossos recursos são escassos para criar mais uma criança.

Laura, em tom sério, redarguiu:

— Você está se esquecendo de que somos amigas. Acha que deixarei você sofrer? Nunca! Estarei sempre ao seu lado, quero poder ajudá-la. Não desejo viver longe de sua amizade. Gostaria, verdadeiramente, de poder viver o resto da vida nesta fazenda, gozando dessa amizade que me faz tão bem!

Prosseguindo em palavras carinhosas, a amiga disse:

— Marina, quero que saiba que a considero como irmã! Tenho um profundo apreço por você, e digo isso do fundo do meu coração.

Amiga, tenho desconfiança de que naquele dia em que você foi acometida de um mal súbito, meu marido tenha tentado algo contra sua pessoa. Acredito que ele possa ter algo a ver com sua gravidez. Temo por isso!

Marina, para tranquilizar a amiga, disse:

— O que está me dizendo, amiga! Você está nutrindo sentimentos ruins para com seu marido. Não creio que ele seria capaz de me fazer mal enquanto estive desmaiada.

— Minha amiga Marina, eu realmente não sei.

— Depois daquele dia, ele jamais foi o mesmo. Está constantemente embriagado, faz uso de bebidas em casa e no trabalho. Ou seja, vai bêbado para o trabalho e volta mais bêbado ainda. Não sei como está atendendo seus pacientes.

A nossa vida conjugal, praticamente, não existe mais. Ele não toca mais em mim, e não temos uma vida normal como marido e mulher. É sofrido dizer isso, mas meu casamento está no fim, não sei quanto tempo vai durar essa situação, e muito menos quanto tempo vou suportar tudo isso. Tenho vontade de desistir.

Marina, sempre muita espiritualizada, auxiliava a amiga com palavras reconfortantes e encorajadoras deixadas pelo Pai Celestial.

— Amiga, você se lembra dos ensinamentos do nosso Mestre Jesus em *O Evangelho Segundo o Espiritismo*?

— Que devemos nos reconciliar com o nosso adversário enquanto estamos a caminho com ele, e que, enquanto não pagarmos o último ceitil não sairemos da Terra!

Então vamos aproveitar essa oportunidade em nossa vida para quitarmos os débitos do passado. Não existe acaso nos planos de Deus. Não é por acaso que este homem está na sua vida, como também não é por acaso que sou sua empregada. Sinto que temos um grande vínculo que foi estabelecido no passado. E tenho certeza de que nós duas fomos beneficiadas, não apenas nós, mas nós quatro. Olha a amizade e o amor entre nossos filhos!

— É verdade, Marina, seria a realização de um sonho ver Esther e André casados, eles se amam muito e formariam um lindo casal.

Então, Laura solicitou à amiga:

— O tempo supera tudo. Que poder temos para interferir nos planos que Deus traçou para nós? Vamos elevar o pensamento ao Pai e fazer deste um momento de aprendizado. Vamos abrir uma página de *O Evangelho Segundo o Espiritismo* a fim de que o Senhor nos mostre o melhor caminho para nosso futuro.

E, em silêncio, as amigas concentraram-se, fizeram uma prece e abriram o Evangelho em uma página aleatória. A passagem que se mostrou àqueles corações aflitos era:

"O Homem de Bem!

O verdadeiro homem de bem é aquele que pratica a lei de justiça, de amor e caridade, na sua maior pureza. Se interroga a sua consciência sobre os propósitos atos, pergunta se não violou essa lei, se não cometeu o mal, se fez todo o bem que podia, se não deixou escapar voluntariamente uma ocasião de ser útil, se ninguém tem do que se queixar dele, enfim, se fez aos outros tudo aquilo que queria que os outros fizessem por ele.

Tem fé em Deus, na sua bondade, na sua justiça e na sua sabedoria; sabe que nada acontece sem a sua permissão, e submete-se em todas as coisas à sua vontade.

Tem fé no futuro, e por isso coloca os bens espirituais acima dos bens temporais. Sabe que todas as vicissitudes da vida, todas as dores, todas as decepções, são provas ou expiações, e as aceita se murmurar.

O homem possuído pelo sentimento de caridade e de amor ao próximo faz o bem pelo bem, sem esperar recompensa, paga o mal com o bem, toma a defesa do fraco contra o forte e sacrifica sempre o seu interesse à justiça.

Encontra sua satisfação nos benefícios que distribui, nos serviços que presta, nas venturas que promove, nas lágrimas que faz secar nas consolações que leva aos aflitos. Seu primeiro impulso é o de pensar nos outros, antes que em si mesmo, de tratar dos interesses dos outros, antes que dos seus. O egoísmo, ao contrário, calcula os proveitos e as perdas de cada ação generosa.

É bom, humano e benevolente para com todos, sem distinção de raças nem de crenças, porque vê todos os homens como irmãos.

Respeita nos outros todas as convicções sinceras, e não lança o anátema aos que não pensam como ele. Em todas as circunstâncias, a caridade é o seu guia. Considera que aquele que prejudica os outros com palavras maldosas, que fere a suscetibilidade alheia com o seu orgulho e o seu desdém, que não recua à idéia de causar um sofrimento, uma contrariedade, ainda que ligeira, quando a pode evitar, falta ao dever do amor ao próximo e não merece a clemência do Senhor.

Não tem ódio nem rancor, nem desejos de vingança. A exemplo de Jesus, perdoa e esquece as ofensas, e não se lembra senão dos benefícios. Porque sabe que será perdoado, conforme houver perdoado.

É indulgente para as fraquezas alheias, porque sabe que ele mesmo tem necessidade de indulgência, e se lembra destas palavras do Cristo: "Aquele que está sem pecado atire a primeira pedra".

Não se compraz em procurar os defeitos dos outros, nem a pô-los em evidência. Se a necessidade o obriga a isso, procura sempre o bem que pode atenuar o mal.

Estuda as suas próprias imperfeições, e trabalha sem cessar em combatê-las. Todos os seus esforços têm a permitir-lhe dizer, amanhã, que traz em si alguma coisa melhor do que na véspera.

Não tenta fazer valer nem o seu espírito, nem os seus talentos, às expensas dos outros. Pelo contrário, aproveita todas as ocasiões para fazer ressaltar as vantagens dos outros. Não se envaidece em nada com a sua sorte, nem com os seus predicados pessoais, porque sabe que tudo quanto lhe foi dado pode ser retirado.

Usa mas não abusa dos bens que lhe são concedidos, porque sabe tratar-se de um depósito, do qual deverá prestar contas, e que o emprego mais prejudicial para si mesmo, que poderá lhes dar, é pô-los ao serviço da satisfação de suas paixões.

Se nas relações sociais, alguns homens se encontram na sua dependência, trata-os com bondade e benevolência, porque são seus iguais perante Deus. Usa sua autoridade para erguer-lhes o moral, e não para os esmagar com o seu orgulho, e evita tudo quanto poderia tomar mais penosa a sua posição subalterna.

O subordinado, por sua vez, compreende os deveres da sua posição, e tem o escrúpulo de procurar cumpri-los conscienciosamente.

O homem de bem, enfim, respeita nos seus semelhantes todos os direitos que lhes são assegurados pelas leis da natureza, como desejaria que os seus fossem respeitados.

Esta não é a relação completa das qualidades que distinguem o homem de bem, mas quem quer que se esforce para possuí-las, estará no caminho que conduz às demais. "[7]

Ao terminar aquela linda mensagem com os olhos cheios de lágrimas, juntaram-se suas mãos e disseram:

— É exatamente isso o que devemos desejar e fazer de agora em diante, procuraremos sentir essa mensagem em nossos corações.

Dona Laura e Marina voltaram para a rotina do trabalho naquele casarão. No fim da tarde, Marina retornou ao seu lar ansiosa para ver o marido e contar-lhe a novidade.

Ela o tomou pelas mãos logo que adentrou a casa e dirigiram-se para o quarto e, tirando o vestido, mostrou-lhe sua barriga.

Mário era um homem simples do campo, olhou acabrunhado e perguntou à esposa:

— O que está acontecendo, mulher?

Marina perguntou a ele:

— Não percebe nada diferente em mim?

Mas o marido respondeu de modo simples:

— Não notei nada, só parece estar mais gorda.

De pronto, Marina respondeu de uma vez:

---

7 O Evangelho Segundo o Espiritismo, cap. XVII, item 3. São Paulo: Lake, p.222.

— Meu bem, eu estou grávida.

Com um sorriso no rosto, o esposo, nitidamente feliz, respondeu:

— Você está grávida? Que bom! Que seja feita a vontade de Deus. Esse bebê não foi planejado, mas agora teremos mais um filho. Se Deus quis assim, assim será. Onde comem três, comem quatro. Da mesma forma que criamos André, criaremos este que está a caminho. Que o Pai nos abençoe, e que venha com saúde, isso é que importa para nós.

Passado o momento da notícia, Mário inquiriu sua esposa sobre como ficara grávida, tendo em vista que o método que utilizavam era a tabelinha. Marina respondeu que diante da vontade divina tudo era possível. Satisfeito com a resposta, abraçaram-se felizes e, em seguida, dirigiram-se para a cozinha, e ela foi preparar o jantar para a família.

Passadas algumas horas, já terminando o jantar, Marina convidou o esposo para participar do Culto do Evangelho no Lar. O convite, porém, não foi aceito por ele, em razão do seu posicionamento religioso.

Mário era de família tradicionalmente católica e não admitia participar de outra vertente religiosa. A esposa não se opôs à escolha do marido, no entanto, disse-lhe que os ensinamentos do Evangelho eram do Mestre Jesus.

Marina, juntamente com André, seguiu para a sala, para fazer o Evangelho no Lar, e o marido foi para o quarto descansar. Acabada a lição, todos se recolheram aos seus aposentos, naquela humilde casa onde o verdadeiro amor reinava.

Na mesma noite, na casa-grande, uma conversa importante acontecia entre o dr. Luís e sua esposa. Dona Laura dissera que não concordava com o afastamento de sua filha do menino André, que os dois sofriam com a ausência um do outro. Contava-lhe que a única coisa que faziam era brincar, somente isso. E argumentou com o esposo que André ficava sozinho durante todo o dia, enquanto sua mãe vinha trabalhar na casa deles. Isso, para ela, era inadmissível.

Em razão da culpa que carregava, dr. Luís disse:

— Autorizo a dona Marina a trazer o menino consigo, quando vier trabalhar. Tenho observado que venho fazendo muitas bobagens, e vejo que me equivoquei com essa decisão sem fundamento. Não creio que o menino possa fazer algum mal à nossa filha. De agora em diante, eles podem brincar juntos. Agora me deixe dormir.

A esposa, feliz, se recompôs para também descansar.

No dia seguinte, logo que Marina chegou para mais um dia de trabalho, foi surpreendida pela notícia de que André poderia voltar a frequentar aquela casa. A notícia foi recebida por Marina com muita alegria, pois ela se entristecia ao ter de deixar o filho sozinho em casa todos os dias. Ele sentia muito a falta dela. Além disso, sabia do amor que seu filho nutria pela amiguinha e que sofria muito com sua ausência.

Dona Laura logo ordenou a ela que voltasse até sua casa para buscar André, pois Esther não estava tendo aula naqueles dias.

A amiga regressou ao seu lar. Quando chegou, observou que o menino estava dormindo, então, acordou-o e disse-lhe para se arrumar, pois iria com ela para a casa-grande.

André, meio aturdido por acabar de acordar, sorriu como havia tempos não fazia. Neste momento, agradeceu a Deus e abraçou a mãe. Em seguida, perguntou se o dr. Luís tinha conhecimento de sua ida para a casa dele. A mãe, satisfeita com a felicidade do primogênito, disse-lhe que sim, que fora ele quem autorizara sua ida.

Com isso, o menino apressou-se, trocou de roupa e arrumou-se brevemente, pegou alguns brinquedos, para brincar com sua amiguinha, e seguiu com sua genitora para o casarão.

Dona Laura, ao ver o menino, foi mais do que depressa ao quarto da filha para acordá-la e dizer que alguém especial a esperava.

A menina acordou, ainda sonolenta, pediu a bênção à mãe e quis entender o que estava acontecendo. E a mãe se dispusera a contar. Disse que tinha alguém que ela gostava muito e que estava à sua espera. A menina, com os olhos arregalados, perguntou à mãe se era seu amigo André, e a mãe sorriu.

Nesse instante, a menina estava completamente entusiasmada com aquela maravilhosa notícia. Disse à mãe que pedisse a ele para esperar um pouco e que, em breve, desceria, pois deveria primeiramente se aprontar, trocar a roupa, pentear os cabelos, ou seja, executar sua higiene matinal, porque André tinha de vê-la bem linda.

Dona Laura repreendeu a filha de modo sutil, perguntando se queria namorar o menino André. Esther, com apenas um sorriso positivo, respondeu e dirigiu-se para o quarto de banho. E um tempo depois, foi ao encontro do amigo.

Quando Esther viu seu amiguinho sentado em uma cadeira aguardando-a na cozinha, foi até ele de braços abertos para abraçá-lo. Enquanto demonstrava que estava feliz com sua presença, já o tomava pela mão e o arrastava, levando-o até seu quarto para lhe mostrar seus brinquedos novos, do tempo em que não estavam juntos. E, com uma pausa, disse ao amigo:

— Que bom que você veio brincar comigo, senti muitas saudades suas. Agora você não vai se afastar mais de mim.

Passando o momento de agitação do reencontro, os amigos puderem conversar um pouco e contar seus planos e sonhos.

— Daqui a alguns dias, voltam as minhas aulas e, então, terei de ir para a cidade, e teremos pouco tempo para brincar, somente os fins de semana – disse Esther.

André confessou à amiga que tinha muita vontade de estudar. E contou à pequena que sua mãe já o ensinara a ler e a escrever. E disse:

— Eu sei escrever o seu nome, e faço isso todos os dias.

Esther, a fim de satisfazer um pouco o anseio do menino, propôs ao amigo que, quando retornasse para a escola, iria aprender várias coisas, e que, se ele quisesse, poderia lhe ensinar tudo.

O menino logo aceitou e demonstrou bastante expectativa do que poderia aprender com sua amiguinha. Disse a Esther que adorava ler. Quando não estava sentado na pedra para avistá-la, estava de posse do *Evangelho Segundo o Espiritismo* em sua casa.

Esther perguntou a André se ele entendia o que estava escrito no Evangelho, pois ela também o lia, mas tinha dificuldade em entender, e sempre pedia o auxílio de sua mãe.

— Há momentos em que não entendo o que está escrito, mas minha mãe me ajuda a compreender melhor os ensinamentos de Deus.

E Esther disse:

— É dessa forma também que tenho aprendido os ensinamentos, e já consegui entender muitas coisas.

Esther e André estavam muito felizes e passaram o dia inteiro brincando.

Dona Laura, aguardando o término do trabalho de Marina, chamou a amiga para sentar com ela à mesa, para conversarem um pouco. E disse a ela que a admirava muito, porque, mesmo tendo uma vida financeira delicada, era uma mulher feliz.

E a humilde mulher confirmou:

— De fato, sou muito feliz. Amo profundamente meu marido, e meu filho é o maior tesouro que Deus me deu. Não me lembro, em toda nossa vida, desde os tempos de namoro, se houve um dia sequer em que eu e Mário tivéssemos uma discussão. Mas, ultimamente, estou sentindo em meu coração uma grande tristeza, um forte medo. Parece que alguma coisa muito séria está para acontecer comigo.

Dona Laura, ao ouvir as palavras de sua amiga, falou:

— É, amiga, realmente tenho notado que você está um pouco mudada. Não parece mais aquela que conheci, alegre e corajosa. Acho que há algo muito sério, e que não quer me contar. Desconfio, ainda, que Luís fez alguma coisa com você.

Marina insistiu em dizer que não, que realmente não se lembrava de nada. Afirmava que estava desmaiada e não conseguia se recordar de nada, a não ser de um breve momento em que o doutor Luís a levava para o quarto, colocando-a na cama e examinado-a, coisa que, como médico, ele poderia fazer.

Dona Laura contou a Marina que, depois daquele dia, o doutor Luís estava muito diferente, muito triste, e chegava todos os dias embriagado. Declarou à amiga que já não estavam tendo mais uma vida sexual, que permaneciam juntos, mas, ao mesmo tempo, distantes um do outro. Ele, definitivamente, não era mais o mesmo. Motivos não faltavam para ela desconfiar de que alguma coisa acontecera.

Marina, no intuito de reconfortar a amiga, disse que não deveria ser nada, e afirmou ter muita sorte por ter sua amizade, e que sempre que precisasse poderia contar com ela.

Nesse momento, dona Laura abriu seu coração para a amiga e disse que não tinha dúvidas de que aquela amizade tinha sido a melhor coisa que lhe acontecera na vida. Segundo a patroa, se não fosse o amparo verdadeiro da amiga, já teria se separado do marido e se mudado com a filha para a casa da irmã, na cidade. Acrescentou que sua irmã já lhe fizera esse convite e, na verdade, seria bom para Esther, porque o colégio da menina ficava na cidade.

— Eu não posso sair da fazenda agora, pois tenho o pressentimento de que vai precisar muito de mim. Não quero que fique aqui sozinha. Você até poderia morar comigo na cidade.

— Dona Laura, gosto muito de morar na fazenda, nasci, cresci e vivi toda minha vida no campo. Foram poucas as visitas à cidade. Adoro o cheiro da terra molhada, quando a chuva cai, o contato com a natureza, tudo isso me traz muita paz.

— Realmente, percebo o quanto é ligada à criação de Deus – disse dona Laura. – Quantas vezes já vi os pássaros comer em suas mãos. Vejo, também, o trato delicado que tem com as borboletas, que parecem reconhecê-la. Sem falar nas rosas, que são nitidamente suas amigas, pois você conversa com elas com muito carinho.

— Eu amo muito a natureza, e falo com as rosas porque acredito que, assim, elas ficam mais belas.

E dona Laura continuou:

— Na casa de minha irmã, há muitas rosas, no entanto, não são tão bonitas. Cláudia diz que não existe outro lugar com rosas tão lindas e vistosas quanto aqui na fazenda. O segredo deve ser mesmo seu amor por elas.

Marina sorriu, como forma de agradecimento, da conclusão da patroa.

Naquele instante, a conversa tomou um novo rumo. A empregada demonstrava tristeza, e a patroa, sempre atenta, interrogou-a sobre o que se passava.

Marina, em um tom melancólico, disse:

— Tenho, em alguns momentos, a impressão de que o meu tempo de vida está acabando. Como se fosse uma luz de vela que está se apagando vagarosamente. Tenho o pressentimento de que estou me despedindo de todos os que amo. A tristeza é muito grande quando penso em meu filho, ainda tão criança. Sei o quanto ainda precisa de mim.

Dona Laura, sem saber muito bem o que dizer para confortar aquele coração aflito, falou:

— Minha amiga, não se preocupe com isso, pois você é muito jovem e goza de boa saúde. Você vai viver muitos anos e poderá criar seus filhos e ser muito feliz.

Nesse instante, dona Laura abraçou a amiga, e as lágrimas foram inevitáveis em faces tão singelas, diante de uma amizade tão grande e um amor fraternal tão sincero.

Naquele instante, no jardim, entre as rosas, os pássaros começaram a cantarolar.

CAPÍTULO 10

RETORNO AO MUNDO ESPIRITUAL

Os dias se passaram, e a gestação de Marina não estava tranquila. Ela ainda estava muito atormentada com que lhe acontecera, e isso se refletia em sua condição física. Marina não conseguia dormir direito, sempre tinha fortes pesadelos. Nesses pesadelos, sentia sempre a presença do dr. Luís abraçando-a e acariciando-a. E se indagava:

"Será, meu Deus, que esse homem continuará me perseguindo até mesmo durante o sono?"

Mas o que, de fato, acontecia era a lembrança do dia do estupro, que marcou sua alma profundamente. Marina não presenciou a violência que sofrera, no entanto, seu espírito registrou as impressões, por intermédio do períspirito, daquele ato desmedido praticado pelo médico. Portanto, as visões durante o desdobramento aconteciam, pois Marina saía do corpo físico e revia a cena do estupro.

Mesmo que ela quisesse, não conseguiria ficar livre desses pensamentos de perseguição, por estar grávida daquele que cometeu um mal contra ela.

O motivo dessas lembranças era o ser que carregava em seu ventre como filho, o próprio obsessor que levou doutor Luís a cometer tamanha violência.

No fim da tarde, Marina despediu-se de dona Laura e voltou para o lar. Chegando em casa, o esposo já estava esperando por ela.

Ao entrar, Mário foi logo dizendo à Marina:

— Minha querida, o que está acontecendo com você? Ultimamente a vejo tão triste!

— Mário, não sei dizer exatamente o que é, mas sinto que estou vivendo os últimos dias de minha vida.

Mário disse, para tranquilizá-la:

— Fique tranquila, meu amor, sei que vamos envelhecer juntos.

Marina, com o coração apertado, falou:

— Eu gostaria, meu bem, que Deus me concedesse esta graça! Isso é o que mais quero no mundo, ficar velhinha ao seu lado. Imagine nós dois sentados olhando para o horizonte, em uma cadeira, com os cabelos branquinhos. Eu seria a mulher mais feliz do mundo!

— Com certeza, meu grande amor, chegaremos lá, se Deus quiser! Vamos criar nossos filhos, ver nossos netos nascer e, se Deus permitir, conhecer nossos bisnetos.

Nesse momento, Marina entristeceu-se e fez um pedido ao marido com a voz embargada:

— Meu amor, nunca se afaste de nosso filho André por motivo algum. Eu te suplico, meu bem!

— Pare com isso, não gosto nem mesmo de pensar em ficar longe de você. Não fale essas coisas, porque senão amanhã não vou conseguir trabalhar de tanta preocupação.

— Vamos dormir.

No dia seguinte, levantaram-se bem cedo e cada um seguiu para os seus respectivos trabalhos.

Marina observara que, depois da conversa que teve com o marido, sentiu que aquele sentimento angustiante já não se fazia mais presente em seu coração. Portanto, voltou à sua rotina normal.

Passaram-se ligeiros os meses para as pessoas daquela fazenda.

Marina chegava ao oitavo mês de gestação, e não se sentia bem. Tinha fortes dores de cabeça e um grande inchaço nas pernas. Decidiu, então, contar para a amiga Laura o que estava acontecendo com ela.

A amiga se preocupou, e contou ao marido as queixas da amiga.

Doutor Luís convidou Marina para uma conversa sobre sua gravidez:

— Marina o que está sentindo?

— Ultimamente, doutor Luís, sinto muitas dores nos olhos. A sensação é que eles estão aumentando de tamanho e, principalmente, muita dor de cabeça. Estou ficando preocupada.

— Olha, senhora Marina, o seu caso é grave. Amanhã, você vai me acompanhar e, então, fará os exames necessários. A internação é indicada, mas será só por alguns dias, o suficiente para ficar livre das dores de cabeça. A senhora pode arrumar suas coisas, porque amanhã iremos para a capital. O seu estado não é nada bom.

Doutor Luís colocou a esposa a par da situação de Marina. Dona Laura se desesperou e disse:

— O ideal não seria ir hoje?

Marina se pronunciou:

— Não precisa se preocupar, um dia a mais ou a menos não fará diferença. Iremos amanhã.

No entanto, dona Laura convenceu o marido e a amiga a irem para o hospital naquele momento. E assim foi feito.

Laura e o doutor Luís colocaram-na imediatamente no carro e se dirigiram para o hospital na capital. A viagem era longa, e o estado de saúde de Marina piorou durante o trajeto. Sentia que estava perdendo a visão, e as dores de cabeça se intensificaram. Todos estavam muito preocupados com o estado de Marina.

Logo que chegou, foi internada em estado grave.

Dona Laura estava muito apreensiva com o estado de saúde de sua melhor amiga, por isso não saiu de perto dela um só instante.

O estado de Marina foi se agravando progressivamente, e já não enxergava mais nada.

As 19 horas daquele dia, os médicos deram a notícia sobre o estado de saúde de Marina e do filho:

— Está difícil o caso da nossa paciente. Precisamos tirar a criança de uma forma ou de outra, o caso dela é muito grave.

E, assim, o anestesista já foi preparando a mesa de cirurgia e encaminhando-a para o bloco cirúrgico.

Enquanto o médico responsável relatava notícias sobre o estado de saúde de Marina, vamos observar o que está ocorrendo no bloco cirúrgico.

A junta médica se fazia presente. Eles utilizaram todos os recursos de que dispunham para salvar mãe e filho, mas a situação estava muito complicada para os médicos, pois Marina sofrera uma parada cardíaca. Eles tentavam, em vão, reanimá-la. Tentaram salvar pelo menos a criança, mas não deu certo. Quando terminaram a cirurgia, o bebê e a mãe já estavam mortos.

Daquela mesa de cirurgia, mãe e filho retornaram ao Plano Espiritual, terminando, assim, mais uma missão na Terra.

No processo de desencarne, estava presente a equipe espiritual, para ajudar no desenlace. Mariana já aguardava a filha de braços abertos.

Logo que se viu fora do corpo físico, Marina avistou sua mãe, olhou feliz e falou:

— Não acredito, mamãe, que despertei a vidência. Estou vendo a senhora perfeitamente.

— Filha, de fato despertou, mas é uma vidência eterna, que nunca mais vai se acabar. Você está entre nós, aqui no Plano Espiritual.

— Mamãe, a senhora está me dizendo que desencarnei?

— Sim, minha filha querida.

— E meu filho, mamãe?

— Não se preocupe, há gente capacitada aqui no Plano Espiritual cuidando dele. Quem sabe agora aceita a oportunidade de se redimir de seus atos? Que não cometa mais os crimes que cometeu? Minha filha, todos nós merecemos uma nova oportunidade, e o Pai a dá a todos. Ele não quer o sofrimento de seus filhos, mas, sim, vê-los livres do mal.

Mariana disse à filha que deveriam ir ao encontro de André, pois ele estava desesperado sem notícias dela. No mesmo momento, fizeram-se presentes na casa-grande.

Elas encontraram André chorando copiosamente, sentado em um canto da cozinha. Seus olhos estavam vermelhos de tanto chorar. Quando ele viu o espírito de sua avó, levantou a cabeça e falou:

— Que bom que veio me visitar, vovó.

— André, meu querido, alegre-se! Eu trouxe sua mãe para visitá-lo.

O menino parou imediatamente de chorar e perguntou à sua mãe:

— Mamãe, você melhorou? Que maravilhoso você ter voltado!

Marina, então, envolveu o filho em um caloroso abraço e disse:

— Meu filho, estou aqui para te proteger. Não estarei mais ao seu lado como antes, mas, assim como sua avó, estarei sempre presente. Nós nos veremos sempre, não vou abandoná-lo jamais, sempre estarei perto de você em todos os momentos de sua vida. Quando precisar de minha ajuda, ore e peça a Deus, pois tenho certeza de que Ele permitirá que eu cuide de você, meu filho.

— Mamãe, você desencarnou? Já está no mundo espiritual com a vovó?

— Sim, meu filho, infelizmente, meu corpo não resistiu. Então voltei para nossa verdadeira pátria, o Plano Espiritual. Mas vou preparar essa casa para esperar você e seu pai, quando vierem ficar comigo. Agora me faça um favor: diga a seu pai que, onde ele estiver, que se lembre de mim, porque estarei sempre com nossa família.

E diga a dona Laura que a amo e que agradeço, do fundo do meu coração, por tudo o que fez por mim. Peça-lhe para perdoar o doutor Luís por tudo o que fez a ela, pois ele precisa de muita ajuda e oração. Por ser um homem muito materialista, ele sofre por não saber onde pedir ajuda. Meu filho, somente quem crê na Misericórdia Divina consegue se libertar das amarguras do passado.

— Mamãe, eu quero te abraçar e te beijar.

— André, seria muito bom, eu também gostaria de poder fazer isso, mas não sentiria o meu corpo.

— Mesmo assim, mamãe, deixe-me abraçá-la.

Quando André abraçou o corpo da mãe, ela também correspondeu, mas ele não sentiu o seu corpo. Ele sentiu a vibração de sua mãe, que lhe deu um beijo na testa e disse:

— Meu filho, fique tranquilo, pois terá de consolar seu pai. Procure por ele e diga-lhe o que aconteceu. Voltarei, meu filho, quantas vezes forem necessárias, para consolá-lo. Lembre-se de que Deus sempre ampara seus filhos e, antes de ser meu filho, você é filho Dele.

Os dois espíritos partiram, e André esperou que seu pai regressasse do trabalho.

Logo que seu pai chegou, André foi logo dizendo que sua mãe e sua avó Mariana haviam aparecido para ele. Contou-lhe que sua mãe tinha desencarnado. Falou sobre o recado que deixara para ele, sobre o sentimento de amor que sentia por sua família e que sempre ia ampará-los.

Mário disse ao menino, de modo ríspido, que isso que era fruto de sua imaginação, em razão da situação delicada em que sua mãe se encontrava. Em seguida, dona Laura entrou na casa desnorteada e avistou André chorando. Antes de falar qualquer coisa, ela perguntou ao menino:

— O que foi, André, por que está chorando assim?

— Dona Laura, a mamãe desencarnou, ela esteve comigo alguns minutos atrás.

E, com um olhar entristecido, dona Laura olhou para Mário e disse que, infelizmente, o pior tinha acontecido.

Nesse momento, Mário chorou ao confirmar que o filho dissera a verdade sobre a situação de sua esposa.

Abraçaram- se os três e começaram a fazer uma oração.

Abriram o *O Evangelho Segundo o Espiritismo* e fizeram uma prece para aqueles dois espíritos que tinham acabado de desencarnar e retornar ao mundo dos espíritos.

Ao terminar a prece, dona Laura pediu a Mário que pegasse os documentos pessoais dele e de Marina para resolverem os trâmites legais do enterro.

Doutor Luís, que ficara o tempo todo em silêncio absoluto, pronunciou-se dizendo que todos iriam à cidade para providenciar o que fosse necessário para o velório de Marina.

O corpo físico de Marina estava ali, no caixão, juntamente com o de seu filho, pois logo que os médicos identificaram a morte dos dois, não tiraram o bebê da barriga da mãe. Estavam prontos para ser enterrados.

André, durante o velório, olhava, às vezes, para sua mãe e dava um sorriso. Os presentes não acreditavam, pois era estranho uma criança não chorar a morte da mãe. Em dado momento, sua amiga Esther, chorando muito, aproximou-se do amigo e perguntou:

— Por que você está rindo? Você deveria estar chorando porque sua mãe está morta.

— Minha mãe não está morta. Ela está ali sorrindo para mim, ao lado de minha avó. Esther ficou muito emocionada em saber que Marina estava presente.

Marina fora sepultada, e todos os amigos e familiares regressaram para suas casas.

Ela estava muito feliz por estar ao lado de sua mãe, no entanto, desejosa de saber quais eram as razões do seu regresso ao Plano Espiritual, perguntou:

"Por que desencarnei tão cedo, se ainda poderia viver muitos anos? O que será de meu marido e meu filho sozinhos, meu Deus!? André é ainda tão criança e precisa tanto de mim. Sentirei tanto a falta deles!"

— Mamãe, eu já sabia da minha partida, pois sentia no fundo de minha alma que os meus dias no corpo físico estavam por terminar, mas não esperava que fosse da forma como foi.

— Marina, minha filha, nosso destino está escrito. Tudo está na mão de Deus. Quando é chegada a hora de partir, não temos o que fazer, somente esperar que seja feita a Sua vontade, e não a nossa.

Marina, minha filha, se os homens soubessem o quão decisivo é o desenlace do corpo físico para o corpo espiritual, se preparariam mais, a fim de que não fosse tão doloroso.

Tenho observado sua dedicação aos estudos das obras da Doutrina Espírita, se não fosse isso, com certeza, estaria muito perturbada e desesperada. No entanto, você pôde despertar no mundo dos espíritos consciente, em razão do seu conhecimento espiritual. Por isso, o seu tempo de dedicação aos estudos não foi em vão. Obteve o mérito de não ficar vagando nas regiões umbralinas, e no seu desenlace do corpo físico foi recebida por esta equipe espiritual. Foi um mérito adquirido por suas orações em favor do próximo, pois orava para todos os que sofrem. Eis aí a importância e o valor que tem a oração.

Marina interrogou sua mãe:

— Mamãe, como será a reação do Mário, já que ele é um homem muito católico? O meu filho, com apenas oito anos de idade, órfão de mãe! Que triste provação será para André. Meu Deus, como será a vida dele, de agora em diante, sem minha companhia?

— Minha querida filha, ainda não se sabe o que vai acontecer com eles. O destino deles está nas mãos do Pai. O que posso dizer é que teremos a missão de ampará-los e orientá-los a seguir o bom caminho. Se eles estiverem preparados para receber nossos conselhos, por meio da intuição, mesmo passando por dificuldades, eles serão muito felizes.

Marina, venha, para que os médicos possam cuidar do seu corpo perispiritual e fazer toda a preparação necessária para sua futura reencarnação na Terra.

Fique tranquila, vamos cuidar de André, e lembre-se também da sua grande amiga Laura e do seu esposo, que se encontra completamente desesperado. Ele carrega em seu coração um remorso profundo e agora será ainda maior, pois sente-se culpado por seu desencarne.

— Então o que eu sempre desconfiava aconteceu realmente, o filho que eu estava esperando era mesmo do doutor Luís?

— Sim, minha filha. Você estava em seu período fértil no dia em que ele a estuprou. Seu espírito estava muito perturbado devido à medicação forte que você tomou sem saber. Ele aproveitou que você estava desmaiada e realizou seus loucos desejos. Esse espírito que você estava esperando era um obsessor que acompanhava o doutor Luís, provocando em seus pensamentos aquelas crises de loucura.

Marina quis saber, então, o que tinha acontecido com o espírito de seu filho.

— Ele foi levado para as regiões de tratamento ostensivo para crianças que acabam de chegar ao mundo espiritual.

E você, Marina, também terá o papel de ajudá-lo, conversando e orientando-o, para que, quando se recuperar do processo de perturbação, não volte a cometer os mesmos atos de outrora.

André sempre ficava no jardim, próximo da natureza, pois sabia que era o lugar onde sua mãe mais gostava de ficar, e sempre que podia estava lá, no jardim que sua mãe ajudou a construir e a manter por longos anos com muito carinho.

O menino conversava com as flores e os pássaros, assim como Marina. Estes momentos, para André, passaram a representar um encontro, porque sempre que estava naquele local bucólico, a mãe aparecia e conversava com ele por alguns minutos.

Nessas conversas, André, várias vezes, perguntava para Marina quando iria levá-lo para viver com ela. A mãe dizia que sua estrada era muito comprida, mas que era cheia de flores.

Com esses constantes diálogos com André, Marina podia trabalhar com seu filho, de um modo amável e sutil, a paciência, a resignação, o carinho com o próximo, o amor aos animais. Fazia isso por saber o quanto seria difícil a trajetória terrena de seu filho.

Marina sempre falava para André que para uma rosa crescer e ficar bela, antes de chegar a dar flores, nasciam os espinhos, e que ele ia trilhar um caminho como o das rosas. E assegurava-lhe que estaria sempre ao seu lado nos momentos de dor e de alegria.

O menino reclamou à mãe a necessidade de morar com ela. E a genitora, sabiamente, respondeu:

— Você ainda não pode, meu filho. O nosso Pai Maior deu a você um tempo diferente do meu na Terra. Este tempo é suficiente para fazer exatamente o que é necessário para a sua trajetória espiritual. É importante que saiba esperar, assim como eu esperei. Não se aflija, pois contigo sempre estarei.

Com as palavras confortadoras e benfazejas de sua mãe, o menino voltava para suas atividades rotineiras naquela fazenda.

CAPÍTULO 11

CONSCIÊNCIA CULPADA

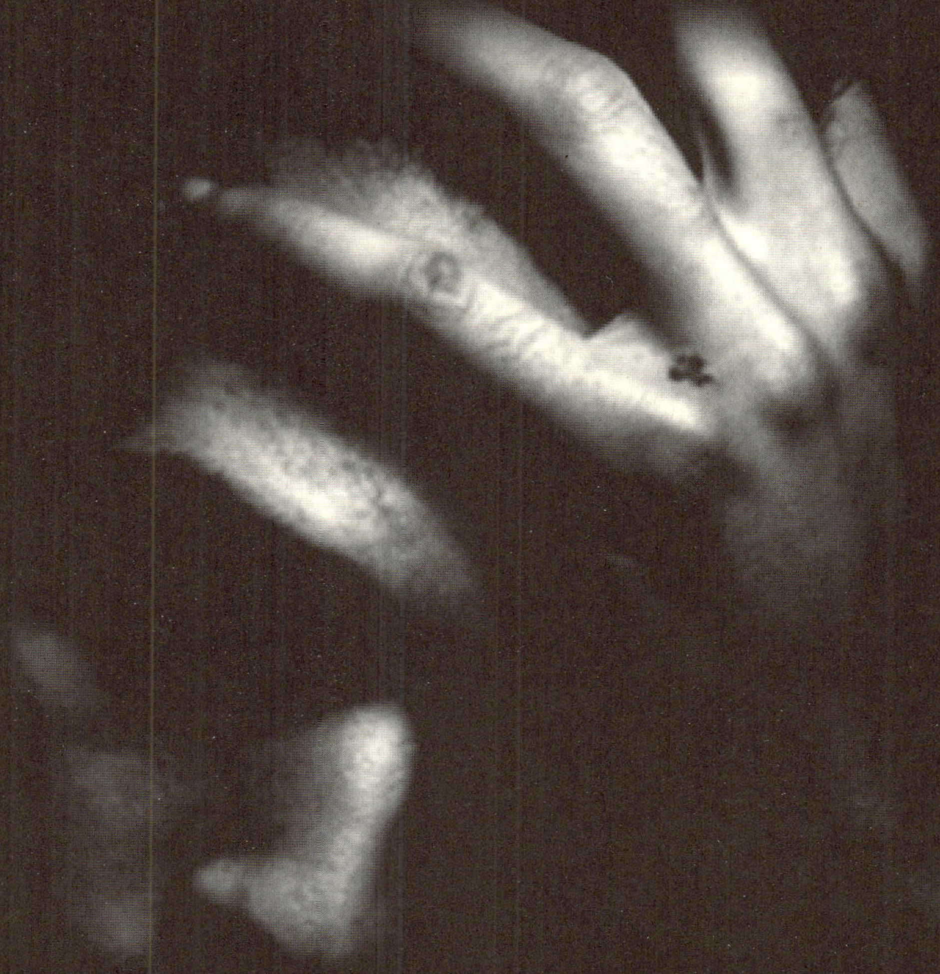

Dr. Luís estava sempre triste, cada dia que passava sua tristeza era mais profunda. Laura observava tudo. Vendo o sofrimento do esposo, propôs-se a ajudá-lo, em franca conversa:

— Luís, parece que você está sofrendo mais com a morte de Marina do que o próprio marido dela. Pode confiar em mim, além de ser sua esposa, sou também sua amiga e estou disposta a perdoar qualquer coisa que tenha feito e que envolva Marina.

Luís, pode se abrir comigo, tenho quase certeza de que fez algo a Marina, e sei que isso está te matando. Pode me contar a verdade, pois, assim, talvez alivie sua consciência.

Doutor Luís poderia até esconder esse fato de Laura, mas jamais ocultaria alguma coisa de Deus.

— Marina nunca falou mal de você, somente do amor que tinha por mim e por nossa filha. Ela não queria destruir o nosso casamento. Agora que ela desencarnou, não está mais entre nós, abra-se para mim! Carregar esse sentimento sozinho é muito difícil.

Doutor Luís começou a chorar como uma criança que chora no colo de sua mãe, e falou:

— Realmente, era uma loucura o que eu sentia por aquela mulher. Ela estava sempre em minha mente em qualquer lugar que eu estivesse. Eu já não tinha mais condições de atender os meus pacientes. Quando ia atender alguém, era ela que eu via na minha frente. Eu estava enlouquecendo. Somente depois que tive um contato íntimo com ela essas imagens desapareceram. Mas aí nasceu em meu coração o arrependimento, a tristeza e o remorso. De fato, não sei o que aconteceu comigo.

— Eu sei o que aconteceu com você: você estava obsediado.

— O que é isso, mulher? Não sei do que está falando.

Dona Laura explicou ao marido:

— Obsessão é quando um espírito domina a mente de uma pessoa. Quando você cometeu aquela loucura com Marina, foi um espírito que o obsediou e reencarnou, por isso ela engravidou. Então você ficou livre dessa entidade, porém, ficou com o peso na consciência e, como consequência, começou a se sentir culpado. O obsessor ficou distante de você, entrando em um processo de esquecimento, e não pôde mais influenciá-lo.

Ficando livre da perturbação, despertou em você o sentimento de arrependimento, de tristeza e remorso. No entanto, eu o perdoo, meu bem, porque, se ela passou por isso, não foi por acaso. Nada acontece conosco sem a permissão de Deus. Não cai sequer uma folha de uma árvore se Ele não permitir.

— Mulher, não acredito no que está falando. Você sabe que sou ateu. Só sei dizer que, depois disso, desapareceu aquela loucura que eu sentia. Talvez seja por isso que a minha consciência está me cobrando. Mas, mesmo assim, não acredito. Gostaria que você não continuasse com esse assunto, pois ele não me interessa.

Dizendo isso, sentiu-se aborrecido e foi para o quarto.

Laura, como fazia sempre que estava angustiada, pegou *O Evangelho Segundo o Espiritismo* e o abriu na lição "Perdão das Ofensas".

Com muito fervor, fez aquela lição do Evangelho e, em seguida, foi para a cama descansar.

No dia seguinte, tudo começou na mesma rotina de sempre. Laura continuava sofrendo profundamente com a falta que Marina lhe fazia, e pensava:

"Está muito difícil continuar vivendo aqui sem a companhia de minha amiga Marina. Vou embora para a cidade e morar com minha irmã Cláudia."

Em seguida, procurou o marido e falou de seus planos. E doutor Luís respondeu:

— Concordo com você, também estou cansado desta casa que tanto tem me causado problemas. Vamos falar com sua irmã ou, então, alugar uma casa na cidade.

— Darei uma semana a você para que possa arrumar todas as coisas, providenciar tudo o que for necessário.

Laura pensava que não era mais possível continuar morando ali, pois se lembrava de Marina todo o tempo e não aguentava mais tanta saudade.

Doutor Luís foi para o trabalho. À tarde, voltou trazendo dois litros de uísque. Chegou em casa bêbado e, assim, continuou até a madrugada.

No dia seguinte, dona Laura informou ao esposo:

— Irei com você para ajudar a procurar uma casa.

Em seguida, Laura foi até o quarto da filha para chamá-la para irem à cidade.

— Minha filha, arrume-se, pois iremos com seu pai para a cidade procurar uma nova casa para morarmos, não continuaremos mais aqui.

— Mamãe, eu gosto tanto desta casa!

— Eu também , minha filha, mas não podemos ficar aqui sozinhas. Você não está achando essa casa muito triste sem Marina?

— É muito triste mesmo, ela dava vida a esta casa.

Esther lembrou-se do seu amigo Andrezinho e falou para sua mãe:

— Mamãe, e o André, como vai ficar? Podemos levá-lo conosco?

— Esther, se pudéssemos faríamos isso, mas André tem pai e, além disso, seu pai não aceitaria. Mas prometo-lhe que sempre a trarei para visitá-lo. Agora vá se arrumar, pois precisamos sair.

Aquela família iria em busca de um novo destino.

Doutor Luís, que estava bebendo havia muitos dias, quase não se alimentava nem dormia direito. Já não tinha o mesmo vigor de antes. Vários problemas de saúde se acarretaram, já estava iniciando um processo de profunda depressão. Seu estado físico e psicológico inspirava cuidados.

Naquela manhã, como em várias outras anteriores, ele quase não conseguiu abrir a porta do carro. Laura, ao ver o estado em que o marido se encontrava, falou:

— Meu bem, não acha melhor voltar e tomar um banho, dar mais um tempinho para a gente seguir viagem? Você não está muito bem, é melhor descansar mais um pouco e depois iremos.

— Estou muito bem, todos os dias faço o mesmo trajeto e na mesma situação em que estou agora. Se nunca aconteceu nada comigo, não seria hoje que iria acontecer!

Entraram todos no carro e saíram com destino à cidade. Laura estava muito preocupada e começou orar em silêncio.

Andaram um bom trecho da estrada. A velocidade até que estava controlada, mas o médico estava muito fraco. A embriaguez e a falta de alimentação o debilitaram bastante e, assim, quando estavam passando em uma curva, que era chamada curva da morte, no alto de um despenhadeiro, ele cochilou um pouco e perdeu a direção. Seu carro saiu da estrada e caiu ladeira abaixo, capotou seguidas vezes, parou somente no fim daquele precipício.

Laura, que no momento orava ardentemente, viu o espírito de sua grande amiga Marina.

Ao se dar conta do que tinha acontecido, Laura se desesperou, preocupada com sua filha.

— Filha, você está bem?

— Estou bem, mamãe. E você, como está?

— Estou sentindo muita dor de cabeça.

Naquele momento, Laura sofreu uma grave hemorragia interna. Assim, a genitora desencarnou nos braços da filha amada.

A menina olhou para o lado e viu que seu pai também estava muito machucado, com a cabeça toda ensanguentada. Desesperada, conseguiu sair do carro pelo vidro da frente, que estava quebrado.

Esther saiu andando apavorada em busca de ajuda. Não muito longe, avistou um homem. Era Mário, que andava pela fazenda e, ao ouvir o barulho do carro caindo, estava indo ver o que tinha acontecido.

Esther, assim que avistou o empregado da fazenda, começou a gritar. Ele se aproximou e, ao reconhecer a garotinha, perguntou-lhe o que havia acontecido. Desceu rapidamente de seu cavalo, e a pequena criança contou-lhe tudo.

Mário montou novamente em seu cavalo, pôs Esther no colo e seguiu para o local do acidente. Chegando lá, deparou-se com aquela situação irremediável. Os dois já estavam mortos. Não havia mais o que fazer, a não ser chamar a polícia para fazer a remoção dos corpos. Esther estava inconsolável. Como era difícil para Mário dar aquela triste notícia para a garotinha, mas tinha de fazê-lo.

— Minha filha, olhe os corpos de seus pais, estão mortos. Só nos resta chamar alguém para tirá-los daqui.

Mário saiu em busca de ajuda. Andou alguns metros e avistou um carro. Era um fazendeiro vizinho que passava por ali. Mário contou-lhe o acontecido e o motorista se propôs a ajudar, e foi para a cidade avisar a polícia sobre o local do acidente, para que tomasse as providências necessárias. Mário, então, voltou para o local do ocorrido, junto de Esther.

Enquanto esperavam, Esther convidou o pai de seu amigo André para, juntos, fazerem uma prece em favor dos seus genitores.

Esther fez uma linda prece sentida, do fundo de seu coração, naquele momento de dor e angústia. Ficou ali em oração, sem conter as lágrimas. Quando as autoridades competentes chegaram, um dos policiais disse a Mário que era melhor levar a menina embora. Não era bom que ela presenciasse aquela cena. Eram muito pesadas aquelas imagens para uma criança. Verificando que a garotinha não apresentava ferimento algum, pediu que a levasse para casa.

Mas ela não aceitou a ideia de sair de perto dos pais.

— Esther, você precisa repousar, pois deve estar descansada para o velório.

— Vamos lá para casa, fique brincando com André.

Não tendo outra saída, ela aceitou.

Quando chegaram a casa, André já sabia o que acontecera, pois o espírito de sua mãe já o havia colocado a par de tudo. Falou para ele que a dona Laura estava muito bem, mas o doutor Luís precisava de muitas orações, pois não acreditava na vida após a morte. Mas os amigos espirituais iriam encaminhá-lo para um lugar que recebia e tratava os espíritos que desencarnavam por mortes violentas e que não tinham preparo para tal situação.

Esther foi correndo ao encontro do seu amigo. Os dois se abraçaram e ficaram chorando em silêncio por longo tempo.

André não sabia o que falar para consolar sua amiguinha.

— André, agora não tenho mãe nem pai, só tenho você.

André apertou-a nos braços e disse:

— Nunca irei me separar de você, pois você é muito especial para mim, um presente de Deus na minha vida.

— Tenha fé no Pai do Céu, porque iremos superar todos esses sofrimentos e, um dia, seremos felizes. Tudo passa. A nossa dor também vai passar. Não precisa se preocupar, cuidarei de você.

Os dois se sentaram um ao lado do outro e ficaram ali conversando.

— Você já sonhou comigo alguma vez? – perguntou André.

— Já sonhei muitas vezes com você, sempre sonho que estamos brincando em um campo, andando a cavalo.

— Eu também tenho o mesmo sonho e, às vezes, pego uma flor do campo e dou a você.

— Que bom, André, que nos encontramos à noite quando saímos do corpo, não é mesmo? Agora não podemos mais parar de estudar a Doutrina Espírita.

— Você sabe, Esther, como foi difícil para mamãe me ensinar a ler. Ela me ensinou para que eu pudesse ler o *Evangelho* e *O Livro dos Espíritos*, porque, na hora das dificuldades e necessidades, esses livros me consolariam. Parece até que ela sabia o que aconteceria conosco.

— Agora que perdi papai e mamãe, só tenho você, André. Você tem de tomar conta de mim e eu tomarei conta de você. Quando crescermos, casaremos e seremos muito felizes. Com o conhecimento da Doutrina Espírita, poderemos ajudar muita gente. Vamos dedicar a nossa vida em favor do próximo. Este é o meu sonho.

André disse a Esther:

— Eu gostaria de ser muito rico, ter muito dinheiro para ajudar os que sofrem: os pobres e todas as pessoas que passam fome.

— Não se preocupe, André, com a herança que vou receber de papai e mamãe serei muito rica e, com toda essa riqueza, auxiliaremos muita gente. Poderemos fazer muitas coisas para ajudar essas crianças que sofrem e passam fome. Todas as vezes que eu ia à cidade com mamãe, via muitas crianças nas ruas pedindo esmola, sem ter um lugar para morar. Eu ficava morrendo de pena delas. Minha vontade era poder comprar uma casinha para cada uma e ajudá-las no que fosse preciso. Eu até pedia para minha mãe ajudar, mas ela dizia que poderia ajudá-las com algum dinheiro, mas comprar uma casinha para elas, isso ela não poderia fazer, porque não estava ao seu alcance, mas que rezaria para que Deus as ajudasse a conseguir um lugar para morar.

André lembrou-se do ensinamento de sua mãe:

— Sim, mamãe sempre dizia que, quando não conseguíssemos ajudar financeiramente alguém, poderíamos ajudar por intermédio da prece.

Depois de uma longa conversa com seu amiguinho, Esther lembrou-se do acidente, das últimas palavras de sua mãe, e um desespero muito grande tomou conta de seu coração. Abraçou bem forte André e desabou em doloroso pranto. Ainda em convulsivo choro, começou a perguntar por que havia acontecido aquilo com ela? Perder o pai e a mãe de uma só vez!

André, de modo amoroso, consolava Esther, dizendo:

— Esther querida, sei que será muito difícil para nós, vamos sentir muitas saudades das nossas mães, mas temos uma certeza que nos consola: é saber que elas não morreram, continuam vivas e vão continuar a nos proteger. Se não acreditássemos nisso, seria muito mais difícil.

— Se eu soubesse o que iria acontecer, não os teria deixado entrar naquele carro. Jamais pensei que isso pudesse acontecer conosco.

— O que aconteceu com seus pais estava nos desígnios de Deus. A hora deles tinha chegado. Eles cumpriram sua missão na Terra. Foi feita a vontade do Papai do Céu, que os chamou de volta para viver com Ele. Nós ainda temos muito o que viver.

— Ainda sou muito criança, será muito difícil viver sem meus pais. Agora, terei de viver na cidade com minha tia Cláudia, mas me sentirei muito sozinha, sem papai e mamãe e sem você ao meu lado.

— Você não ficará sozinha, eu cuidarei de você. Não deixarei nada de ruim lhe acontecer. Pode contar sempre comigo.

Esther parou de chorar e sentiu-se consolada e fortalecida nos braços daquele amigo, que ainda era tão criança, mas a fazia se sentir amparada e protegida. Ali se encontravam duas almas afins, uma confiava na outra, tendo, assim, sustentação para viver.

Os momentos de choro, desespero, tristeza e lamentações daquelas crianças foram passando e, de repente, chegou Cláudia, tia da menina.

Cláudia veio correndo em direção à menina, abraçando-a e levantando-a. E disse, muito emocionada:

— Obrigada, meu Deus, por ter livrado essa criança inocente da morte, a minha sobrinha Esther. Não sei o que seria de mim se, além de perder minha querida irmã, perdesse também Esther, que é como uma filha para mim. Muito obrigado, Senhor, por ter salvado a minha menina.

— Esther, arrume suas coisas para irmos embora desta casa.

Esther, que parecia aceitar mais aquela situação, falou para sua tia:

— Titia, a mamãe não morreu. Sabe, um dia me encontrarei com ela. Que Deus abençoe a sua vida e lhe dê muita saúde, para que possa viver muitos anos e me proteger. Agora eu só tenho a senhora, papai e mamãe foram embora e me deixaram. Mas, graças a Deus, não estou sozinha. Venha, André, me ajude a arrumar as coisas.

Saíram os dois correndo para o quarto. Esther somente pegou as coisas de que mais gostava, algumas roupas, sapatos e brinquedos.

Esther e Cláudia foram embora da casa-grande, que, a partir daquele dia, ficou fechada. André sentiu uma dor muito forte, que tomou conta de seu coração, ao retornar ao casebre em que morava com seu pai. Sentia um vazio muito grande em sua vida, mas, ao chegar à sua pequenina casa e ouvir o cantar dos pássaros, o perfume das flores, aquele belo jardim, sentiu que eram as únicas coisas que tinha para se consolar.

André passava horas e horas na janela de seu quarto, olhando o belo jardim que sua mãe plantara. Admirava as flores e os lindos pássaros que pousavam nelas. Via o vaivém dos beija-flores que, velozes como o pensamento, pousavam de flor em flor. Como era bela a natureza naquele pedacinho de mundo. Nesses momentos, sentia muito forte a presença de sua mãe e ficava pensando: "Onde estará mamãe neste momento? Será que Deus a levou para bem distante de mim? Ou será que ela continua por aqui, entre nós?".

CAPÍTULO 12

AS DUAS CRIANÇAS

Seguiram-se os dias, após aquela tragédia. André passava a maior parte do tempo no jardim que fora cuidado por sua mãe. Para ele, aquele período foi de grande reflexão e elevação. Nesses momentos, André sempre fazia uma prece a Deus, pedindo proteção para sua mãe, dona Laura e também para o doutor Luís, que precisava de muita ajuda por ter tido uma morte muito triste e violenta. Ficava pensando em sua mãe e em sua avó, que há muito tempo não apareciam para ele.

De repente, ali no meio das flores, viu um vulto branco. Observou com atenção e notou que aquele vulto branco se materializava em um rosto muito bonito. Era a sua querida vovó, dona Mariana.

— Meu querido netinho, sua mãe está muito bem, e dona Laura também está ótima, nós a acolhemos. Agora estamos trabalhando para socorrer e amparar o doutor Luís. Diga para Esther que eles estão muito bem e que a mãe dela jamais a esquecerá – Mariana desapareceu em meio àquele belo jardim, e sua voz ficou gravada na cabeça de André.

O menino olhou para o céu e agradeceu a Deus a oportunidade de rever sua avó, mesmo que por alguns segundos. Para ele, aquilo era motivo de muita satisfação e lhe dava forças para continuar vivendo, cumprindo a sua missão na Terra, pois sabia que estava apenas começando.

Mário continuou cuidando da fazenda até que fosse resolvida a situação do imóvel.

Vender aquele imóvel não era fácil, porque tudo estava nas mãos dos advogados para fazer o inventário, portanto, isso exigia tempo.

Cláudia decidiu reformar o casarão da fazenda, pois assim seria mais fácil vendê-lo quando o inventário ficasse pronto. Ela já tinha até um candidato em mente para a compra da fazenda. Assim que vendesse, acertaria tudo com Mário, que já trabalhava havia muitos anos com a família.

E, assim, tudo foi resolvido. A fazenda foi vendida, Cláudia acertou os honorários com Mário e sugeriu a ele que comprasse uma casa na Vila das Flores. Mudando para a cidade, André poderia estudar, e ela pagaria os estudos do menino no mesmo colégio onde sua sobrinha estudava.

— Senhor Mário, Esther sente muita falta de André. Sei que na cidade a vida dos dois será muito melhor.

— Dona Cláudia, não entendo nada de trabalho na cidade, pois toda minha vida sempre morei na roça. Só sei mexer com gado, cuidar de animais e de plantações.

— O senhor pode ficar despreocupado, pois lhe arranjarei um emprego na prefeitura. Sou muito amiga do prefeito. Desempregado o senhor não vai ficar.

— Mário concordou com a ideia e foi até a Vila das Flores. A casa ficava ao lado do Centro Espírita do senhor Joaquim, onde eram realizadas as reuniões públicas. Ali estudavam *O Evangelho Segundo o Espiritismo* e os demais livros da codificação.

Mário fechou negócio. Comprou a casa do senhor Esterlino, que foi embora para São Paulo, onde moravam todos os seus filhos.

André ficou muito feliz por ir morar na cidade e poder ver sua amiguinha, que tanto adorava. Iria estudar. Seu maior sonho estava sendo realizado. Frequentar uma escola era tudo o que ele mais queria, e assim realizar o sonho de ser médico, com o objetivo de cuidar dos necessitados. André já trazia em seu coração um grande sentimento de caridade, amor e fraternidade.

André era um espírito que veio preparado para cumprir uma missão, mas até então não sabia e nem poderia imaginar o que o esperava. Quantas provações ele teria de passar dali para a frente.

André foi matriculado no Colégio Pinheiro, um dos melhores da cidade. O valor da mensalidade era muito superior ao salário de seu pai, mas Cláudia se responsabilizou pelos estudos do menino.

O colégio ficava distante da casa do menino, na Vila das Flores. Ele estudava no turno da manhã, por isso tinha de se levantar muito cedo. Todos os dias, às 5 horas da manhã, ele estava acordado, preparando-se para ir à escola. Tinha de andar uma hora e meia para chegar à escola.

Com muita alegria, André esperava as aulas começarem. Seu coração era só felicidade, pois estava do lado daquela que tanto amava e, nos intervalos das aulas, um consolava o outro. Quando terminavam as aulas, André ia de carro com Esther, ficava na casa dela um pouco, depois retornava para seu lar. Com muito capricho e atenção, fazia os deveres de casa.

— Na Vila das Flores, a Casa Espírita era aberta para a realização da prece, do Culto do Evangelho no Lar e dos passes que o senhor Joaquim aplicava nas pessoas que o procuravam em busca de auxílio.

Joaquim ficava admirado em ver o talento daquela criança, o amor que André tinha por seus semelhantes. Vendo essa grande dedicação, convidou-o para ajudá-lo nas tarefas da Casa Espírita.

Os trabalhos da Casa Espírita aumentavam dia após dia, devido à caridade e ao amor que dedicavam aos semelhantes, principalmente aos mais necessitados. Vinham à procura daquela casa pessoas de outras cidades. Rapidamente se espalhara a notícia de que ali existia um médium de cura, e que várias pessoas haviam sido curadas de processos obsessivos.

André, cada vez mais, se envolvia com o trabalho daquela casa. Todos os dias, servia água fluidificada àqueles que estavam a caminho do passe. O senhor Joaquim era o único que sabia ler naquela Casa Espírita e, assim, ele tinha o compromisso de fazer a leitura do *O Evangelho Segundo o Espiritismo*. Com o passar do tempo, suas vistas se enfraqueceram e já não conseguia mais fazer uma boa leitura.

Um dia, o senhor Joaquim ouviu André lendo em voz alta o *Livro dos Espíritos*. Ficou admirado, porque não sabia que o menino lia tão bem assim.

— André, como aprendeu a ler assim tão bem?

— Com a minha mãe, senhor Joaquim, ela me ensinou a ler e a escrever com *O Evangelho Segundo o Espiritismo*.

— Meu filho, a partir de hoje, a tarefa de ler *O Evangelho* e o *Livro dos Espíritos* é sua. Você lê e eu faço os comentários.

E, assim, aos nove anos de idade, André começou a fazer todas as leituras na Casa Espírita. Era ouvido por todos. Sua voz era suave, clara, sua leitura correta e fácil de entender. Após a leitura, o senhor Joaquim explicava tudo. Nessa altura, André já contava com dez anos.

Passou o tempo e o grande tarefeiro da seara do Mestre ficou doente, impossibilitado de ir à Casa Espírita.

— André, meu filho, na Casa Espírita temos médiuns que aplicam o passe com todo amor e fé em Deus. Os espíritos vêm, por intermédio deles, para realizar esse trabalho. Todos os que vêm em busca desse auxílio são curados. Tudo está dentro da programação divina. O resultado não é nosso, é sim de Deus, e cada um de nós recebe conforme o merecimento.

André, os trabalhos não podem parar por falta da minha presença. Já temos você, que sabe ler. Você pode ler e fazer um pequeno comentário. Não se preocupe com o conteúdo do comentário, fale tudo aquilo que vier ao seu coração, tenha fé em Deus e na espiritualidade, que estará sempre presente para ajudá-lo e intuí-lo a falar o que as pessoas precisam ouvir. O trabalho não pode parar, já que pertence a Deus.

Daquele momento em diante, André passou a fazer a leitura de *O Evangelho Segundo o Espiritismo* e a comentar. As pessoas ficavam de olhos bem abertos, prestando bastante atenção, vendo a sabedoria e inteligência daquela criança. Todos ficavam cheios de emoção. Quando lia o *Livro dos Espíritos*, André falava com muita clareza sobre os ensinamentos que a lição trazia, na ciência, na filosofia e na religião. Além de explicar muito bem, dava alguns exemplos para ilustrar melhor as perguntas.

O trabalho continuava com o mesmo efeito, não houve nenhuma queda na qualidade das exposições pela falta do senhor Joaquim.

Mas nos caminhos daquela criança de apenas dez anos estava para acontecer mais uma perda. A perda de alguém que o amava muito e que estava ali para protegê-lo e ampará-lo. André iria passar por mais uma provação. Desta vez, seria sacudido pela dor terrível de sentir-se sozinho no mundo, pois perderia seu pai, seu grande amigo e companheiro.

Mário foi acometido de um ataque cardíaco fulminante e desencarnou deixando seu filho com apenas dez anos de idade.

André não tinha mais a presença da mãe, agora perdera também o pai. Ele, que não tivera irmãos, pensava em ficar velho ao lado de seu pai. Mas Mário também o deixou e retornou para o Plano Espiritual.

André não se deixou abater, ficou firme na sua fé e agradeceu a Deus por ter ainda o senhor Joaquim como seu segundo pai. Este estava muito enfermo, mas, mesmo assim, passava-lhe muitas lições de vida, de fé e de sabedoria.

Desta vez, foi Esther quem o consolou naquele momento tão difícil que atravessava. Agora eles estavam na mesma situação: órfãos de mãe e pai. Restavam, apenas, a grande amizade e o grande amor que uniam aquelas duas almas afins. Pelo menos o destino havia colocado um no caminho do outro. Eles se não cansavam de agradecer a Deus por isso. A misericórdia divina se fazia presente, mesmo em meio a tantas atribulações. Quando tudo parecia perdido, conseguiam vislumbrar a luz da esperança, da fé, e da confiança de que não estavam na Terra esquecidos pelo Pai.

O tempo passou e André continuou firme no trabalho da Casa Espírita e na escola. Não faltou nem um dia sequer com suas obrigações. O trabalho o consolava e até o ajudava a esquecer um pouco as amarguras da vida. Também tinha o senhor Joaquim que, mesmo não sendo seu pai, era como se fosse. Ele estava com a idade bastante avançada e precisava muito de carinho, de amor e atenção.

O amor das duas crianças crescia cada vez mais e sempre renovavam o compromisso de se casarem quando se tornassem adultos. Comprometiam-se, também, em continuar a obra daquele grande homem, pois um trabalho como aquele, de amor e caridade, nunca poderia parar. Até mesmo a tia de Esther, Cláudia, participava dos trabalhos da Casa Espírita e ajudava bastante. André não estaria sozinho, agora eram três nessa tarefa para ajudar o senhor Joaquim.

O desejo do garoto era, cada vez mais, melhorar aquela casa abençoada. Quem sabe até construir uma casa nova, com mais espaço para receber melhor aquelas pessoas necessitadas, que tanto precisavam de ajuda. Para André, isso seria uma grande homenagem que prestaria a seu pai e a sua mãe.

Quando estamos dispostos a servir a Deus, Ele abre as portas e manda os amigos espirituais para nos ajudar e, assim, a obra acontece na Terra.

O senhor Joaquim já não conseguia mais manter sua higienização sozinho. André lhe dava banho e o auxiliava, dando-lhe comida na boca.

André convidava Esther para visitá-lo.

Um dia, senhor Joaquim falou para André:

— Meu filho, agradeço muito ao nosso Pai por ter me dado um filho como você, tão pequeno, mas tão forte para cuidar de mim. Nos últimos tempos, tem sido meus pés e minhas mãos que me levam aonde for preciso. Você é um presente maravilhoso que tenho em minha vida.

— Sabe, filho, quando estamos no fim da vida, passamos por pequenas provações. Mas Deus sempre nos dá uma recompensa para passar por elas. Ele sempre envia um anjo para nos ajudar. Por isso, sempre digo que nada está perdido neste mundo, ninguém nunca está sozinho. Pode ter certeza, André, que você será muito feliz, pois desde pequeno está cumprindo uma importante missão divina. Gostaria de viver muito para ver o seu progresso espiritual, mas, mesmo do outro lado, estarei velando por você e, se for possível, pedirei aos bons espíritos para orientarem-no nesta divina tarefa de ajudar. Estarei sempre ao seu lado para auxiliá-lo a amparar os semelhantes, pois é por meio da caridade que seremos felizes. É ao lado de quem sofre que entendemos as nossas dores e compreendemos que nossas dificuldades, às vezes, são muito pequenas e não merecem tanto valor diante do sofrimento do outro.

CAPÍTULO 12

AS CRIANÇAS SE TORNAM ADOLESCENTES

O tempo passou, e André e Esther já estavam com 13 anos de idade, e seus sentimentos se intensificaram, tomando outra forma.

Um dia, saindo do colégio, André pegou na mão de Esther e seus olhares se cruzaram. Aquele era o olhar de duas almas apaixonadas, de duas almas afins. Era um momento mágico em suas vidas. Era o descobrimento das carícias. Deixavam de ser crianças para se tornarem adolescentes.

Pela primeira vez, os dois se abraçaram e se beijaram ardentemente, como dois seres que se amam profundamente. Era o desabrochar do amor na mais profunda intensidade, amor esse que ambos já sentiam desde a primeira infância.

Após aquele beijo, eles sentiam que não era mais o amor de duas crianças inocentes e ingênuas, mas sim de dois adolescentes no despertar dos desejos e anseios, na flor da juventude.

André, chegando em casa, pegou um lápis e começou a escrever uma carta para sua amada. Esther também fez a mesma coisa, e escreveu uma linda carta para ele, que dizia:

"Meu amor, você, para mim, é como um anjo do céu, que Deus enviou à Terra para alegrar o meu coração. Às vezes, olho para o céu e procuro lá longe uma linda estrela e a que tem maior brilho e sinto como se fosse você. Serei a pessoa mais feliz do mundo com você ao meu lado. Nunca deixarei você e nunca terei outro homem em meus braços. A você entregarei toda minha vida, meus sentimentos e minha alma. Pedirei a Deus que nos abençoe sempre e que, no futuro, possamos contemplar os frutos desse amor, esse carinho imenso que sentimos um pelo outro, e que possamos passá-los aos nossos filhos. Você é o homem que me

completa em todos os sentidos. Sei que não serei feliz se não tiver você do meu lado. Você é minha razão de viver. Já sofri muito ao perder papai e mamãe ainda tão pequena. Mas o Senhor, nosso Pai, o deixou ao meu lado para cuidar de mim, não temos mais os nossos pais, mas sempre cuidaremos um do outro. Ao seu lado serei a mulher mais feliz do mundo, sendo sua esposa, amiga e companheira. Amo-o profundamente e sempre o amarei.

Um grande beijo da sua amada, Esther.”

A carta de André começou assim:

“Minha querida Esther,

Hoje foi um dos dias mais felizes da minha vida, pois, pela primeira vez, senti o sabor dos seus lábios junto aos meus. Senti uma coisa estranha saindo de dentro do meu coração, uma emoção tão profunda que não há palavras que possam descrever. O momento em que te abracei e te beijei foi mágico para mim. Você é o sol do meu céu, a luz que aquece e que ilumina o meu caminho, minha maior fonte de energia, o amor que tanto quero, a minha flor preferida. Em seu beijo senti o calor e o sabor do mel, a chama da intensidade que dá vida. Seus olhos nos meus, senti como se fosse uma estrela do céu que descera até mim me trazendo luz e esperança para meus dias de solidão.

Não sei falar palavras tão bonitas que possam expressar esse amor tão profundo que sinto por você. Sinto-me como se estivesse viajando nas estrelas, passando pelas constelações. Gostaria de dizer palavras que expressassem, do fundo do meu coração e da minha consciência limpa e pura, a mais profunda sinceridade. Gostaria muito de fazer uma declaração de amor para você do fundo da minha alma, cheia de saudades. Mas não consigo organizar as palavras. Só sei dizer que você é a minha razão de viver, você é a minha vida. Amo-a profundamente e nunca vou esquecê-la. Lembre-se que você faz parte da minha vida. Sem você nada tem sentido. Entre nós dois existe uma força muito grande que nos conduz. Essa força é Deus. É um Deus de bondade que comanda nossas vidas e determina nossos destinos. Se pudesse fazer um pedido a ele agora, eu pediria que nunca deixasse você se afastar de mim. Amarei-a para sempre!

Um beijo do seu amor, André!"

No dia seguinte, André e Esther se encontraram na escola, cumprimentaram-se com um abraço, e outro beijo aconteceu. Assim, aproveitaram o momento para entregar as respectivas cartas. A curiosidade era enorme em saber o que estava escrito naquelas linhas, mas o tempo era curto. Bateu o sinal, chegara a hora de entrar para a sala de aula.

Nenhum dos dois conseguia prestar atenção na aula porque seus pensamentos estavam na carta. A curiosidade tomava conta da cabeça dos dois adolescentes. Ao bater o sinal novamente, chegava a hora do intervalo. Cada um foi ler a sua carta e sentaram-se perto um do outro.

Na medida em que iam lendo, lágrimas brotavam de seus olhos e rolavam em suas faces. Não dava para decifrar qual era aquele sentimento: tristeza, alegria, emoção ou até saudade. Era difícil saber qual sentimento os envolvia naquele momento. Só sabiam que era um sentimento tão profundo e incrível que ficou marcado profundamente em seus corações.

Ao terminar de ler a carta, Esther falou para André:

— André, é incrível como você conhece palavras tão bonitas!

— Eu também não sei como você conseguiu passar tanto sentimento nesta carta que me deu!

— Quero dizer, Esther, que tudo o que escrevi saiu de dentro do meu coração. Quis falar o quanto você é linda e especial para mim. Coloquei nestas linhas a minha mais profunda emoção.

O sinal soou e os dois retornaram para a última parte da aula. Terminada a aula, eles se despediram com um longo e apaixonado beijo e cada um seguiu para sua casa.

À tarde, André se preparava para mais uma tarefa na Casa Espírita.

Chegou a noite e iniciou-se mais um trabalho na casa de senhor Joaquim. Na hora do passe, lá estavam Esther e sua tia Cláudia, ajudando nos trabalhos da casa. Esther servindo água fluidificada e André fazendo a leitura de *O Evangelho Segundo o Espiritismo* e do *Livro dos Espíritos*.

Naquela noite, André aproveitou a oportunidade e pediu para Esther:

— Esther, você poderia fazer a leitura de *O Evangelho Segundo o Espiritismo* e, se não quiser fazer o comentário, eu faço.

— Tudo bem, André, eu faço.

Terminadas as atividades da noite, depois que todos foram embora, Esther falou para André que gostaria muito de visitar o senhor Joaquim. André levou-a ao local onde se encontrava o velhinho.

Em um quartinho nos fundos daquela casa, o senhor Joaquim estava deitado em sua caminha. Quando ele avistou os dois jovens, abriu um largo sorriso. Esther deu-lhe um forte abraço e um beijo no rosto e, ao mesmo tempo, pediu-lhe a bênção e disse:

— Senhor Joaquim, tenho fé em Deus que o senhor vai melhorar bem depressa. Em breve, teremos o senhor nas reuniões – disse Esther.

— Minha filha, vejo em seus olhos o brilho do amor. É lindo ver como vocês dois se amam. O amor de vocês não é somente desta vida, mas de muitas outras. Vocês não estão se encontrando pela primeira vez, mas se reencontrando. Entre vocês vê-se o verdadeiro amor.

— Lembrem-se, meus filhos, que mesmo vocês se amando muito, nunca devem se esquecer dos necessitados que não têm ninguém para cuidar deles: os decaídos da vida, as crianças abandonadas pelos pais, os velhos abandonados pelos filhos.

Tudo isso vocês encontrarão pela frente. Vocês terão um importante compromisso com os mais necessitados. Nunca se esqueçam de ajudar os que sofrem. Muitos virão até vocês precisando de ajuda, e tenho certeza de que vocês terão condições de ajudá-los de uma forma ou de outra. Todas as vezes que estiverem tristes, saiam a trabalho da caridade e, assim, ficarão felizes ao receber tanta gratidão daqueles que foram ajudados.

Meus filhos, todos aqueles que ajudam os seus semelhantes nunca passarão por dificuldades, pois Deus sempre envia alguém para ajudá-los.

Nunca se esqueçam das orações nas horas mais difíceis da vida. Lembrem-se de que o Mestre Jesus sempre se afastava dos discípulos para orar buscando ajuda do Pai.

Há momentos em que temos de orar em conjunto, mas há momentos em que precisamos nos refugiar para nos dirigir ao Nosso Pai Celestial. O encontro com Deus é, muitas vezes, a viagem interior que precisamos fazer.

— Não deixem, meus filhos, que o sofrimento feche as portas dos seus corações. Não se esqueçam dos compromissos assumidos com os necessitados da vida. Não foi por acaso que cada um de vocês teve uma mãe maravilhosa que trazia no coração a humildade, o amor, a caridade e o perdão. Marina e Laura foram duas mulheres maravilhosas que retornaram à pátria espiritual e deixaram seus filhos ainda muito jovens e diante de tantos compromissos batendo em suas portas. Mas Deus estará sempre auxiliando vocês, e nunca estarão sozinhos.

Os benfeitores espirituais estarão sempre por perto ajudando-os, porque sabem que, por intermédio de vocês, serão realizadas tarefas importantes, que precisam se concretizar na Terra: o bem, o amor e a caridade, esses serão os instrumentos que estarão à disposição na seara divina. Essa seara é tão imensa, mas tem tão poucos trabalhadores! Vocês terão as mãos abençoadas e tudo o que tocarem terá a graça de Deus.

Sei que estou indo embora, meu tempo está se esgotando, mas tenho fé no nosso Senhor em que essa semente que foi semeada aqui terá o cuidado de vocês, aqui ou em outro lugar. Às vezes, não compreendemos, mas temos de brilhar onde estamos. Em qualquer lugar somos chamados ao trabalho. Precisamos dar conta das nossas responsabilidades. Mas vocês terão muitas alegrias e felicidade por toda a vida. Saibam que encontrarão dores pelo caminho, já que ninguém vive no mundo sem sofrer. Mas quando acharem que o sofrimento está muito grande lembrem-se de que não estão sofrendo sozinhos, sempre tem alguém passando pelas mesmas dificuldades ou, às vezes, por dores até maiores.

Lembrem-se de que sua mãe e seu pai, mesmo no mundo espiritual, nunca estarão distantes de vocês. Estão sempre presentes em espírito. Eles os auxiliarão sempre, em qualquer momento de suas vidas, a atravessar e superar todas as dificuldades.

— Senhor Joaquim – disse André – não fale assim, o senhor melhorará e ficará bom, andará novamente e voltará às suas atividades normais. Sei que Deus dará nova oportunidade ao senhor, que é uma pessoa tão boa, especial e importante para o povo deste lugar.

— Meu filho do coração, nosso Pai Celestial já me deu muito mais do que mereço.

— Senhor Joaquim, várias pessoas foram beneficiadas por seu trabalho de amor e de caridade espontânea. Será que Deus não poderia dar-lhe uma nova oportunidade para retornar ao trabalho?

Será que Deus não pode curar esta doença? Jesus curou tantos cegos, leprosos, pessoas paralíticas. Será que ele também não poderia curá-lo?

— André, eu não estou doente, não me sinto assim, só estou incapacitado de me mover e me levantar. Mas estou bem intimamente. Estou bem comigo e acho que fiz tudo o que pude na minha trajetória. Daqui para a frente, outros pegarão essa tocha e continuarão a caminhada. É como se fosse uma corrida que alguém tem de levar a tocha até o fim da estrada, que pode ser passada de mão em mão. A minha vez de entregá-la está chegando. Eu irei ao encontro do Pai maior. Meu querido filho do coração, eis aqui a tocha que estou entregando para ti. Agora é você que continuará a caminhada e a missão.

André, meu filho, nos dias de hoje, falar de espiritismo está muito fácil. Quando eu cheguei aqui e as pessoas ficaram sabendo que eu era espírita, apedrejaram a minha casa várias vezes. Esses buracos que você vê no telhado, donde se podem ver as estrelas, foram pedras jogadas na nossa casa assim que descobriram que éramos espíritas. Não me preocupo com o que passou, à noite olho para o céu, deitado em minha cama, e vejo como ficou mais enfeitada nossa casa. Quando a noite está enluarada, o brilho da lua e das estrelas clareia todo o ambiente.

Hoje somos muito respeitados. As pessoas vêm de longe trazendo seus familiares para que os espíritos possam atendê-los e curá-los. Nós somos instrumentos da espiritualidade e vocês terão a incumbência de continuar esta missão. Deus encaminhou para mim duas crianças, que mesmo na fase da adolescência têm a responsabilidade de dois adultos, pois espiritualmente vocês são adultos.

André e Esther, vocês são espíritos que estão preparados para executar esse trabalho. Hoje são poucos os jovens que se interessam pelo trabalho da espiritualidade. Mas vocês têm interesse e responsabilidade suficientes para cumprir essa tarefa.

— Meus filhos, que o senhor Jesus os proteja. Onde quer que estejam, podem ter certeza de que não estarão sozinhos. Os amigos espirituais sempre estarão por perto os auxiliando e amparando, juntamente com seus mentores espirituais. Sei que são espíritos abnegados ao trabalho da seara de Jesus.

Estava para surgir, na vida de André e Esther, o primeiro obstáculo. O destino iria separá-los, pois estava traçado na trajetória espiritual tal acontecimento. Seria muito triste, mas era necessário. Esther teria mais uma perda, Cláudia, sua tia, retornaria à pátria espiritual, deixando a sobrinha aos cuidados de sua avó paterna, dona Shirley.

No outro dia, bem cedo, os adolescentes se encontraram na escola.

Em meio às lágrimas, Esther falou:

— Meu amor, infelizmente teremos de nos separar por algum tempo. Minha avó acabou de chegar do Rio de Janeiro para resolver os últimos detalhes referentes à minha herança. Não há mais nada para ela fazer aqui. Por ser minha única parenta viva, o juiz passou a minha guarda para ela. Tenho de acompanhá-la até atingir a maioridade. Até lá, não posso decidir nada sobre a minha vida. Ainda não temos idade suficiente para nos casar. Por isso temos de nos separar e esperar o tempo certo para ficarmos juntos para sempre.

Estou muito confusa sobre o que será de mim. Esta noite nem consegui dormir, chorei muito pensando no que será de nós dois. Nunca pensei que um dia fôssemos nos separar, isso nunca passou pela minha cabeça. Já sofremos tanto nesta vida com a perda dos nossos pais, e agora sofreremos muito mais com essa separação.

André, que ouviu tudo calado, parecendo não acreditar no que ouvia, deixou duas lágrimas silenciosas deslizar pelo seu rosto. Olhou para o céu e, com sua mediunidade aflorada, implorou ao Pai proteção para os dois.

Naquele momento de imensa tristeza, ele pediu com tanta fé, tanta certeza de que seria amparado, que no mesmo instante o vulto de sua mãe apareceu em sua frente.

— Meu filho querido, sempre estarei ao seu lado, tanto nas horas felizes como nas horas de tristeza. Na grande luta, nos altos e baixos da vida, onde quer que o destino o conduza. O nosso futuro está nas mãos de Deus. Podemos até mudar de direção, mas jamais fugir das leis divinas.

Essa separação já estava programada, portanto, não fique triste. Lembre-se da mensagem de Jesus, presente em *O Evangelho Segundo o Espiritismo*, quando o Mestre asseverou: "Não se turbe o vosso coração". Estaremos ao seu lado e também ao lado de Esther. Lutaremos para que vocês possam cumprir a missão que lhes está reservada na Terra.

De repente, o espírito de sua mãe desapareceu.

André abraçou novamente sua amada.

— Hoje não vamos à escola. Vamos ao cemitério onde foram enterrados nossos pais. Vamos visitar os túmulos e fazer uma oração. Vamos reservar esse tempo para nós. Não sabemos por quanto tempo ainda ficaremos juntos, como também não sabemos quanto tempo vamos ficar separados um do outro. Esperarei por você por toda a minha vida.

— André se eu não me casar com você, não me casarei com mais ninguém. Guardarei para você todo o meu afeto, meu carinho e todo meu amor. Mesmo distante o honrarei como se fosse meu marido. Tenho certeza de que, espiritualmente, nascemos um para o outro. Se há casamento no mundo espiritual, nós casamos lá. Por isso nada neste mundo vai nos separar, nem mesmo a distância.

André olhou para o rosto de sua amada e viu aqueles lindos olhos, seus cabelos encaracolados, claros como a cor do sol. Era tão linda sua amada, era a flor mais preciosa que ele cultivava no jardim do seu coração. O amor dos dois adolescentes era realmente verdadeiro. Aqueles dois seres sentiram que o futuro deles estava prestes a mudar drasticamente. Dentro da evolução humana e dentro dos compromissos terrestres, eles teriam uma missão a cumprir. Todo o sentimento de insegurança que os envolvia era apenas o começo da difícil jornada de suas vidas. Primeiro viria a prova, depois a responsabilidade pelo trabalho assumido no mundo espiritual.

Encontravam-se naquele lugar duas almas afins.

CAPÍTULO 14

A AVÓ DE

Esther e André foram ao cemitério e, chegando ao túmulo de seus familiares, fizeram uma linda oração. André sentiu como nunca a presença de sua mãe e de sua avó. Esther também sentiu a presença de sua mãe e até de sua tia Cláudia, que há pouco tempo havia desencarnado.

Todos os espíritos ali presentes assumiram, mais uma vez, o compromisso de ajudar e cuidar daquelas duas criaturas que, a partir de então, iniciavam mais uma prova na caminhada evolutiva para o cumprimento da sua missão na Terra.

Ali mesmo no cemitério, sentados um ao lado do outro, eles sonhavam, fazendo planos para o futuro.

— Só posso ser dona da minha vida quando completar vinte e um anos, mas até lá vou estudar bastante, esforçar-me ao máximo para me tornar uma médica. Quero exercer a mesma profissão de papai, quero cuidar das crianças carentes e abandonadas. O dinheiro que vou receber como herança, investirei em obras sociais. Quero construir uma grande casa para receber crianças abandonadas. Construirei, também, uma escola onde essas crianças possam estudar. Quero dar uma vida digna a esses irmãos que sofrem o abandono de toda ordem. Se Deus quiser, terei condições de realizar esse trabalho, e você, André, vai me ajudar com tudo isso.

— Minha querida, meu sonho é cuidar de velhinhos.

— Isso não é problema, faremos uma repartição onde você colocará os idosos que tanto quer cuidar, e eu o ajudarei. O mais importante é estarmos juntos em favor do nosso próximo.

André abraçou e beijou sua amada, dizendo:

— Já é tarde, minha querida, temos de voltar para casa.

Saíram os dois abraçados.

Quando Esther chegou em casa, dona Shirley já se encontrava do lado de fora esperando por ela. Vendo sua neta chegar de mãos dadas com aquele garoto, seu coração se fechou e até sentiu ódio, já que ela não sabia que sua neta tinha um namorado. Não conhecia André direito e não sabia nada da história dos dois. Na verdade, até mesmo sua própria neta era desconhecida para ela.

Para assumir os bens que pertenciam à menina, era necessário ter a guarda dela, já que era sua única parenta viva.

– Vó Shirley, este é André, meu namorado. Fomos criados juntos desde os 5 anos de idade. Os pais dele trabalhavam na fazenda dos meus pais.

Dona Shirley ficou envolvida em sentimentos negativos ao saber que sua neta estava namorando um menino pobre, filho de empregados da fazenda. Isso não era justo, sua neta era uma rainha, não poderia namorar um rapaz sem origem, como André.

Vendo o entusiasmo da menina ao apresentar o namorado, deu um sorriso entre os dentes e disse:

— Vamos entrar, temos muitas coisas para fazer.

Esther só tinha uma semana para ficar com seus amigos e seu amado, esse era o prazo para resolver tudo o que estava pendente. Dona Shirley não queria que Esther frequentasse a escola nem que se encontrasse com André.

—Vó, não posso ficar tantos dias sem estudar. Tenho meus amigos, e preciso me despedir deles e de meu amado André.

Mesmo contrariada, dona Shirley não pôde fazer nada, teve de ceder aos desejos da neta, mesmo porque, naquele momento, ela não queria criar um clima de discórdia. Por trás daquela situação toda estava em jogo uma grande fortuna. Por isso, não podia contrariar Esther, faria qualquer sacrifício para comandar aquela herança, já que era uma mulher muito ambiciosa.

Dona Shirley teria de arrumar todos os documentos o mais rápido possível, não poderia esquecer de nada. Em seguida, ela se dirigiu ao banco para retirar a quantia de dinheiro disponível no momento. Finalizou todos os negócios que estavam pendentes, não poderia deixar nada para resolver depois, pois não queria ter de voltar àquela cidade.

Esther não tinha nenhuma intimidade com sua avó, pois a vira somente duas vezes: no velório de seus pais e agora, depois da morte de sua tia Cláudia. Era como se ela tivesse de conviver com uma pessoa estranha, que teria de respeitar todas as vontades. Ela ainda não poderia decidir nada por si mesma.

Esther teria de ir embora mesmo com o coração partido. Antes de partir, ela e André aproveitaram bastante aqueles últimos dias que poderiam ficar juntos.

Em uma manhã, após a escola, Esther foi para a casa de André, onde poderiam ficar mais à vontade para conversar e se despedir, já que não saberiam quando iriam se ver novamente. Seus corações estavam em pedaços. Um olhava para o outro sem saber o que dizer, mas naquele momento eles estavam juntos, trocando juras de amor eterno.

Nesse momento, a espiritualidade se fez presente, orientando-os para que não chegassem ao extremo, para que não se comprometessem um com o outro, que não se envolvessem mais intimamente. Era uma despedida, mas, mesmo assim, eles não se esqueceram de seus pais, que se encontravam no mundo espiritual. Não foram notados pela vidência de André, mas fizeram-se presentes o tempo todo em que os dois jovens permaneceram juntos naquela pequena casinha como se estivessem se despedindo para sempre.

André e Esther se envolveram em um longo e demorado abraço. Aquele tempo era tão curto e tão precioso, ao mesmo tempo, e estavam ali falando dos seus mais nobres sentimentos.

Pareciam até dois adultos, já bem vividos. O amor daqueles dois espíritos era muito profundo, pois estavam se reencontrando. Era um amor de longínquos milênios, vivido por várias reencarnações. Eram duas almas afins, um conseguia entender o sentimento do outro. A sintonia dos dois era tanta que, às vezes, nem precisavam de palavras para dizer o que queriam, falavam tudo no olhar.

Eram espíritos milenares que se conheciam e se amavam desde tempos em que se perdiam no espaço das caminhadas evolutivas do ser.

Amavam-se mutuamente, mas tinham débitos a ajustar com as leis de Deus.

Depois de longo tempo ali abraçados, André falou para Esther:

— Esther, minha amada, nunca se esqueça de que nossas vidas são cheias de espinhos e flores. Há sempre um novo amanhecer, um novo dia e novas oportunidades surgirão em nossos caminhos. Mesmo estando distantes, iremos nos comunicar em pensamento. Somos espíritos livres e, com o conhecimento da Doutrina Espírita, poderemos nos encontrar durante o sono. Procurarei sonhar com você todos os dias, pois não quero perdê-la de vista jamais. Você e o senhor Joaquim são as únicas pessoas que tenho no mundo. Sei que o senhor Joaquim não viverá por muito tempo, seu corpo está muito cansado e enfermo.

Ainda somos muito jovens, temos uma vida inteira pela frente, podemos fazer muitas coisas para ajudar o nosso próximo, para que nossos pais sintam orgulho de nós perante a espiritualidade. Apesar do pouco tempo que tiveram conosco, todos os conselhos que nos deram foram bem aproveitados. Estaremos trabalhando sempre em favor do bem.

Quando você se lembrar de mim e sentir saudade, olhe para os nossos semelhantes e divida um pouco desse amor que sente por mim com os que sofrem. Se não puder ajudar com a sua presença, ajude por meio da oração.

Você está indo para um lugar muito grande, cheio de recursos, e lá poderá se envolver em um trabalho de uma Casa Espírita e dar o melhor de si em favor do seu semelhante. Não faltarão oportunidades de demonstrar esse amor ao próximo.

Nunca se esqueça, meu amor, que seguir sem Deus é uma ilusão. Ninguém é feliz sem Ele no coração. Ele é a luz que ilumina os nossos caminhos e protege a nossa vida de todo o mal. Deus é amor e é como o ar que temos de respirar, sem ele não vivemos.

O amor que sentimos um pelo outro é grande demais, mas sabemos que, além desse amor, existe outro amor, o amor pelos nossos semelhantes, que sofrem e precisam da nossa caridade.

Esther pegou o *O Evangelho Segundo o Espiritismo* e abriu ao acaso, em uma página qualquer.

— Meu amor, vamos ler esta mensagem, vamos ver o que a espiritualidade tem a nos dizer.

CARACTERES DA PERFEIÇÃO

1 – *Mas eu vos digo: Amai os vossos inimigos, fazei bem ao que vos tem ódio, e orai pelos que vos perseguem e caluniam. Para serdes filhos de vosso Pai que está nos Céus; o qual faz nascer o seu sol sobre bons e maus, e vir chuva sobre justos e injustos. Porque se vós não amais senão os que vos amam, que recompensas haveis de ter? Não faz os publicanos também o mesmo? E se vós saudardes somente os vossos irmãos, que fazeis nisso de especial? Não fazem também assim os gentios? Sede vós logo perfeitos, como também vosso Pai Celestial é perfeito. (Mateus, V: 44 e 46-48).*

2 – Desde que Deus possui a perfeição infinita em todas as coisas, esta máxima: "Sede perfeitos, como vosso Pai Celestial é perfeito", tomada ao pé da letra, faria supor a possibilidade de atingirmos a perfeição absoluta. Se fosse dado à criatura ser tão perfeita quanto o seu próprio Criador, ela o igualaria, o que é inadmissível. Mas os homens aos quais Jesus se dirigia não teriam compreendido essa questão. Ele se limitou, portanto, a lhes apresentar um modelo e dizer que se esforçassem para atingi-lo.

Devemos, pois, entender, por essas palavras, a perfeição relativa de que a humanidade é suscetível, e que mais pode aproximá-la da Divindade. Mas em que consiste essa perfeição? Jesus mesmo o disse: "Amai os vossos inimigos, fazei bem aos que vos têm ódio, e orai pelos que vos perseguem e caluniam". Com isso, mostra que a essência da perfeição é a caridade, na sua mais ampla acepção, porque ela implica a prática de todas as outras virtudes.

Com efeito, se observarmos o resultado de todos os vícios, e mesmo dos simples defeitos, reconheceremos que não há nenhum que não altere mais ou menos o sentimento de caridade, porque todos nascem do egoísmo e do orgulho, que são a sua negação. Porque tudo o que excita exageradamente o sentimento da personalidade destrói ou, quando nada, enfraquece os princípios da verdadeira caridade, que são: a benevolência, a indulgência, o sacrifício e o devotamento. O amor do próximo, estendido até o amor dos inimigos, não podendo aliar-se com nenhum defeito contrário à caridade, é sempre, por isso mesmo, o indício de uma superioridade moral maior ou menor. Do que resulta que o grau de perfeição está na razão direta da extensão do amor ao próximo. Eis por que Jesus, depois de haver dado a seus discípulos as regras da caridade, no que ela tem de mais sublime, lhes disse: "Sede logo perfeitos, como também vosso Pai Celestial é perfeito".[8]

André e Esther leram aquela linda mensagem, que era um convite ao trabalho. No final, os dois se abraçaram novamente,

8 O Evangelho Segundo o Espiritismo, cap. XVII, itens 1 e 2. São Paulo: Lake, p.221 e 222.

como se estivessem trocando um abraço de despedida. Cada um sabia, no íntimo de seu coração, que o dever os chamava para a responsabilidade. Aqueles dois jovens nem percebiam o tamanho da missão que tinham pela frente. Não tinham a menor ideia de seus compromissos assumidos na Terra. Ali se iniciava uma provação: a separação dos dois.

Esther aproveitou os dias que lhe restavam até a viagem para ficar sempre ao lado de André. Ela queria viver um momento diferente em sua vida, e fez um almoço para André, assim se sentia feliz como se fosse sua esposa, uma alegria que uma mulher sente ao agradar a seu amado. Passaram três dias juntos. Conheceram-se profundamente. Trocaram juras e mais juras de amor, sem ultrapassar os limites da intimidade física. Havia um enorme respeito entre os dois. Eles se guardavam para o dia do casamento.

Os dois jovens não sabiam, mas, naquele momento, eles estavam se despedindo para o começo de uma grande missão em suas vidas.

Foram três dias maravilhosos, que jamais sairiam da lembrança dos dois. Eles sempre iriam se lembrar daqueles momentos com muita saudade. André e Esther viveram os dias mais felizes de suas vidas.

André beijou sua amada no rosto e lhe falou:

— Pedirei a Deus para que nada interfira no nosso amor, nem mesmo a distância. Que nosso amor seja eterno!

— Serei a mulher mais feliz do mundo quando estiver para sempre em seus braços, André. Nada impedirá a nossa convivência. Mesmo distante, sempre estarei pensando em você e respeitando-o como se fosse meu companheiro. Você sempre estará comigo em meus pensamentos e no meu coração.

André, muito feliz por ser tão amado, agradeceu-lhe por tudo e disse:

— Minha amada, jamais a esquecerei.

— Deus levou seus pais, mas deixou-a para me dar alegria e felicidade. Sua presença me dá força e prazer em viver. Quero envelhecer ao seu lado. Esses momentos que passamos juntos me deram uma grande esperança de que um dia poderemos viver esse nosso amor, que é tão lindo e forte. Não se esqueça de escrever para mim.

— Você vai enjoar de tanto receber minhas cartas, toda semana escreverei para você.

Farei de tudo para responder às suas cartas.

Depois de trocarem aquelas lindas juras de amor, André e Esther se dirigiram para a casa do senhor Joaquim, pois era hora de dar-lhe a alimentação e o banho.

Senhor Joaquim, ao ver André chegar com os olhos vermelhos de tanto chorar, ficou penalizado e falou:

— Meu filho, está com o coração partido, é muito difícil, mas o momento chegou. É o momento da provação.

— Como o senhor sabe disso?

— Estou sabendo de tudo, meu filho, sei que é chegado o momento de Esther ir embora.

— É verdade, sinto que alguém a está arrancando dos meus braços e não sei quando a terei novamente.

— Meu filho, lembre-se de Deus, nada em nossa vida acontece por acaso. Tudo tem uma razão de ser. Nem a folha de uma árvore cai sem que Ele permita. Lembre-se de que há situações que hoje nos deixam muito tristes e nos fazem sofrer bastante, mas, muitas vezes, é o melhor para nós. É como se fosse uma limpeza em nosso caminho. Primeiro temos de tirar as pedras para depois podermos caminhar sem machucar os pés. Se não as retirarmos, podemos pisar e nos ferir. Mesmo estando com os pés feridos, não podemos parar, temos de continuar a nossa caminhada.

Neste mundo, nada fica parado, André. O ontem passou, o hoje chegou e o amanhã chegará. Nada os separará. Poderão se separar por alguns momentos, mas quando se reencontrarem, a saudade estará imensa, e o amor de vocês ficará ainda mais forte. O amor verdadeiro atravessa os tempos, os séculos e os milênios. Mesmo distante um do outro, seus corações continuarão unidos. Jamais alguém conseguirá destruir esse amor.

Sabemos que tudo tem uma razão de ser. Confiemos em Deus e na espiritualidade. Lembre-se de que ao lado de vocês sempre estarão seus pais e os amigos espirituais para auxiliá-los. Um dia vocês agradecerão a Deus por todas essas provações, pois é por meio delas que crescerão.

Senhor Joaquim notou que as lágrimas desciam abundantemente dos olhos de André.

— Essas lágrimas, meu filho, são de amor. É muito bom quando são derramadas. Quando são lágrimas de dor ou de mágoa ferem nossa alma e, muitas vezes, deixam feridas no coração. No entanto, as lágrimas de sentimento, dessa emoção pura que existe entre vocês dois, são abençoadas pelo Pai. Como seria bom se todo choro fosse assim!

Esther percebeu que André estava demorando muito, e foi até o quarto levando o pratinho de sopa. Aproximando-se, ouviu um pouco da conversa dos dois, pediu licença e entrou. Senhor Joaquim, já debilitado da visão, perguntou se era Esther quem chegara, e André confirmou.

— Senhor Joaquim, trouxe uma sopinha que preparei especialmente para o senhor.

— Não sei se o senhor vai gostar do meu tempero.

— Claro que vou gostar, Esther, tenho certeza de que está maravilhosa, porque sei que usou o tempero mais saboroso, o amor.

Esther ficou emocionada com tamanha delicadeza.

— Senhor Joaquim, que destino cruel! Ele está nos separando.

— Minha filha, não se esqueça de que somos eternos. Alguns anos que vivemos na Terra não são nada perante a eternidade. Vocês terão muito tempo para ser felizes. Imaginem que vocês não estão se separando, que é apenas uma viagem que pode demorar um pouco, mas sabem que um dia irão se reencontrar, e esse encontro será com muito mais saudade, os abraços serão ainda mais afetuosos.

— Senhor Joaquim, como o senhor é capaz de consolar nosso coração!

— Deus, nosso Pai, sabe tudo o que precisamos. Neste momento, essa separação é necessária. É tão necessária que ninguém pode interferir. Vocês estão cumprindo as Leis Divinas. Temos de respeitar, também, as leis humanas. *O Evangelho Segundo o Espiritismo* e as obras da Doutrina Espírita serão seu consolo. Quando você se sentir sozinha, longe do seu amado, busque refúgio nessas obras. Nunca esqueça que o trabalho em favor do necessitado, pela caridade, ajuda a aliviar a nossa alma. Nunca deixe de amar os que sofrem. Divida o amor que você tem pelo André com as crianças abandonadas, você vai para uma cidade grande. A necessidade lá também é muito grande e terá muitas oportunidades. Lá existem enormes casas espíritas com muitos trabalhos sociais, onde você terá a oportunidade de trabalhar.

Quem sabe um dia, minha filha, você poderá fundar o seu próprio trabalho? A necessidade está em todos os lugares. Vocês dois continuarão se correspondendo por cartas. Vocês têm o endereço um do outro. Isso será o bastante no momento. Tenho certeza de que sua avó vai reconhecer esse amor e vai trazer você aqui para vê-lo. Eu não vou dizer que o levarei lá para vê-la, porque não sei por quanto tempo ainda vou ficar aqui na Terra.

Sinto, minha filha, que já estou me despedindo da vida física, mas, se Deus permitir, continuarei trabalhando no mundo espiritual. Se abrirem um trabalho para ajudar o próximo, eu gostaria de trabalhar ao lado de vocês.

Se Deus me permitir, e se eu merecer, quero estar sempre ao lado de vocês. Posso pedir porque o mérito de pedir é meu, e o mérito de decidir é dos espíritos que nos coordenam. Sei que eles são caridosos e, quem sabe, terão caridade comigo e me darão essa oportunidade!

Os três conversaram bastante naquela tarde. Até que o senhor Joaquim percebeu a hora e disse:

— Meus filhos, já é um pouco tarde, vocês precisam ficar mais um pouco juntos, pois amanhã já é sábado e Esther partirá. Podem ir conversar mais, pois o tempo passa muito rápido.

André e Esther aproveitaram aquele momento trocando beijos e abraços. Ficaram abraçados por mais de uma hora, um sentindo o calor do corpo do outro, e assim seguiram para a casa de Esther.

Aproximando da casa, a senhora Shirley já estava no portão esperando-a. Dava para perceber nos olhos a cólera que sentia e que trazia no coração cheio de falsidade. Foi logo falando para a menina:

— Minha neta, venha arrumar suas coisas, porque amanhã partiremos bem cedo.

A menina, com os olhos cheios de lágrimas, olhando para André, disse:

— Vou entrar, mas amanhã cedo você vem despedir de mim – e deu mais um abraço nele e entrou.

Aquela cena foi muito marcante para sua avó, que ficou mais revoltada ainda, mas não disse nada. Ficou pensando:

— Quando formos embora, eles nunca mais se encontrarão, farei de tudo para que não se vejam mais. Afastarei Esther dele de qualquer jeito.

Para André e Esther aquela noite foi a mais difícil de suas vidas. Eles não conseguiam dormir. Passaram a noite em claro, um pensando no outro.

Ao nascer do Sol, André já se encontrava no portão da casa de Esther à sua espera. Esther também estava muito ansiosa. Ali os dois puderam ficar mais de uma hora juntos, despedindo-se com muitas juras de amor, até que sua avó acordou, foi ao quarto de Esther e não a encontrou. No primeiro momento, ficou desesperada e pensou: “Será que a menina fugiu?” Abriu o portão depressa e deparou com os dois na parte externa da casa abraçados. Dona Shirley ficou enciumada, mas não podia dizer o que sentia. A única coisa que podia fazer era cumprimentar o garoto, mostrando que tudo estava muito bem, pois nada podia interferir nos seus planos futuros.

Um veículo chegou e parou na porta para apanhá-las. Logo em seguida, partiu com destino ao aeroporto.

André foi junto com elas até o aeroporto da cidade.

Elas embarcaram no avião com destino à capital paulista. Chegando a São Paulo, pegariam outro avião com destino à capital do Rio de Janeiro.

Aquela cena de Esther entrando no avião, no campo de aviação daquela cidade, e acenando para André, que também retribuía, ficou gravada profundamente na memória dos dois. Eles se amavam plenamente, mas não era paixão desesperadora e desequilibrada, e sim um amor sincero, puro e verdadeiro.

No dia seguinte, André foi falar com senhor Joaquim, queria desabafar, expor seus sentimentos. Assim, entrou no quarto, levando o copo de café, com os olhos ainda marejados.

— Senhor Joaquim, sinto tanta falta de Esther, agora só tenho o senhor nesta vida.

— Não conte muito comigo, meu filho, conte com Deus. Ao seu lado, os bons espíritos vão conduzi-lo a um maravilhoso caminho. Quando você estiver desesperado, sentindo-se abandonado pelo Pai, lembre-se que os amigos espirituais vão ajudá-lo e conduzi-lo ao caminho correto, onde possa cumprir a sua missão aqui na Terra.

— Senhor Joaquim o dor que sinto é imensa, não consigo dormir e fico pensando em Esther a noite toda. Desde criança sempre estivemos juntos. Parece impossível viver longe de Esther. O que será de mim sem ela?

— Meu filho, às vezes, temos de nos separar das pessoas que amamos para podermos crescer. Você vai crescer muito com esta separação. Quando se lembrar dela e a saudade estiver doendo muito, ore por ela e lembre dos momentos felizes que passaram juntos. Não esqueça que Deus, nosso Pai, nunca nos abandona.

Esta noite pensei muito, André, e estou preocupado com você. Acredito que seria importante para você tentar uma aproximação com algum parente, pois eu já estou por encerrar a minha vida aqui no plano físico. O que acha de contatar a irmã de seu pai que esteve aqui no velório dele? Não quero que se sinta só.

— Tenho o endereço dela, depois que meu pai morreu, ela me mandou uma carta e disse que estava muito preocupada em me deixar sozinho, sem nenhum parente.

Mandarei uma carta para ela, pelo menos para saber notícias deles.

Senhor Joaquim, a fim de reforçar o que propusera ao menino, disse:

— Muito bem, meu filho, mande hoje mesmo, não deixe para amanhã o que se pode fazer hoje. Amanhã poderá ser tarde demais. Não perca a oportunidade de realizar aquilo que pode fazer no momento. O depois pertence a Deus, não nos pertence. É por isso que todo tempo é tempo de amar, de perdoar e de servir. É, principalmente, tempo de crescer espiritualmente.

CAPÍTULO 15

A DOR DA SAUDADE

André já não sabia mais o que fazer, não conseguia parar de pensar em Esther e sentia uma dor muito grande em seu peito. Mas sabia que tinha de continuar vivendo, porque a vida o chamava cada vez mais para as provas pelas quais teria de passar. Assim, começou a escrever uma carta para sua amada. Ali poderia expressar toda sua saudade e tristeza, enquanto lágrimas lhe escorriam pelo rosto.

Terminada a carta, encaminhou-se para o serviço de postagem da cidade. Fez a postagem e perguntou ao carteiro quantos dias uma carta demorava para chegar à cidade do Rio de Janeiro.

O carteiro respondeu que demorava de 10 a 15 dias. André agradeceu e retornou para sua casa com a cabeça erguida, com mais força para lutar. Fez o trajeto de volta pensando:

"Vou vencer tudo, sei que o espírito de minha mãe e de minha avó sempre estão ao meu lado me ajudando, rogando a Deus para que eu possa continuar superando as provações que Ele me confiou. Não sei por que, mas estou com pressentimento muito ruim. Sinto que alguma coisa está para acontecer comigo, talvez até pior do que já aconteceu, mas sei que o Criador de todas as coisas me ama, e nada me abaterá."

E, assim, fez uma linda oração.

Passada a sensação ruim, André continuou caminhando pela rua, relembrando os momentos felizes que vivera ao lado de sua amada. Sabia que essas lembranças jamais se apagariam.

De repente, começou a sentir uma sensação agradável. Era como um bálsamo que descia do céu e refrigerava sua alma. Era a presença de sua avó Mariana e também de sua mãe Marina.

Sua avó falou-lhe diretamente ao coração:

"Meu neto querido, não fique triste. Não esqueça que estaremos sempre a seu lado para ajudá-lo a superar a falta que sentirá de sua querida Esther. André, a vida é assim mesmo. Uns vão e outros vêm. Nem sempre podemos ter tudo o que queremos. Muitas vezes, o que precisamos é o que não queremos ter. A dor, muitas vezes, é o que purifica a nossa alma e enriquece o nosso coração para o aprendizado divino. Lembre-se de que Deus não o deixou sozinho. Você tem o senhor Joaquim, que considera como pai. Ele precisa muito de você.

Não se esqueça de que ali existe um homem muito inteligente. Espírito abnegado ao amor e à caridade e sempre preparado para servir. Aceite-o como uma grande lição de vida, para você praticar no seu dia a dia.

Meu filho, Jesus nunca se esquece dos seus protegidos, você nunca estará sozinho. Há muitos amigos espirituais à sua volta para protegê-lo. Sei que é muito difícil uma separação e que você já teve várias perdas. Primeiro foi a morte da sua mãe, depois a de seu pai. Agora, a separação da sua amada Esther. Esther também passou por várias perdas: perdeu o pai e a mãe de uma só vez e, quando pensou que tudo estava bem, veio a perda da tia e, consequentemente, a separação de vocês dois.

Esse foi o compromisso de vocês, nada acontece sem a permissão de Deus. Pode ter certeza de que você vencerá todas essas provações. Aprofunde-se na Doutrina Espírita, porque é dentro dela que há uma linda missão te esperando. As coisas acontecerão, passo a passo, em sua vida. Por isso não se apavore, meu filho, esteja preparado para viver o dia de hoje."

Assim, Marina partiu para a esfera superior.

André chegou em casa se sentindo muito motivado. Era dia de reunião na Casa Espírita, e ele faria os estudos da noite. Animado, pensou consigo mesmo:

"Hoje farei de tudo para levar o senhor Joaquim à reunião. Tanto tempo que ele não participa, devido ao seu estado enfermo."

Preparou a sopa do seu amigo com muito amor e carinho, levou-a a seu quarto e disse:

— Meu querido, caí mas levantei. É muito difícil se afastar de quem se ama, porém Deus está me dando força para superar. Ficaria muito feliz se o senhor, hoje, fosse à reunião comigo.

— André, meu filho, nem que seja arrastado irei com você à reunião. Sei que o que está sentindo é muito forte. É chegada a hora de começar sua missão na Terra. Tenha certeza de que não está sozinho.

— Meu amigo, hoje estive com a vovó, e ela me animou bastante dizendo que eu poderia ficar tranquilo, pois sempre ela e minha mãe estarão ao meu lado. Sempre sinto a presença delas.

— André, você tem de educar a sua mediunidade, pois a responsabilidade o está chamando muito cedo.

— Meu amigo, ainda bem que eu tenho o senhor. Eu gostaria muito de chamá-lo de pai. Será que posso?

Os olhos do senhor Joaquim se encheram de lágrimas. Para ele, aquilo era um motivo de grande honra, ser chamado de pai por aquele que considerava como um filho.

Naquela noite, senhor Joaquim estava na reunião, e todos os frequentadores da Casa ficaram felizes por ver aquele senhor bondoso. Agradeciam por tudo o que ele tinha feito em favor daquela comunidade. Disseram que estavam sempre pedindo a Deus que lhe restaurasse a saúde.

André pediu ao senhor Joaquim para fazer a prece de abertura. Todos estavam com muita saudade de ouvir suas sábias palavras.

Com muito esforço, ele abriu a reunião com uma linda prece.

Terminada a prece, André abriu *O Evangelho Segundo o Espiritismo* em uma página qualquer e havia uma linda lição: "O Homem de Bem".

André fez a leitura, e o senhor Joaquim o comentário.

— O homem de bem aproveita toda sua vida para trabalhar em prol da sua evolução espiritual. Aproveita todo o seu tempo fazendo o bem. Não fica remoendo o passado, aproveita as oportunidades para progredir. Não se preocupa com as ofensas, mas perdoa a quem o ofendeu. Não lamenta o prejuízo que tem, mas tem pena de quem o causou. Não guarda mágoa de quem o persegue, mas ora pelo perseguidor.

O homem de bem perdoa, ama, serve a todos que estão em seu caminho. Ele semeia flores onde existem espinhos.

Todos nós, que estamos aqui, somos candidatos a ser um homem de bem, basta começar agora, combatendo nossos pequenos defeitos para que um dia possamos combater os grandes.

Após essas lindas palavras, a reunião foi encerrada e todos estavam muito emocionados e felizes com a presença do senhor Joaquim, que, mesmo debilitado, estava presente.

Naquela noite, enquanto dormia, André teve um desdobramento e foi levado ao mundo espiritual para um encontro com sua mãe, sua avó e dona Laura.

Elas estavam em um lindo salão assistindo a uma maravilhosa palestra espírita que falava das três revelações.

À medida que aquele espírito falava, uma luz muito forte chegava até André, que se sentia convidado ao trabalho. Esse era o grande motivo da sua emoção.

Aquele espírito falava da seguinte forma:

— A revelação espírita é de origem divina e de iniciativa dos espíritos, sendo sua elaboração fruto do trabalho humano. Obedecendo a uma sequência histórica, a primeira revelação divina tem sua personificação em Moisés, a segunda em Cristo. A terceira não a tem em um só indivíduo. A revelação espírita, ou terceira revelação, é coletiva no sentido de não ter sido dada como privilégio a pessoa alguma. Foi disseminada na Terra para milhões de seres humanos de todas as idades e condições.

As revelações de Moisés e de Jesus Cristo, sendo o resultado do ensino pessoal, apareceram num só ponto, em torno do qual a ideia se propagou pouco a pouco. Mas foram necessários muitos séculos para que atingissem as extremidades do mundo, sem nem mesmo o cobrirem inteiramente.

A revelação espírita, não estando personificada em um só indivíduo, surgiu simultaneamente em milhares de pontos que se tornaram centros ou focos de irradiação.

Se Cristo não disse tudo quanto poderia ter dito, é porque julgou conveniente deixar certas verdades ocultas, até que os homens chegassem ao estágio de compreendê-las.

Assim, dentro dos princípios básicos doutrinários, estará penetrando todas as religiões que existem no mundo, afastando o homem do grande enigma do desconhecido e convidando-o para o encontro mais próximo com o Criador. A terceira revelação exortará os homens a uma fé mais raciocinada e com mais lógica, colocando as verdades ao alcance de todos.

André cada vez se emocionava mais ao ouvir ensinamentos tão profundos como aqueles.

Neste século de emancipação intelectual e de liberdade de consciência, o direito de exame pertence a todos: cientistas, leprosos, filósofos e pesquisadores.

Os homens, cada vez mais esclarecidos, à medida que novos fatos e novas leis forem revigorados, separarão da realidade o sistema dos tópicos. A ciência possibilitará o conhecimento de algumas leis; e o espiritismo revelará outras. Todas são indispensáveis à inteligência dos textos sagrados. Com o desenvolvimento da ciência humana, todos terão acesso a essas leis.

Caminhando lado a lado com o progresso, o espiritismo jamais será ultrapassado. Se uma verdade nova se revelar, ele a aceitará. Assim como disseram os espíritos ao codificador Allan Kardec, há mais de 150 anos.

Para os espíritos, nenhum dos princípios fundamentais do espiritismo foi abalado. Todos permanecem intactos, e isso em um século de radicais transformações em todos os campos do conhecimento.

Mas o conhecimento moral continua bem estabelecido entre a maior parte da humanidade. Os conhecimentos científicos continuam avançando cada vez mais.

É que o desenvolvimento das ciências se processa justamente na direção dos princípios espíritas. A ciência está penetrando no microcosmo, fazendo essa viagem de levar as pequenas partículas atômicas ao mundo.

Assim, aquela palestra foi encerrada com uma prece de gratidão a Deus.

André pôde abraçar sua mãe e agradecer a Deus pela oportunidade de estar mais uma vez com ela.

Naquele abraço cheio de emoção, ele falou:

— Mamãe, está muito difícil viver longe da senhora, de papai e agora levaram a Esther para bem longe de mim. Às vezes, fico sem forças para suportar tantos problemas, é muita tristeza que invade o meu coração. Não sei se aguentarei essas provações que a vida está me impondo.

— Meu filho, confie em Deus e nos mentores espirituais. Lembre que você não está sozinho. Ainda tem um amigo, um pai, um conselheiro, que é o senhor Joaquim. Mesmo com as suas dificuldades físicas e a saúde debilitada, tem uma cabeça muito boa. A mente dele está funcionando muito bem.

No momento, ele é um instrumento divino que Deus colocou em seu caminho para ajudá-lo, orientando-o a seguir seus passos. Tem, ainda, um companheiro muito seguro, que é o conhecimento da Doutrina Espírita, com as obras da codificação, em que você encontrará respostas para todos os seus questionamentos.

Não se preocupe, meu filho, mesmo distantes, estaremos sempre ao seu lado. Você é jovem apenas materialmente, porque espiritualmente é um espírito bem vivido e traz muitas experiências de reencarnações passadas. O que Deus está colocando em seu caminho é compatível com que pode aguentar, pois Ele não coloca fardos pesados em ombros fracos. Meu filho, você terá muitas oportunidades, há muitos irmãos necessitados para ajudar, e a dificuldade que está tendo agora de estar distante dos que ama será superada pelo carinho desses irmãos.

Toda vez que ajudar um daqueles necessitados que batem à sua porta, pode ter certeza de que estarei por perto para auxiliá-lo. A missão de ajudar os que sofrem é de todos. É um dever de todos nós ampararmos e passar a para frente o que sabemos. Não devemos esconder os conhecimentos que o Mestre Jesus nos deixou. Devemos orientar aqueles que ainda não sabem. Esse é um dever dos cristãos, servir Jesus na sua obra.

— Realmente, tenho muita vontade de divulgar os ensinamentos espíritas. Sei que muitas pessoas sofrem no mundo por não saberem o que está acontecendo. Não compreendem a Lei de Causa e Efeito. Não sabem que o que estão passando hoje, muitas vezes, é o resultado de atitudes passadas. Não entendem que a vida continua em outras dimensões. Por isso encontram muita dificuldade em compreender o porquê de estarem no mundo.

Não encontram em quem se apoiar nos momentos difíceis e, quando chega o sofrimento, entram em desespero. Desconhecem a vida após a morte. Não sabem que Deus, nosso Pai, sempre nos dá uma nova oportunidade. Se estivermos sofrendo hoje, é porque um dia fizemos alguém sofrer. Se somos felizes hoje, é porque um dia fizemos alguém feliz.

Existem pessoas que sofrem tanto neste mundo e não encontram ninguém para ajudá-las, e não sabem o motivo. Tanto pode ser débitos do passado como da presente reencarnação.

— Minha mãe, eu quero viver para ajudar os outros, mas preciso da minha amada para me sustentar. Quando me lembro dela, meu coração dói e sinto uma saudade imensa. Sinto que nós dois nascemos um para o outro. Por que o destino nos separou agora? Será que a senhora pode me explicar, dentro das leis divinas, qual a causa dessa nossa separação?

— Meu filho, não faz muito tempo que ela partiu e você já está com tanta saudade assim! Tenha calma. Há apenas alguns dias e, mesmo que já tivesse alguns anos, perto da eternidade isso representaria alguns segundos. Tenha paciência. Entregue sua vida nas mãos dos mentores espirituais e pense que no momento isso pode ser o melhor para ambos. Nunca se esqueça de que a misericórdia divina sempre nos proporciona muitas oportunidades.

— Mamãe, sinto que já estive com Esther outras vezes, que não é a primeira vez que a encontro.

— É verdade, meu filho, mas agradeça a Deus a bênção do esquecimento. Se você não se lembra com clareza, é porque, no momento, isso é o melhor para vocês. Deixe as coisas acontecer naturalmente. Não tenha pressa, meu filho, tente viver o hoje, mas deixe o amanhã, porque ele pertence somente a Deus. Viva cada dia de uma vez. Continue seu trabalho e também seus estudos, e não se preocupe, pois, daqui de cima, continuaremos a fazer o que pudermos em benefício de sua paz, harmonia e felicidade.

Talvez agora essa separação doa muito em seu coração, mas Esther continua vivendo na Terra, e um dia vocês poderão se ver novamente. André, não fique assim, deixe que Deus cuide da sua vida. Entregue tudo nas mãos Dele. Somente os espíritos superiores poderiam responder como será o seu destino. Isso ainda não está ao meu alcance, nem o meu destino eu consigo prever. Por isso, vamos viver naturalmente, sem nos preocuparmos com o amanhã. Viver o presente é estar sempre atento a tudo o que acontece ao redor, assim você poderá corrigir melhor seus vícios e defeitos.

— Mamãe, onde está meu pai?

— Meu filho, ele não se encontra nesta dimensão, mas está muito bem, de acordo com suas necessidades. Encontra-se em uma dimensão inferior a esta. Lá, continua exercitando sua reforma íntima e sua evolução.

— E dona Laura?

— Laura está em uma dimensão mais alta que esta, pelo seu nível de evolução. Trata-se de um espírito preparado para viver na riqueza sem humilhar os mais necessitados. Isso deu a ela uma condição melhor que a minha. Eu, vivenciando a pobreza, fiz tudo de acordo com a minha capacidade evolutiva. Laura sempre vem me visitar.

— E o doutor Luís, mamãe?

— Ele, meu filho, está em uma região trevosa, onde eu e dona Laura o temos visitado constantemente. Mas não sente a nossa presença. O remorso ainda fere profundamente seu coração. Não conseguiu se libertar do crime que cometeu. Eu já o perdoei há muito tempo.

— Se já o perdoou, mamãe, qual é o motivo de ele estar sofrendo?

— Ah, meu filho! O perdão é bom para quem perdoa, pois quem perdoa se liberta. Mas aquele que comete o erro, muitas vezes, não consegue se perdoar, pois a consciência não para de cobrar. O sofrimento do doutor Luís é por causa de sua consciência, que não o deixa em paz. Ele se sente culpado pela minha morte.

Mas ele não tem culpa de nada. Já tinha chegado a minha hora de desencarnar e eu tinha de passar por aquela prova.

— Mamãe, e meu irmão, o que aconteceu com ele?

— Ele foi levado para um hospital especializado em receber espíritos na mesma situação que a dele. Foi amparado pela espiritualidade superior, que está cuidando dele para que possa se preparar para uma nova encarnação.

— Mamãe, a senhora não teria condições de trazer a Esther aqui para se encontrar comigo?

— Meu filho, não fui eu quem o trouxe aqui, você veio com seu anjo guardião. Mas temos um encontro para vocês. Esther o está esperando junto a sua mãe, dona Laura. Venha comigo, meu filho, já estava tudo programado antes de você chegar aqui.

Saíram daquele enorme salão e entraram em um maravilhoso jardim, que mais parecia um campo florido. Havia várias flores de todas as espécies e cores.

Bem distante apareceu Esther, com um lindo vestido azul, o mesmo vestido que usava quando aconteceu o primeiro beijo, o início do namoro. Esther veio caminhando como se estivesse flutuando. Fixaram o olhar um no outro e André, muito emocionado, falou:

— Esther, meu grande amor, o que será de nós dois tão distantes um do outro, qual será o nosso destino?

— Meu querido, o nosso destino está nas mãos de Deus. Nós pertencemos a Ele. Um dia ficaremos juntos. Farei de tudo para que isso aconteça. Não sei quando nem como vai ser. Mas sei que esse dia vai chegar. Nosso amor é tão grande que nada vai nos separar.

— Você nem imagina a falta que me faz. Estou muito feliz por ter visto a mamãe, mas a minha maior felicidade é saber que um dia vamos ficar juntos novamente, que poderemos cumprir a nossa missão na Terra. Sei que temos um importante compromisso, e preciso de você ao meu lado para executá-lo.

— Meu querido, você não imagina o quanto estou sofrendo distante de você, não conseguia tirá-lo do pensamento. Aonde quer que eu vá você está comigo. Mas tenho muita fé em Deus que tudo dará certo, vamos estabelecer nossas vidas juntos e viver em plenitude, na felicidade tão aguardada por nós. Nesse dia, serei a mulher mais feliz do mundo!

— Eu também serei o homem mais feliz do mundo vivendo ao lado de quem tanto amo. Você é meu maior sonho, minha razão de viver. Preciso de você para continuar vivendo.

Naquele momento, André foi ao encontro da boca de sua amada, mas acordou, olhou em volta e não viu nada. Só sentia seu cheiro, seu calor. Passou o dia todo com aquela imagem maravilhosa de seu amor. Ficou recordando aquele sonho lindo, todas as palavras de carinho que falaram, a saudade eterna de sua mãe, a imagem daquele lugar encantador. As lembranças estavam muito nítidas, pois André estava em desdobramento e pôde trazer todas as lembranças para nunca se esquecer daquele acontecimento, seria uma grande oportunidade para que pudesse, nas horas de amargura e tristeza, lembrar que a vida continua, e que aquela que tanto ama também está com o mesmo objetivo de realizar seus compromissos assumidos no mundo espiritual.

Esther, ao despertar no corpo físico, sentiu todas as emoções que André sentiu e ficou muito feliz por ter sonhado com seu grande amor. A noite foi inesquecível para ambos. Aquele sonho trouxe novas esperanças para os dois, um incentivo para continuarem vivendo, cumprindo a sua missão. Foi um bálsamo consolador que iria sustentá-los nas noites tempestuosas pela vida afora.

Naquele dia, Esther escreveu uma linda carta para seu grande amor:

"Meu amor, você nem imagina a dificuldade que estou passando vivendo longe de você. Cada minuto que passa, para mim, é uma eternidade.

A saudade é muito grande, veja que estou contando até os minutos que passam. Não sei se vou aguentar viver nesta situação.

Tenho observado a vovó, e até agora não disse nada, e esse silêncio incomoda muito. Às vezes, tenho vontade de falar com ela, mas não me dá oportunidades para conversar, está sempre com o semblante fechado, sério. Isso me deixa muito preocupada, não sei se está do meu lado. Tenho vontade de falar com ela dos meus sentimentos, do enorme amor que sinto por você, mas tenho medo. Sinto que ela não se sente bem quando falo o seu nome. Dá uma risadinha, mas não fala nada.

Enfrentarei qualquer dificuldade para ficarmos juntos. Já está decidido: se eu não ficar com você, passarei o resto da minha vida só.

Às vezes, sinto-me como uma planta que necessita de água para viver. Você é essa água que nutre a minha raiz. Sem você minha vida não tem sentido. Ah! Se eu soubesse que seria tão difícil viver longe de você, teria feito de tudo para ficar aí. Vou fazer o que possível para vovó me levar aí no fim do mês para vê-lo.

Não estou conseguindo dormir direito, meus pensamentos vagueiam e estou sempre revendo a cena do nosso primeiro beijo. Sei que tenho o amparo da espiritualidade amiga, dos bons espíritos que estão sempre nos ajudando. Se não fossem eles, não sei o que seria de mim.

Sinto-me como se faltasse um pedaço em mim. Mesmo distante, você está sempre no meu pensamento, em minha alma, em todo o meu ser.

Amor, nunca se esqueça de mim, pois eu jamais me esquecerei de você. Já sofremos tanto perdendo os nossos pais tão cedo! E no momento em que começamos a namorar, fomos afastados um do outro tão bruscamente pelo destino.

Sabemos que nada acontece por acaso, tudo tem uma razão de ser. Estou sempre pedindo a Deus e a Jesus que possam nos ajudar a superar todas essas dificuldades para podermos ficar juntos novamente. Não serei feliz vivendo longe de você para sempre.

Peço a Deus que tudo o que está acontecendo em nossa vida seja uma quitação de débitos, e que esses débitos estejam no fim e a nossa felicidade bem próxima. Não vejo a hora de podermos viver juntos, ter nossa casa com muitos filhos para compartilhar com eles todo esse amor que sentimos um pelo outro.

Às vezes, sinto-me com as mãos amarradas. Sei que tenho condições financeiras para realizar esse sonho, mas não posso fazer nada até chegar à maioridade. Está tudo sob o comando da vovó. Não sei o que será de mim até chegar esse tempo, pois cada dia que passa vejo que está mais difícil a minha convivência com ela. Acho que ela se opõe ao nosso relacionamento, sempre me vê chorando, mas não me pergunta nada. Fica me olhando às escondidas, como se tivesse me observando, lendo meus pensamentos, seguindo-me os passos.

Não desprezo O Evangelho Segundo o Espiritismo. Nas horas de angústia e tristeza, é ele quem me consola. Peço-lhe para me levar a uma Casa Espírita, mas ela sempre fala que não conhece nenhuma aqui. Ela diz que sua preocupação, agora, é me colocar em uma escola para que eu possa me adequar aos novos costumes, pois saí de uma cidade pequena para uma cidade muito grande e tumultuada como o Rio de Janeiro. Que no futuro procurará uma Casa Espírita que eu possa frequentar. Afirma que a preocupação dela, no momento, é que eu arranje uma escola boa para que eu possa desenvolver o meu lado intelectual.

A minha avó dá muita importância aos bens materiais. Já perguntei a ela se não gostaria de ler uma lição do Livro dos

Espíritos ou de O Evangelho Segundo o Espiritismo, convidei-a para se sentar do meu lado, enquanto eu lia algumas mensagens das obras doutrinárias, mas ela sempre arrumava alguma desculpa, algo para fazer e se afastava de mim, e isso está me causando uma grande solidão. Estou distante de você e ao lado de uma pessoa que não compartilha dos mesmos ideais que eu.

Meu querido, vovó disse que amanhã bem cedo vai me levar para conhecer o mar. Esse é um grande sonho que tenho, e que será realizado amanhã. Quero compartilhar tudo com você, falando-lhe da beleza do que vou presenciar pela primeira vez em minha vida: o mar."

Esther estava ansiosa para chegar o novo dia e terminar a carta.

O dia passou e uma nova noite veio. Aquela noite foi cheia de sonhos. Esther gostaria de terminar aquela carta na beira do mar, sentada na areia da praia, para poder passar para seu grande amor a emoção daquele momento.

Esther chegou à praia, subiu em uma pedra para poder ver o mar de mais distante. Dali, via o tamanho das ondas que se levantavam e formavam um grande painel branco, que parecia algodão. A coisa mais linda do mundo! No papel, ela começou a retratar para seu grande amor tudo o que via e sentia.

Meu querido, estou vendo a coisa mais bonita que pude presenciar em toda a minha vida: a imensidão do mar que está diante dos meus olhos. Posso enxergar até onde o céu se encontra com a água, tudo azul. É como se você olhasse para o céu e visse tudo azul, sem nenhuma nuvem, isso que é o mar. Mas o que eu achei mais bonito foi o tamanho das ondas. A água vem altíssima, revirando e revirando como se fosse uma montanha andando para perto da gente e, ao chegar, espalha-se sobre a praia e vai levando a areia para bem distante, e depois vem trazendo-a de volta para a praia.

Fico pensando em como Deus é grandioso em sua criação! Parece que Ele se manifesta por meio de sua obra. Tudo está em trabalho. Nada está parado, nem o mar. Fico observando, meu amor, que aqui está a grande prova da existência de Deus. Como tem água nesse mar azul e como é bonito presenciar o brilho da natureza!

O barulho que vem do mar é como se a gente caísse em uma lagoa muito funda e o peso do nosso corpo fizesse barulho. O som das ondas é mais forte ainda. É divino ver tanta beleza assim!

Mas, mesmo com tudo isso, sinto-me muito só, porque gostaria de compartilhar essa beleza com a pessoa mais importante da minha vida: você.

Deus levou meus pais e minha tia, mas deixou você para cuidar de mim, e tenho certeza de que, mesmo distante, você estará me esperando para que um dia possamos ficar juntos novamente e vivermos até o fim da nossa vida. Aí serei a mulher mais feliz do mundo, vivendo ao lado de quem tanto amo.

Vejo sua imagem na minha frente. Não consigo esquecê-lo. Por onde vou, você está em meus pensamentos. Todas as noites sonho com você, mas sinto que alguma coisa pode acontecer. Não sei explicar, mas é um fato que me deixa muito triste. Não sei definir essa tristeza que sinto no coração. Parece que você está pegando um trem para uma viagem bem distante. Que demoraria muito tempo a voltar. Sinto que isso pode acontecer conosco.

Pedi a vovó para, no fim do mês, me levar até você, mas ela não disse nada, continuou calada como sempre. Esse silêncio me incomoda demais.

Mas o que posso fazer? Não tenho outra escolha. Se eu fosse adulta, teria a minha liberdade. Na situação em que estou, sinto-me uma prisioneira.

Tenho muita fé em Deus, meu amor, que Ele não vai nos deixar longe um do outro, por isso vou continuar pensando em você. Não vou perder as esperanças.

Estou lhe mandando uma foto do mar para que veja como ele é bonito. Vou mandar, também, uma foto minha dentro do mar, para que nunca me esqueça, olhando para esta foto e vendo essa imensidão azul que se encontra atrás de mim.

Meu amor, fico esperando a resposta a esta carta o mais rápido possível. Já estou sentindo a emoção de ler uma carta sua. Escreva-me assim que recebê-la.

Peço à espiritualidade amiga que nunca se esqueça de nós. Dê um abraço no senhor Joaquim e diga a ele que estou muito bem e com muita saudade.

Beijos, amo você para sempre!

Sua amada, Esther."

No momento que a jovem escrevia a carta, sua avó passava de um lado para o outro, via que Esther estava com os olhos cheios de lágrimas, mas fingia que não estava percebendo nada. Esther preparou a carta e, na viagem de volta para casa, passou no Correio e fez a postagem para que seu amor a recebesse logo. Estava muito ansiosa para receber a resposta.

CAPÍTULO 16

AS CARTAS

Passaram-se os dias e André continuava cuidando do senhor Joaquim com muito amor e desvelo. Aprendera a amar e a respeitar aquele que estava ali como seu pai. Apesar de sua condição frágil, o senhor Joaquim resistia bem e já tinha conseguido certa melhora em sua saúde. Senhor Joaquim também o amava muito, e o tinha como filho. Assim, um cuidava do outro e viviam na mais perfeita harmonia.

Certo dia, André chegou em casa e o senhor Joaquim lhe disse:

— André, tenho uma novidade para você, você vai ficar muito feliz.

— O que é, meu pai?

— Meu filho, é uma carta que chegou do Rio de Janeiro para você, é da sua querida Esther.

André, mais que depressa, pegou a carta, a abriu e começou a ler. À medida que ia lendo, lágrimas escorriam dos seus olhos, deslizando em sua face juvenil.

Naquele momento, era possível presenciar e compreender o amor imenso que existia entre duas criaturas que se amavam profundamente. O amor, quando é verdadeiro, é uma coisa muito bonita e sagrada. Um compreende o outro e estão sempre juntos e unidos para enfrentar as dificuldades da vida.

Enquanto André lia a carta emocionadamente, senhor Joaquim lhe pediu:

— André, pode ler em voz alta, pois quero compartilhar esse momento de grande emoção.

– Claro, senhor Joaquim.

Assim, André começou ler a carta em voz alta. O senhor Joaquim não se conteve e começou a chorar, vendo como era bonito e puro o amor daqueles dois jovens.

— É lindo ver duas pessoas que se amam retratando seu amor por meio de uma carta, em lindas declarações, na mais pura sinceridade de seus corações.

— Meu filho, vamos ler *O Evangelho Segundo o Espiritismo* e fazer uma oração, uma prece de agradecimento a Deus por esta oportunidade e pedir, também, para que um dia vocês dois se unam para encontrar a felicidade que tanto merecem. Realmente vocês dois se amam de verdade.

Abriram *O Evangelho Segundo o Espiritismo* e foram contemplados com uma grande lição: *Os laços de família.*

E fizeram aquela leitura maravilhosa que falava que os laços de família são fortalecidos pela reencarnação.

Terminada a belíssima lição, senhor Joaquim fez um pequeno comentário sobre o texto.

Nesse mesmo dia, André escreveu uma linda carta para seu grande amor. Olhando para a foto que ela mandara do mar, começou a carta assim:

"Meu grande amor, estou diante do mar da vida, que nos separa um do outro. Estou com o coração cheio de dor e sentimento por não poder vê-la. Mas, por outro lado, estou muito feliz em ver que seu sonho foi realizado: conhecer o mar. Por seu intermédio, pude realizar o meu sonho também. Pela foto, estou vendo como é grande e bonito e como Deus, nosso Pai, é primoroso em suas criações. Ele fez tanta coisa bonita como essa imensidão de água!

É preciso que estejamos fortes para viver essa separação, pois não tivemos outra escolha. O próprio destino se encarregaria de fazer esta separação e espontaneamente. Peço a Deus, todos os dias, para que em breve tenhamos a nossa liberdade e possamos estar juntos para sempre.

Mesmo distante, estou sempre sentindo sua presença. Não me esqueço de você nem por um minuto sequer. Você completa a minha vida, me dá emoção e vontade de viver, crescer e me esforçar para que amanhã possa vencer e merecer o seu amor.

Meu amor, para mim a cidade está em luto, porque você não está aqui. Quando vamos fazer o Culto do Evangelho no lar, sua cadeira está vazia, mas, às vezes, sinto que você está sentada ao nosso lado, como sempre fazia, acompanhando a leitura de O Evangelho Segundo o Espiritismo.

Aqui tudo está indo muito bem, só falta você conosco para completar a nossa felicidade. Continuamos realizando as atividades do Grupo Espírita Bezerra de Menezes. Senhor Joaquim, mesmo enfermo, ainda consegue colocar as mãos sobre a cabeça das pessoas e pedir à espiritualidade que as abençoe, e muitos saem daqui abençoados, às vezes, até curados de suas enfermidades, isso é para que possamos ver o tamanho da fé do nosso irmão.

Nosso destino vai seguindo, vivemos longe um do outro, mas em pensamento estamos sempre próximos.

Continuarei escrevendo para você. Para cada carta que me enviar, no dia seguinte mandarei a resposta. Quero manter contato constantemente, saber dos seus passos aí no Rio de Janeiro e falar para você dos meus sentimentos, de tudo o que eu fizer. Falarei das minhas ansiedades, das minhas saudades e também da minha imensa solidão.

Espero sua resposta para acalmar o meu coração, me dar esperanças para continuar vivendo.

Um forte abraço e um beijo deste que te ama e jamais vai esquecê-la."

André

André colocou aquela carta no Correio, depositando ali toda sua esperança.

Enquanto isso, no Rio de Janeiro, Esther esperava ansiosamente pela resposta do seu amado. Ficou contando os dias para receber notícias dele. Mas sua avó, porém, já estava planejando tudo para separar definitivamente os dois. Já arquitetara tudo em sua cabeça para afastá-los e pensava: “Agora só falta arrumar o lugar certo, a pessoa certa, para não me comprometer”.

Assim, Shirley ficou pensando nas pessoas que conhecia e em que poderia confiar para fazer esse tipo de trabalho, pois não poderia errar na execução do plano, que era sua cartada final. Lembrou-se, então, de Ricardo, um jovem que morava na favela da Rocinha. Esse jovem sempre andava pelas ruas oferecendo serviços braçais, como limpeza em lotes, serviço de jardim, ou qualquer outro que fosse bem pago. Ele já havia feito alguns serviços para Shirley.

Para sair de casa e se encontrar com ele, no dia seguinte, arrumou uma desculpa para a neta:

— Minha filha, vou sair. Tenho de resolver alguns problemas e você terá de ficar sozinha. Não sei a que horas voltarei. Vou trancar o portão e levar a chave. Se alguém bater à porta procurando por mim, fale, pelo interfone, que não estou aqui. Vou passar todo o dia fora.

Dona Shirley se arrumou e saiu pensando no jovem que ia procurar. Pegou um táxi e foi à procura do rapaz, pensando no que falaria para ele. Preciso conhecê-lo melhor. Como fazer uma proposta sem saber se ele está pronto para executá-la? Primeiro vou investigá-lo.

Shirley teria de programar tudo antes de falar com Ricardo, pois antes de fazer qualquer proposta precisava ter certeza de que o assunto ficaria em segredo. Ninguém poderia saber jamais. Nada poderia ameaçar os seus planos.

Chegou à favela da Rocinha, subiu o morro procurando a rua, passando por vários becos e cortiços, até chegar ao barracão onde Ricardo morava.

— Que surpresa, dona Shirley! – disse o jovem assim que a viu.

— Não é surpresa nenhuma, estou precisando de um grande favor seu.

— Pode entrar e se sentar, dona Shirley.

— A senhora aceita alguma coisa para beber, uma água? O morro é muito alto e sei que a senhora está cansada. A vida aqui não e fácil.

— Você não tem vontade de sair deste lugar, Ricardo?

— Claro que sim, eu não aguento mais morar neste cortiço. Queria morar em um bairro bom, ter uma situação melhor, ter algum dinheiro, me entende?

Essas palavras foram com um soneto para dona Shirley, porque sabia que aquele homem era capaz de fazer qualquer coisa por dinheiro.

Após desabafar, Ricardo foi pegar um copo de água para Shirley.

— Ricardo, você é muito novo ainda, e tenho um trabalho ideal para você. Vai lhe proporcionar pouco trabalho e muito dinheiro.

— Realmente, dona Shirley? É muito difícil arrumar trabalho com essas características.

— Ricardo, você é jovem, tem muito o que viver, precisa arrumar um trabalho melhor, onde trabalhe pouco e ganhe muito.

— Realmente, eu precisava arrumar um serviço desses, mas como? Só sei capinar, cuidar de jardim. E a senhora mesma sabe que as pessoas aqui no Rio não confiam muito na gente.

Até arrumam alguns bicos para a gente fazer, mas é com muita desconfiança. Elas têm medo até de deixar a gente entrar na casa, medo de ser roubadas.

— Ricardo, um dia sairá desta vida.

— A senhora disse estar disposta a me ajudar a sair daqui?

— Sim, Ricardo, recompensarei-o com uma boa quantia em dinheiro, mas será necessário manter absoluto sigilo sobre o favor que vai me prestar.

— Dona Shirley, pode ficar tranquila que o segredo que me confiar ninguém nunca saberá. O que realmente interessa é ter um bom dinheiro e, por conseguinte, uma vida melhor.

— Ricardo, estou disposta a ajudá-lo. Eu lhe darei um bom dinheiro, mas terá de jurar que não contará isso a ninguém. É um segredo que precisa ser levado para o túmulo.

— Olha, dona Shirley, segredos eu tenho alguns guardados desde quando vim da minha cidade para cá. A senhora pode ter certeza de que seu segredo ficará guardado. O importante, para mim, agora, é o dinheiro.

— Ricardo, você é natural do Rio de Janeiro?

— Não, nasci em Goiás.[9]

Shirley adorou saber disso, pois facilitaria seus planos.

— Qual a sua cidade de origem?

— Sou de Araguaína, cidade do interior de Goiás. São três dias de viagem de ônibus.

— Ricardo, você não tem vontade de viajar para lá para rever seus parentes?

— Muita, dona Shirley, adoraria rever meu pai, pois minha mãe não está mais viva. Sinto uma grande saudade do meu pai.

9 Nota do autor: Atualmente, após a divisão de Goiás, o local indicado fica no estado do Tocantins.

Mas como viajar? O dinheiro que ganho não é suficiente, mal dá para comer e pagar o aluguel deste cortiço.

— Ricardo, posso realizar esse sonho, pois você é a pessoa certa para me ajudar.

— Você conhece alguém aqui que saiba falsificar documentos.

— Algum documento específico?

— Não é bem documento, são cartas. Quero falsificar a caligrafia de uma pessoa e sua assinatura.

— Sei sim, dona Shirley, tem um homem aqui nas redondezas que é muito bom em falsificação de documentos. Só não sei quanto cobra por seus serviços.

— Não se preocupe com o valor, Ricardo, dinheiro não será um empecilho para mim. O mais importante, neste momento, é que você me coloque em contato com essa pessoa. Depois que estiver tudo resolvido, você viajará para sua terra e ficará por lá trinta dias. Por esses trinta dias que ficará lá vou lhe pagar cem mil cruzeiros.

— Cem mil cruzeiros é muito bom, dona Shirley!

— Dá para você comprar este barracão?

— Dá para comprar cinco, dona Shirley.

Ricardo, embevecido de ganância, não percebeu que aquela senhora realmente queria usá-lo para o seu plano. Fato é que delirara com a pequena fortuna que receberia por tão pouco esforço.

— Agora quero que você me leve até esse falsificador. Diga-me, primeiro, qual é o nome dele?

— Olha, dona Shirley, o nome dele eu não sei, mas todos aqui o conhecem por Baianinho.

Dona Shirley levantou-se do sofá, estragado pelo tempo, e disse entusiasmada:

— Ricardo, vamos imediatamente à casa desse homem que presta trabalhos escusos para avós indefesas. Espero que possa realizar o trabalho que preciso, pois, se não realizar, você não poderá viajar para a casa de seu pai e receber o dinheiro que lhe prometi. Um trabalho depende do outro. Ricardo, a única coisa que você precisa saber é que vai postar uma carta para mim quando eu determinar. E isso já é o bastante.

O rapaz se esvaiu em felicidade por saber que seu trabalho seria ínfimo diante da vida difícil.

— Ricardo, preste bastante atenção na carta que deverá ser endereçada e postada quando estiver em sua cidade. Você pode colocar o remetente de qualquer endereço da sua cidade, menos o do seu pai. E lembre-se: você não vai ler a carta.

Dona Shirley, mesmo que eu quisesse não poderia ler, pois sou analfabeto. Pode ficar tranquila que guardarei o segredo das cartas por toda a vida.

Com isso, Shirley se sentiu mais aliviada, por ter certeza de que aquele pobre coitado não atrapalharia os seus planos no futuro.

Depois de tudo esclarecido, seguiram dona Shirley e Ricardo rumo à casa do Baianinho.

CAPÍTULO 17

O FALSIFICADOR

Depois de subir e descer as grandes ladeiras, estreitas vielas e becos, passando por pequenas plantações, pastos e chiqueiros, na grande favela da Rocinha, nome este dado justamente por seu caráter rural, chegaram finalmente à casa do falsificador. Bateram à porta e Baiano logo atendeu com um ar de entusiasmo.

— Entrem, fiquem à vontade.

— Baianinho, esta é a dona Shirley. Ela está precisando de um serviço seu.

— Em que posso ajudá-la, madame?

— Gostaria que escrevesse uma carta para mim!

— Na verdade, a madame está querendo que eu falsifique cartas, correto?

— E isso mesmo, Baianinho.

— Olha, senhora, eu cobro por páginas.

— Dinheiro não é o problema, o que importa é que quero perfeição no trabalho e, principalmente, o sigilo absoluto dos envolvidos.

— Dona Shirley, sou especialista no assunto, já executei vários trabalhos como este, e ninguém nunca reclamou. O silêncio é a chave mestra dos negócios.

Em seguida, Shirley enfiou a mão na bolsa, tirou a carta e mostrou para ele, que a olhou prestando bastante atenção nos mínimos detalhes, e disse:

— Esta é uma das letras mais difíceis que já peguei até hoje. Precisarei de, no mínimo, quinze dias para treinar esse tipo de letra. Parece até letra de doutor.

— Realmente, a letra de minha neta é difícil de falsificar. Mas acho o tempo para começar a realizar o meu plano muito longo. Não pode ser antes desse prazo?

— Dona Shirley, o grau de dificuldade do trabalho é grande, portanto o valor a ser cobrado será bem expressivo. Tentarei fazer tudo no menor tempo possível.

— Quanto custará seu trabalho?

— Cobrarei da senhora dez mil cruzeiros por uma página desta carta. Se a senhora quiser duas páginas, eu faço por quinze mil cruzeiros. Se forem quatro páginas, posso cobrar vinte mil cruzeiros.

Dona Shirley foi bem direta com Baianinho:

— Não se preocupe com a quantidade de páginas, nem com o que você vai cobrar de mim. Pagarei o que for, mas quero sigilo absoluto e perfeição no serviço. Vou escrever tudo que é para você colocar na carta. Você vai somente imitar a letra e transcrever.

Baianinho entendeu o que ela queria especificamente: modificar o conteúdo das cartas com a mesma letra da carta original.

— Está combinado, dona Shirley. Só preciso de um sinal como parte do pagamento; pelo menos mil cruzeiros.

Ela abriu a bolsa e pegou dois mil cruzeiros e deixou em cima da mesinha destruída pela ação do tempo.

— Dê-me uma caneta e um papel para que possa escrever.

Baianinho, rapidamente, providenciou tudo e disse:

— A senhora pode ficar tranquila para pensar no que vai escrever na carta. Ricardo e eu vamos para a cozinha, para que possa ficar mais à vontade.

Assim ela começou a escrever:

"Meu grande amor!

Infelizmente, não estamos mais morando no Rio de Janeiro. Tivemos de mudar às pressas para que vovó pudesse ficar mais próxima de suas fazendas. Agora, estamos morando aqui em Goiás, em um lugar muito bonito. Você nem imagina como é belo. Poderá um dia vir morar conosco. Aqui vamos realizar todos os nossos sonhos de constituir a nossa família.

Rio de Janeiro é uma cidade muito bonita, mas aqui é muito melhor. Não é uma cidade tão grande, mas tem tudo o que preciso, e a escola me parece muito boa.

Vovó teve de apressar a nossa viagem porque suas coisas aqui estavam abandonadas. As pessoas que tomavam conta para ela mudaram para outra cidade. Por isso tivemos de sair imediatamente da capital carioca. Mas tenho certeza, meu amor, de que quando você vier aqui me visitar gostará muito deste lugar.

Vou terminar deixando um abraço e mil beijos para você. Até breve. Escreverei novamente. Espero ansiosa por sua resposta.

De sua eterna amada, Esther."

Dona Shirley terminou de escrever a carta e a entregou para Baianinho. Ele olhou a carta por várias vezes e falou:

— Para fazer esta aqui, terei de cobrar da senhora pelo menos cinco mil cruzeiros.

— Vou lhe dar dez mil cruzeiros para você fazer bem-feito e me entregar o mais rápido possível.

— Três dias é um prazo bom para a senhora?

— Está ótimo.

Despediram-se e dona Shirley, juntamente com Ricardo, retornou passando por aquele extenso caminho. Conversavam, entre um fôlego e outro das íngremes ladeiras, sobre o plano que armava:

— Ricardo, daqui a três dias Baianinho entregará a carta. Quero saber se dá para você viajar no domingo.

— Claro que sim, dona Shirley, no domingo bem cedo pegarei o ônibus.

— Vou lhe dar cinquenta mil cruzeiros na ocasião, e os outros cinquenta mil te darei assim que voltar.

— Dona Shirley, para quem mandarei a carta?

— Mandarei para outro endereço que já estará no próprio envelope. A pessoa que vai receber a carta mandará a resposta para um endereço lá da sua cidade.

— Entendi, dona Shirley.

— Você vai ganhar cem mil cruzeiros para fazer isso para mim. Estou lhe pagando bem. Não é por sua viagem, nem pelos trinta dias que você vai ficar lá. Noventa por cento do que estou lhe oferecendo é pelo seu silêncio, para que fique com a boca fechada, pois, se revelar esse nosso segredo, corro o risco de morrer.

— Pode ficar sossegada que farei o serviço. A senhora está me pagando muito bem e, além do mais, nada disso me interessa, não tenho o que contar para ninguém.

— Ricardo, você tem a cabeça no lugar, pois realmente não tem nada a ver com o que está contido na carta, o que interessa é cada um fazer o que foi combinado. E, a propósito, deverá ficar três dias sem sair de casa.

— Dona Shirley, preciso trabalhar, meu aluguel está vencendo.

Nesse momento, dona Shirley fez uma pausa na caminhada, abriu a bolsa e lhe deu a quantia de mil cruzeiros.

— Com esse dinheiro você pagará pelo menos um ano de moradia nesse casebre que você chama de casa.

Ricardo guardou o dinheiro e falou:

— Não se preocupe, dona Shirley, que ficarei quieto em casa, esperando por suas ordens.

Assim, ela se despediu, depois da extensa caminhada pela favela, e foi embora para casa toda feliz, agradecendo a Deus por estar conseguindo realizar o seu sonho.

Sabemos que existem pessoas que agradecem a Deus até pela maldade que fazem. O conhecimento que o ser humano tem de Deus ainda é muito limitado. Ah! Se Deus nos ouvisse, realmente, e atendesse todos os nossos pedidos, tudo seria mais difícil para nós, porque, muitas vezes, o que pedimos nos traz muito sofrimento. Quando pedimos para fazer o mal aos outros, estamos fazendo o mal para nós mesmos. Ainda não compreendemos a Lei de Causa e Efeito, em que tudo o que fazemos de bem ou de mal retorna para nós mesmos. Por isso temos de fazer somente o bem.

Dona Shirley chegou em sua casa muito feliz. Esther achou estranho ver sua avó tão alegre e perguntou:

— Vovó, qual é o motivo de tanta felicidade?

— Foi o encontro que tive com amigos do passado, que há muito tempo não via.

— Que bom, vovó, é muito importante encontrar os nossos amigos. É tão ruim ficar longe de quem a gente ama. A senhora não imagina como estou sofrendo longe de André.

Naquele momento, o semblante de dona Shirley se fechou. Deu um sorriso disfarçado e subiu para o quarto. Esther ficou com aquela imagem na cabeça. Achou estranha a maneira pela qual sua avó a tratou e o fato de ter emudecido de repente, quando ela falou no nome de André, e pensou: “Meu Deus, existe uma barreira muito grande entre minha avó e André. Deu para perceber claramente que ela não gosta dele”.

Passados os três dias combinados pelo falsificador, dona Shirley saiu de casa bem cedo, deixando a neta dormindo, trancada em casa. Dessa vez, nem avisou que sairia e, muito menos, para onde iria.

Chegando à favela da Rocinha, subiu o morro e foi procurar Ricardo, que já estava à sua espera. Os dois saíram juntos e foram à casa do Baianinho. Chegando lá, o documento já estava pronto. Shirley olhou a carta e viu que realmente estava idêntica à original. Era impossível alguém desconfiar que fosse uma cópia. Ficou satisfeitíssima. Como já tinha efetuado o pagamento com antecedência, rapidamente foi embora da casa daquele criminoso. E seguiram para a casa de Ricardo.

— Ricardo, está tudo pronto. Coloque a carta no envelope e anote o remetente e o endereço de algum conhecido da sua cidade, porque somente assim poderá ter acesso à resposta a esta carta. Receba, agora, parte do seu dinheiro e, se quiser viajar hoje mesmo, é melhor ainda. Daqui a trinta dias, você voltará trazendo as cartas que vai receber durante esse tempo. Se, por acaso, o destinatário não responder à carta, não poderá voltar. Deverá ficar por lá até a carta chegar. Eu preciso muito da resposta a essa carta.

Ricardo, então, começou a se preparar para a viagem. Separou algumas peças de roupas e guardou a carta bem no fundo da mala, já que era uma coisa muito importante. Precisava ser atencioso, porque aquilo era um trabalho, e ele necessitava muito do dinheiro. E viajou para Araguaína.

Enquanto isso, em São Paulo, André estava muito preocupado com a demora da resposta à carta que havia enviado à sua amada Esther. Quanto tempo tinha se passado desde a última carta! O que teria acontecido? Ele não sabia o que fazer. O jeito era esperar mais um pouco. Eles haviam combinado que quando recebessem a carta, responderiam imediatamente.

André conversava muito com o senhor Joaquim a respeito de Esther. Eles passavam horas e horas falando sobre ela, e André sempre comentava sobre a longa espera da carta, que não chegava, e por isso estava muito preocupado.

O senhor Joaquim tentava acalmar o jovem.

— Tenha calma, André, pois ela vai responder. Talvez essa demora seja pela falta de tempo para escrever ou, talvez, esteja aguardando surgir alguma novidade para lhe contar. Não se preocupe e espere com calma, pois a carta vai chegar.

— O serviço de cartas, às vezes, também demora para entregar as correspondências. Nem sempre uma carta chega com o mesmo tempo que a outra, algumas demoram mais. Se em trinta dias não receber a resposta, envie outra.

Os dias foram passando, e André aguardava ansioso a resposta de sua amada. Os trinta dias haviam se passado e nada de carta. Foi, então, falar com o amigo:

— Senhor Joaquim, já se passaram muitos dias, vou escrever outra carta.

— Tenha um pouco de tolerância e aguarde por mais uns cinco dias.

Assim, André esperou mais cinco dias. Antes que esse prazo acabasse, André recebeu a carta de Esther. Achou muito estranho, pois a carta vinha de outro estado. Ficou pensando consigo mesmo:

— Como ela mudou sem me falar nada, meu Deus! Por que mudou assim tão rápido? Então foi por isso que a carta demorou tanto! André começou a ler a carta e ficou mais preocupado ainda com a explicação.

Quando terminou de ler, notou que realmente seu grande amor não morava mais no Rio de Janeiro, mas sim em Goiás. No início, ficou um pouco triste, mas depois pensou: “Será que é mais fácil ir para Goiás que para o Rio de Janeiro?”

Procurou saber com os amigos a que distância estava de Goiás, e descobriu que seu amor estava muito distante dele, e que isso tornava ainda mais difícil o reencontro entre os dois, tanto pela distância como por serem menores de idade e não poderem viajar sozinhos.

"Meu Senhor, dê-me forças para aceitar esta situação, que cada dia fica mais difícil e triste. Quanto mais o tempo passa, mais estamos nos distanciando."

Quando a saudade apertava, André pegava a foto de Esther e ficava olhando, imaginando como ela estaria naquele momento, o que estaria sentindo.

A separação não diminuía seu sentimento, e a saudade aumentava cada vez mais. O amor entre os dois era realmente sincero. Quando esse sentimento é verdadeiro, não há espaço para a falsidade. Com o coração partido de dor e saudade, André escreveu para sua amada as seguintes palavras:

"Meu amor,

Você nem imagina a falta que sinto de você! Escrevo com o coração doendo, sentindo a distância cada vez maior entre nós. Mesmo morando em outra cidade, sinto você aqui bem perto de mim. Sua presença não sai do meu pensamento, e essa saudade machuca. Graças ao amor de Deus, estou tendo forças para suportar a falta que me você me faz. Tenho um pai que me ama muito, e posso compartilhar com ele a minha dor e saudade. Não sei se sua avó compartilha esses sentimentos com você. Gostaria de saber como está passando. Não quero que sofra. Sabemos que a Terra é um mundo de provas e expiações, e tenho certeza de que estamos passando por uma provação. Desejo que essa prova não se torne uma expiação e que, um dia, o mais próximo possível, possamos realizar nossos sonhos.

Querida, te amo demais, você é tudo para mim.

Um beijo e um forte abraço do seu grande amor que nunca te esquecerá, André."

ഋൽ

Naquele espaço de tempo, Esther estava muito preocupada por não ter recebido a carta de André. Já havia se passado mais de um mês desde a última carta, e ficava pensando que alguma coisa tivesse acontecido para que ele não a respondesse.

Às vezes, conversava com sua avó e comentava sobre a ausência das cartas.

— Calma, minha neta, não se preocupe, pode ser atraso do serviço de postagem, isso sempre acontece. Espere mais um pouco, com calma e paciência, pois tenho certeza de que a carta chegará.

Shirley, no seu íntimo, tinha consciência de tudo o que estava acontecendo, já que fora ela mesma quem interceptara a carta antes que chegasse às mãos de sua neta, escondendo-a em um lugar seguro para que Esther não a encontrasse.

Esther tomara uma decisão, em meio à angústia da espera do contato do amado:

— Vovó, não vou esperar mais, escreverei uma carta para André e postarei hoje mesmo. Não dá mais para esperar. Mesmo que ele não escreva para mim, vou continuar escrevendo, não posso perder o contato com ele. Alguma coisa deve ter acontecido. Meu coração está dizendo que algo de muito ruim aconteceu, e saiu correndo para o quarto e foi escrever para o amor da sua vida.

Esther e sua avó saíram para fazer a postagem da carta. Ela mesma endereçara a carta, e sua avó efetuara o pagamento do selo.

Shirley e Esther retornaram para casa. Shirley arranjou uma desculpa para Esther e saiu, sem que a moça desconfiasse de nada. Saiu sem dizer para onde iria.

Shirley voltou ao serviço de postagem e apresentou o recibo da carta que a neta enviara para o namorado. O balconista atendeu-a, e dona Shirley pediu a ele que lhe devolvesse a carta, pois tinha de corrigi-la. Disse ao funcionário que iria fazer as alterações na carta, juntá-la a outros documentos e que mandaria em um envelope maior.

O funcionário do Correio, atendendo a seu pedido, pegou a carta e a devolveu. Ela foi a uma loja ao lado, comprou um envelope maior e anotou o novo endereço.

Dona Shirley mandou a carta para o endereço da fazenda de seu filho, doutor Luís. Fizera tudo premeditado, pois sabia que a fazenda já havia sido vendida. Assim, jamais André receberia aquela carta. Quem a recebesse simplesmente a jogaria no lixo, até porque dentro do envelope não tinha nada escrito.

A carta que Esther escreveu, ela guardou junto com suas coisas pessoais em seu quarto. Esther tinha tanto respeito pela avó, que não entrava no seu quarto. Chegava somente até a porta, mas não entrava.

As duas não tinham muita intimidade. A avó não dava chance para a neta se aproximar, em razão de sua grande introspecção. Aquele silêncio incomodava muito a garota, porque não sabia o que poderia estar acontecendo por trás daquele grande silêncio.

Após esses acontecimentos, dona Shirley ficou muito preocupada com a neta. Pensou bastante e lembrou-se do Baianinho, que poderia ajudá-la novamente falsificando outra carta. Então teria, agora, a missão de falsificar uma carta imitando a letra de André. Não havia outro jeito. Ela iria escrever o que gostaria que sua neta recebesse dele.

Já era alta madrugada quando começou a escrever, dizendo assim:

"Querida Esther, foi muito bom o tempo em que estive junto de ti, foi uma ótima experiência para mim. Mas agora, que estamos distantes por mais de dois meses, tenho notado que nosso amor não é tão grande como pensei. Realmente eu te amo muito, mas tenho por você um sentimento fraternal. Sinto-a como se fosse minha irmã. Acontece que conheci uma moça aqui da cidade e vi que meu sentimento em relação a ela é muito diferente daquele que sentia por você. Não sei se é porque fomos criados juntos, como irmãos, talvez tenha sido isso que fez com que eu criasse essa fantasia de te amar como um homem ama uma mulher.

Mas agora, que estou gostando dessa moça, você nem imagina como é diferente o que eu sinto. Não sei se me entenderá, isso pode confundir a sua cabecinha. No entanto, não posso continuar enganando você, não tenho condições de ter você como minha esposa, porque não posso me casar com uma pessoa que amo como se fosse minha irmã. Não se pode casar com a irmã, nem com a mãe. Esse sentimento fraternal só descobri agora.

Até então, eu não tinha vivenciado um relacionamento íntimo com nenhuma mulher. Esta é a primeira. E isso preencheu o meu coração. Amo muito essa moça e vou morar com ela. Ela tem 18 anos, não é uma criança impedida como você. Ela é maior de idade e podemos ficar juntos.

Mesmo assim, todos os dias, em minhas orações, estarei orando por você, pedindo a Deus que proteja você e sua avó. Seja uma boa menina e obedeça a ela, que só quer o melhor para você porque a ama demais e não quer vê-la sofrer. Eu também não quero que sofra.

Desejo que seja muito feliz como estou sendo agora, tendo essa experiência com quem eu tanto amo. Procure um bom rapaz aí, no Rio de Janeiro, para que possa namorar. O que aconteceu conosco foi uma fantasia de criança. Você sabe que, quando somos crianças, pensamos de forma diferente. Quando crescemos, os pensamentos mudam. Desejo-lhe toda a felicidade do mundo, e que encontre alguém que possa lhe dar todo o amor que eu não posso.

Minha amada também mandou um grande abraço para você e disse que a achou muito bonita quando viu sua foto.

Caso queira continuar escrevendo para mim, pode escrever. Gostaria muito de continuar recebendo notícias suas. Vou ficar muito feliz quando souber que encontrou alguém que preenche essa falta que sente de mim. Tenho certeza de que vai encontrar seu amor em breve. Não é bom que continue iludida comigo. Continue estudando os livros, pois isso vai ajudá-la muito. Não deixe de estudar, porque seu futuro está no seu conhecimento.

Despeço-me desejando-lhe toda a sorte do mundo. Não esqueça que estou sempre orando por você, em prol da sua felicidade. E Deus não se esquece de ninguém.

Um grande beijo do seu amigo, André."

O dia já havia amanhecido quando dona Shirley terminou de escrever a carta. Saiu bem cedo de casa, na maior felicidade, e foi até a favela da Rocinha, à procura do Baianinho.

O falsificador leu a carta e brincou com dona Shirley:

— O que está fazendo com sua neta! Não tem pena dela! Que trabalho sujo, isso não executarei.

— Você um criminoso, já fez uma carta e poderá fazer outra também.

— Tudo bem, madame, mas com uma condição, cobrarei da senhora um quantia exorbitante: cinquenta mil cruzeiros.

— Que é isso! Você esta sob efeito de algum medicamento ou bebida? A carta anterior, que você mesmo falou que apresentava dificuldade, custou dez mil cruzeiros!

— Mas isso que a senhora está fazendo com sua neta é um crime. É como se estivesse envenenando esses dois jovens.

— Só faria um serviço sujo desse por muito dinheiro.

Shirley, não encontrando outra saída, por saber que já estava nas mãos de um bandido, concordou.

— Tudo bem, já que estou em suas mãos, pode fazer. Quando fica pronto?

— Depois de amanhã, a senhora pode vir pegar. Mas traga o dinheiro, do contrário não vai ter a carta, nem essa, nem outra, caso a madame precise.

Dona Shirley, com o coração carregado de ódio, saiu da casa de Baianinho e foi direto ao banco. Pediu ao administrador de finanças a quantia de cinquenta mil cruzeiros. O funcionário do banco disse-lhe que havia um procedimento de praxe. Ela teria de fazer uma reserva, pois não tinha todo esse dinheiro disponível.

— Mas, como a senhora é uma grande cliente, posso arrumar esse dinheiro até amanhã às 14 horas.

No dia seguinte, ela pegou o dinheiro e foi à favela levar para o Baianinho. Quando chegou, ele já estava esperando por ela. Alegre, ele entregou os papéis nas mãos dela e disse que poderia conferir e pagar-lhe. Ela olhou tudo com muito cuidado e viu que realmente era uma falsificação perfeita. Era quase impossível descobrir que não era a letra de André.

Alegre e realizada, dona Shirley pegou a carta, colocou-a dentro de um envelope, efetuou o pagamento e foi embora da favela. Enquanto descia o morro, demonstrava uma satisfação inenarrável. Para Shirley, aquela maldade tinha sabor de vitória.

Existem pessoas que se sentem felizes fazendo o mal, e até chegam a pensar que estão fazendo o melhor. É comum vermos pessoas que escravizam outras pensando que estão ajudando-as a se livrar de um problema. Na verdade, estão atrapalhando, causando um mal maior.

Esquecemos que não devemos interferir na vida do outro achando que podemos escolher o que é melhor ou pior. Cada um possui o seu livre-arbítrio, e cada um está caminhando para a evolução. Para aqueles que amam, o sentimento vem por meio da inspiração dos amigos espirituais, que trabalham em favor do progresso, da caridade e da fraternidade. Esses pensamentos têm tanta força que são capazes de realizar grandes prodígios.

Aqueles que só pensam em maldade também recebem por intuição os pensamentos dos espíritos zombeteiros e perversos, que não querem ver o bem da humanidade, pois trabalham em favor do mal. Eles ficam felizes ao ver o sofrimento alheio. E cabe a cada um responder por seus atos. Toda plantação gera uma colheita.

CAPÍTULO 18

A TRAMA

No caminho de volta para casa, dona Shirley alegrava-se em pensar em qual seria a reação de sua neta após ler a carta que falsificou. Imaginava o choro compulsivo, os gritos de revolta. Via em sua mente pérfida Esther puxando o próprio cabelo, na tentativa de se punir por aquele sentimento pelo pobretão. Ouvia a menina dizer que ela fora fiel e André não, rapidamente encontrou outra namorada. Como era falso!

Os pensamentos de dona Shirley criaram, em sua mente perversa, uma total falta de controle, um verdadeiro desequilíbrio emocional.

Chegou em casa e entregou a carta à neta, aflita para ver a reação da menina.

Esther, em silêncio, começou ler a carta.

Quando terminou a leitura, estava com os olhos cheios de lágrimas, deu um longo suspiro e sua avó ficou esperando que ela gritasse, chorasse, falasse alguma coisa. Mas aquele silêncio marcou profundamente seu coração. O comportamento resignado de Esther foi um grande tormento, pois não fora isso o que projetara em sua mente.

Saindo da sala, indo para seu quarto, Esther pegou *O Evangelho Segundo o Espiritismo*. Com as mãos entre as páginas, olhos cerrados, meditava, fazendo uma prece. De repente, abriu os olhos e viu sua avó na sua frente. Em uma atitude de surpreendente confiança em Deus e em seus desígnios, Esther convidou dona Shirley para se sentar ao seu lado, pois estava vivendo um momento de grande dificuldade e, juntas, poderiam ler o *Evangelho*, a fim de confortar seu coração com as palavras do Mestre Jesus.

Dona Shirley, inconformada com o posicionamento da neta, disse:

— O que é isso, Esther, não posso ficar ao seu lado, pois sou Católica Apostólica Romana.

Esther, sem argumentar a escolha da avó, disse-lhe:

— Não tem problema. A senhora pode ir ao seu quarto e fazer uma oração por mim, que estou sofrendo muito?

Dona Shirley, a fim de entender o comportamento sereno da neta, perguntou o que continha a carta que a deixara tão triste e se gostaria de lhe contar algum segredo.

Esther disse que não tinha nada na carta e também não havia segredos.

Dona Shirley saiu do quarto deixando a neta sozinha. Esther fechou a porta e começou a ler *O Evangelho Segundo o Espiritismo*, e a lição que foi contemplada foi a “Caridade”.

Aquela lição foi lida e relida várias vezes por Esther, que ficara meditando sobre o tema, que falava da importância do auxílio ao próximo. E sobre a carta do seu amado indagava-se:

“Meu Deus, será que tudo o que está escrito nesta carta é real? Ou será que não? Mas André nunca me enganou, sempre foi muito sincero comigo. Senhor, como uma pessoa muda tão rapidamente? Será que ele não gostava mesmo de mim como mulher? Quando me beijava, eu sentia que tinha os sentimentos que um homem tem por uma mulher. Mas ele diz na carta que me amava como a uma irmã. Será que o fato de conhecer outra mulher e ter maiores experiências com ela fez com que mudasse tanto?”

Aqueles pensamentos mexeram tanto com Esther que a fizeram tomar uma decisão:

“Mesmo que André não me ame como mulher, continuarei a escrever para ele como sendo o único homem da minha vida, pois sinto que estou casada com ele. Jamais outro homem entrará em minha vida. Serei fiel a ele, mesmo ele não sendo fiel a mim.

Não quero mais nada neste mundo a não ser fazer o bem ao próximo. Dedicarei toda minha vida em favor do meu semelhante. Vou procurar fazer tudo o que está escrito nesta mensagem. Hoje mesmo vou procurar uma Casa Espírita. Vovó terá de dar um jeito de me levar ou arrumar alguém para ir comigo. Não fico mais aqui sem participar dos trabalhos em uma Casa Espírita. O espiritismo vai me dar forças para viver. Tenho certeza de que ela vai dar um jeito de me ajudar. Não posso mais ficar de mãos amarradas como estou, só dentro de casa e sem fazer nada."

Esther olhava para a carta e para o Evangelho. Em seguida, guardou a carta, olhou para o Alto e começou a falar com sua mãe:

— Mamãe, onde a senhora estiver, peço que me ajude agora. Peço, também, a todos os amigos espirituais que possam convencer a vovó a me ajudar a encontrar uma Casa Espírita onde eu possa estudar a doutrina e, principalmente, ajudar meu próximo.

Após fazer esse pedido, Esther saiu do quarto, encontrou sua avó preocupada, pois havia várias horas ela estava trancada naquele quarto.

Esther olhou a avó e falou:

— Vovó, preciso muito que a senhora me leve a uma Casa Espírita, não posso esperar mais. Só isso me dará forças para esquecer André.

Dona Shirley levou um grande susto e falou:

— Tudo bem, minha filha. Aqui mesmo, na nossa rua, tem uma senhora que sempre passa nas casas recolhendo roupas usadas para levar a uma casa, que eles chamam de Bezerra de Menezes. Acho que essa casa é igual àquela que frequentava em São Paulo.

Esther estranhou, pois sua avó nunca tinha lhe falado a respeito. Ela sempre perguntava e a avó falava que não sabia, e agora, tão de repente, ela sabia o nome de uma Casa Espírita.

Andando pela rua, a menina ia pensando: “Acho que minha avó está me enganando, não está sendo minha amiga, está sendo falsa comigo”.

Chegaram a uma casa, tocaram a campainha e dona Antônia veio atender, e com muita gentileza convidou as duas a entrar. Dona Shirley apresentou sua neta e, em poucas palavras, disse-lhe que Esther morava em São Paulo, mas agora estava morando com ela, e gostaria de saber onde havia uma Casa Espírita no Rio de Janeiro.

Dona Antônia olhou para a menina e perguntou alegremente:

— Então você é espírita, minha filha?

Sou sim senhora, frequentava uma Casa Espírita no interior de São Paulo e fazia o Culto do Evangelho no Lar em minha casa.

— Estou muito feliz em saber que você é espírita. Gostaria que fosse minha companhia para irmos juntas à Casa Espírita.

— Que bom, dona Antônia, estava tão aflita, pois há muito tempo estou morando aqui e não sabia de nenhuma Casa Espírita na cidade. Sempre perguntei à minha avó, mas ela também não sabia. Dona Shirley tentou se desculpar, dizendo que esquecera de dona Antônia.

Tentando reafirmar que não sabia da existência da Casa Espírita, perguntou:

— Dona Antônia, esse espiritismo com que a senhora mexe é o mesmo que minha neta frequentava?

— Sim, dona Shirley, o espiritismo é um só, independentemente de onde se estudem as obras de Kardec. Os ensinamentos são os mesmos. Toda Casa Espírita tem o compromisso de trabalhar pelo amor e pela caridade.

Esther disse a sua avó que poderia ir embora, pois queria muito ficar conversando mais um pouco com a dona Antônia.

Dona Shirley não se importou, e voltou para casa muito satisfeita, até cantarolava e agradecia a Deus por tudo ter dado certo. Com certeza, sua neta esqueceria o rapaz, e aquela senhora poderia ajudá-la muito. Ela iria se envolver com as atividades da Casa Espírita e, com isso, esqueceria André.

Sua consciência estava tranquila, pois achava que tudo aquilo que estava fazendo era o melhor, afastando-a de um pobretão. Aquele rapaz não tinha nada para lhe oferecer. Dona Shirley pensava que somente os bens materiais tinham valor, esquecendo-se de que o essencial entre um casal que se ama é o amor, a fidelidade e o respeito, e não os bens materiais, que não nos dão a verdadeira felicidade. Em sua visão materialista, somente os bens materiais poderiam trazer perfeita felicidade para um casal.

Infelizmente, existem muitas pessoas neste mundo que acreditam que os bens materiais são fundamentais para a felicidade de um lar. Mas isso é um grande engano. Há tantos lares cheios de problemas, apesar do conforto e de uma vida com grande fartura! E, no entanto, há lares pobres, muito simples, mas nos quais as pessoas são tão felizes! Às vezes, as pessoas não têm o que comer, mas o pouco que tem, com muito amor, dá para alimentar os filhos. São pessoas extremamente felizes. O dinheiro não nos traz felicidade. A felicidade é um estado íntimo de cada um de nós.

Assim, dona Antônia convidou Esther para entrar. A menina entrou, sentou e começou a desabafar com sua nova amiga. Contou-lhe toda sua vida, tudo o que lhe aconteceu; a perda dos pais quando ainda era uma criança, falou do seu grande amor por André e de sua tristeza ao receber a última carta dele, terminando aquele lindo relacionamento.

E dona Antonia lhe disse:

— Minha filha, alguma coisa está errada. Esta carta com as palavras que você acabou de me dizer não deve ser verdadeira. Talvez ele tenha criado essa história para lhe dar maior liberdade, porque sabe que está distante dele e a aproximação entre vocês será muito difícil. Alguma coisa está acontecendo. Pode ter certeza de que essa carta não condiz com tudo o que está me contando. Ninguém esquece o outro tão depressa assim. Por mais experiência que a pessoa tenha na vida, não tem jeito. Vocês viveram muito tempo juntos. Pelo que me falou, vocês dois são almas afins.

Esther, desolada, disse que o amado nunca havia mentido para ela.

Dona Antônia tentou consolar a menina dizendo-lhe que talvez fosse a única forma que encontrou para dar maior liberdade a ela. Ele deve ter notado que alguma coisa ia impedir a aproximação entre os dois. Viu que seria muito difícil ficarem juntos. Quando você completar a maioridade, poderá ter sua liberdade de viajar e assumir a sua própria vida.

— Realmente, a senhora está certa. Mas vou continuar escrevendo para ele.

— Concordo com você, Esther, deve mesmo continuar escrevendo, mesmo que as respostas não forem como gostaria que fossem. Realmente será importante manter contato com ele.

Na Casa Espírita que frequento tem a Campanha do Quilo, enxovalzinho para as mães carentes da favela, o trabalho de evangelização e da mocidade. Isso tudo vai ajudá-la muito. Você vai fazer muitos amigos no meio espírita e terá muito mais força para passar por essa provação que está vivenciando.

As duas ficaram horas e horas ali conversando até que a dona Antônia olhou para o relógio e falou:

— Minha filha, já é um pouco tarde, sua avó deve estar preocupada, e daqui a pouco é hora de irmos para a reunião, se quiser ir conosco, será muito bom. Vou apresentá-la aos nossos amigos.

Esther foi para sua casa feliz. Iria se arrumar e voltaria para ir com a dona Antônia à Casa Espírita. Depois de muito tempo, desde que saíra de sua cidade, no interior de São Paulo, era a primeira vez que estava sentindo grande alegria em seu coração.

Algum tempo depois, estava novamente no portão da dona Antônia.

Foram juntas para a Casa Espírita. Chegando lá, a doce senhora apresentou Esther a todos seus amigos da Casa. Eles gostaram muito dela, pois, além de ser muito educada, demonstrou muito interesse pelos trabalhos da Casa.

Com o tempo, Esther foi se envolvendo em todas as tarefas, aprendeu a costurar para fazer os enxovais que eram entregues às mães que precisavam de agasalho para seus filhos.

Assim, a menina passava todo seu tempo livre envolvida nessa atividade. Nas horas de folga, fazia sapatinhos e costurava roupinhas para o enxoval. Fazia a Campanha do Quilo, ajudava em todos os trabalhos sociais, sem deixar de frequentar a escola e fazer todos os trabalhos solicitados. Ocupava todo seu tempo nos trabalhos da caridade, de amor, seguindo os exemplos da mensagem de Irmã Rosália – Chamo-me Caridade.

Uma linda lição de vida. Quando estamos passando por grandes sofrimentos, somente a caridade e o amor ao próximo podem nos libertar, fazendo-nos esquecer dos momentos dolorosos de nossa vida.

Quando nos preocupamos com os outros, esquecemos as nossas próprias preocupações e o amor do Pai nos envolve completamente, porque somente nos braços Dele é que encontramos a verdadeira felicidade.

Deus representa o necessitado pedindo socorro e, quando abrimos os braços para socorrê-lo, representamos Deus segurando nos braços do necessitado para ele não cair. Assim estamos nas mãos de Deus.

Dois anos se passaram desde essa nova etapa na vida de Esther, que a cada dia seguia em sua evolução.

CAPÍTULO 19

NOVOS RUMOS

Esther, agora com 15 anos, de idade, continuava escrevendo para André. Naqueles dois anos, foram vinte e quatro cartas enviadas. Sua avó sempre pegava as cartas para colocar no Correio. Mas não as colocava, guardava todas.

André, também, continuava escrevendo para Esther, enviando as cartas para o endereço em Goiás, pensando que seu grande amor morava lá.

André escreveu para Esther todos os meses. Não recebia respostas, mas não perdia a esperança. Achava muito estranho o que estava acontecendo, mas não desistia de escrever, e pensava: "Se ela não estivesse recebendo as cartas, elas iriam voltar para mim. Mas como não voltou nenhuma, significa que está recebendo, que estão chegando até ela. Sendo assim, continuarei escrevendo, pelo menos ela terá notícias minhas".

Certo dia, André chegou da escola e notou que alguma coisa estava diferente. O senhor Joaquim era um homem sempre alegre, muito satisfeito com a vida, mesmo estando enfermo. Nesse dia, porém, o olhar dele estava muito triste e seus olhos estavam vermelhos. Parecia ter chorado muito, coisa que André nunca tinha visto antes. Preocupado, perguntou-lhe o motivo da tristeza:

— André, meu filho, recebi uma carta de despejo.

André, aturdido, falou:

— Meu pai, você tem a documentação deste imóvel toda em dia?

— Tenho, meu filho, mas o documento que tenho é somente o contrato de compra e venda, não tenho a escritura. Este terreno pertence a uma empresa que agora resolveu nos despejar. Entrou na Justiça contra nós, requerendo a posse do imóvel. Deu um prazo de trinta dias para que nós, moradores da Vila das Flores, desocupemos as casas. Vamos sair sem direito nenhum, porque o juiz já assinou a autorização de despejo.

O que me dá mais tristeza é perder o contato com os amigos que frequentam a reunião na Casa Espírita e o trabalho com os enfermos que vêm nos procurar. Saindo daqui, vou para outra favela distante, para outra vila. Não sei, ao certo, para onde irei. Eu não tenho dinheiro para comprar uma casinha. Estou pensando em mandar uma carta para minha irmã que mora em Belo Horizonte. Quem sabe ela pode me ajudar?

— Senhor Joaquim, estou muito triste com tudo isso, e também porque, além desta terrível notícia, já se faz dois anos que não vejo minha amada Esther, nem recebo uma carta sequer dela. Estava pensando em parar de escrever, pois já mandei vinte e quatro cartas e somente de duas recebi resposta. Fico imaginando o que aconteceu para que Esther se esquecesse de mim assim tão rapidamente.

— Meu filho, meu coração diz que ela não o esqueceu. Alguma coisa aconteceu para afastar vocês dois. Mas continuo a reafirmar: coloque tudo nas mãos de Deus e deixe que o tempo decida. Se você tiver de viver com ela, nada vai impedir esse encontro. Mas, no momento, sua missão está sendo ficar longe de Esther por algum tempo. Peça a Deus força e tolerância para que possa vencer essa provação. Procure entender que o Pai Celestial sabe o que é melhor para cada um de nós, e que cada um tem um destino a seguir. Toda provação passa, e assim crescemos com ela. Estamos na Terra para aprender a lidar com os problemas; problemas esses causados por nós mesmos em vidas pregressas.

Não é por acaso, meu filho, que essa menina se afastou do seu convívio. Você bem sabe que a vontade dela era permanecer ao seu lado. Foram as situações da vida que a afastaram de você. Esther não poderia continuar vivendo aqui sem pai, sem mãe, sem nenhum parente para tomar conta dela. A única parenta viva que tem é sua avó, que morava no Rio de Janeiro e que agora se mudou para Goiás, bem mais longe ainda.

— Se eu pudesse, meu pai, iria a essa cidade para rever minha amada, saber tudo o que está acontecendo.

André ficou triste, pensativo e decidiu dar um rumo a sua vida. Procuraria um emprego para ajudar o velho amigo e, quem sabe, em um futuro próximo, a dona de seu coração.

Na casa de dona Shirley nada estava em harmonia, podia-se sentir a tristeza que pairava no ar. A solidão era companheira da bela Esther que, mesmo sendo muito jovem, já trazia as marcas de suas provações.

Certo dia, Esther estava muito lacrimosa, em razão do prolongado tempo de seu distanciamento com André. Já havia se passado dois anos que essas almas afins não desfrutavam da presença um do outro.

Enquanto a bela Esther vivia triste e chorando pelos cantos, sua avó vivia sorridente e feliz, e às vezes pensava: "Em dois anos não dá para esquecer completamente, pois o amor que sentem é muito grande, mas pelo menos ela não está mais falando no nome dele".

Naquela tarde, alguém bateu à porta e, quando dona Shirley abriu, teve uma grande surpresa: era o Baianinho, o falsificador das cartas de sua neta. Trazia um pacote na mão e disse para Dona Shirley:

— Vim aqui para negociar com a senhora este tesouro que trago dentro deste envelope. Tenho certeza de que pagará por ele uma boa quantia em dinheiro.

Visivelmente nervosa e descompensada, asseverou:

— Está ficando louco, homem? Há muito tempo não tenho nenhum contato com você e o valor cobrado por seus serviços foi pago corretamente.

— Este tesouro, dona Shirley, vale muito mais que tudo aquilo que fiz para a senhora, e tenho certeza de que o valor estimado é muito maior. Estou aqui para negociar em nome do meu parceiro.

— Que parceiro é esse que você tem que eu ainda não conheço?

— A senhora conhece, sim. Lembra-se daquele jovem que mandou fazer uma viagem para a cidade de Araguaína, em Goiás? A senhora sabe que o jovem de São Paulo continuou a escrever todos os meses?

— O pai do meu amigo ficou responsável pelo recebimento das cartas. Mas, depois de tantas cartas, não havia mais lugar para guardá-las. O senhor de Araguaína escreveu para Ricardo, para que fosse buscá-las. Como o jovem não tinha dinheiro para fazer esta viagem, eu financiei todas as despesas, comprei o pacote de cartas e estou aqui com elas. Sei que é um tesouro e que valem muito para a senhora.

Dona Shirley ficou apavorada, sem saber o que fazer. Não podia discutir com aquele homem, pois sua neta iria ouvir. Pensou um pouco e falou para o rapaz:

— Não se preocupe, espere-me na esquina da rua, não podemos conversar aqui. Vou trocar de roupa e logo estarei lá.

Vestiu uma roupa qualquer, saiu em direção ao local combinado, sem saber realmente o que fazer com aquele homem. Sabia que ele não ia parar de chantageá-la.

Enquanto caminhava pela rua, ia pensando:

— Não acredito que aquele jovem não parou de escrever.

Rapidamente, chegou à esquina e falou para o falsificador que ali não era um bom lugar para conversarem, pois tinha muita gente conhecida. Disse que teriam de ir para outro lugar.

Ali mesmo pegaram um táxi e foram para um lugar bem distante. Na região central da cidade carioca, seguiram para um restaurante, onde poderiam sentar e conversar naturalmente, sem serem incomodados. Ela se sentou, pediu uma água e, enquanto tomava, ele despejou todas as cartas em cima da mesa. Ela contou uma por uma: vinte e duas cartas. Abriu todas as cartas, leu algumas e viu que todas eram de André.

Dona Shirley estava muito preocupada, pois estava nas mãos de um grande trapaceiro. Mas ali, diante das verdadeiras cartas, via o seu plano se desintegrar por culpa daquele falsificador. Não permitiria que isso acontecesse, ainda mais agora que sua neta tinha aceitado o fim daquele namoro. Então dona Shirley perguntou a Baianinho:

— Quanto quer por estas cartas?

— Cem mil cruzeiros.

— Que absurdo! É uma extorsão! É muito dinheiro!

— Não é muito dinheiro, dona Shirley, são cem mil cruzeiros por cada carta.

— Está louco, não tenho esse dinheiro todo. Você acha que sou milionária? Para isso, teria de vender minha casa. Não tenho nada, tudo o que tenho pertence à minha neta. Até completar 18 anos, não posso mexer em nada dela. Está tudo nas mãos do juiz.

— Não me interessa em que mãos está o dinheiro, o que importa é que quero recebê-lo. Se a senhora quiser pagar, tudo bem; se não quiser, passarei todas estas cartas para sua neta. A senhora tem trinta dias para arrumar o dinheiro. Após este prazo, retornarei para conversarmos definitivamente. Antes disso, não teremos mais nada a conversar.

— Calma, rapaz, vamos conversar melhor?

— Não temos mais nada o que falar – despediu-se de dona Shirley e saiu quase correndo com o pacote de cartas debaixo do braço.

Dona Shirley passou aqueles trinta dias completamente desesperada, vivendo um verdadeiro pesadelo. Pensou na hipótese de revelar tudo para a neta, mas, em seguida, pensava: "Se eu fizer isso, destruirei todo o meu plano, vai tudo por água abaixo. Aquele pobretão não pode se casar com ela, seria um grande insulto, ainda mais agora que está indo tudo tão bem na escola. Não posso deixar isso acontecer. Terei de arrumar esse dinheiro, pelo menos a metade. Irei ao banco ver o que o gerente pode fazer por mim. Quem sabe consigo liberar uma parte desse dinheiro que está em meu nome, que seria para cuidar dos estudos da minha neta? Quem sabe, se eu arrumar uma boa causa, eles liberam esse dinheiro para que eu possa pagar esse trapaceiro? E depois disso tudo, se ele continuar me chantageando, mando matá-lo. Tenho certeza de que isso ficará muito mais barato para mim. Mas acontece que não tenho esse hábito, não sou uma criminosa. Isso nunca passou pela minha cabeça. Mas, se ele continuar me chantageando, terei de tomar essa atitude. Por enquanto, vou tentar arrumar o dinheiro para ele". E, assim, dona Shirley fez.

Um mês se passou e o Baianinho voltou à casa de dona Shirley com o mesmo pacote debaixo do braço. Bateu à porta e quem veio atender foi Esther, que logo perguntou:

— Bom dia, senhor, posso ajudar?

— Gostaria muito de falar com sua avó.

Esther foi chamar sua avó, dizendo que tinha um moço querendo falar com ela.

Esther era muito educada, deixou sua avó conversando com o homem e foi para a cozinha providenciar o almoço. Enquanto isso, sua avó disse ao falsificador que não devia ter ido lá naquele horário, pois a neta estava em casa.

— Madame, hoje está completando os trinta dias que combinamos. É bom que ela esteja aí mesmo, pois, se a senhora não tiver o dinheiro, pode ter certeza de que Esther vai saber de todas as cartas que André enviou.

— Calma, rapaz, já providenciei tudo. Pode me dar o pacote.

Baianinho estendeu o pacote para Shirley e, quando ela ia pegá-lo, ele puxou para trás e disse:

— Não, me dê o dinheiro primeiro, vou conferir nota por nota.

— Então venha depois, lá pelas 15 horas, que estarei sozinha e poderemos conversar melhor.

Baianinho retornou para sua casa feliz. Nunca tinha ganhado tanto dinheiro na vida. As horas, para ele, custaram a passar. Quando o relógio marcou o horário combinado, muito ansioso, seguiu para a casa de dona Shirley. Chegando lá, ela já o esperava e foi logo lhe entregando o saco de dinheiro.

Enquanto contava o dinheiro, dona Shirley estava com o coração apertado, muito triste por ter entregado aquela fortuna a ele. Era como se tivesse tirado um pedacinho dela. Estava indo quase toda sua economia e ainda uma boa parte do dinheiro de Esther.

Quando terminou de contar o dinheiro, Baiano entregou o pacote de cartas para ela, despediu-se e falou:

— Se aparecer alguma novidade, retornarei para trazer para a senhora.

— Olha, Baianinho, estou lhe dando uma boa parte do meu sangue. Sou apenas uma mulher, mas você não sabe o que posso fazer com você, se continuar a me chantagear. Estou pagando muito caro e gostaria de não vê-lo nunca mais.

— Enquanto as cartas estiverem chegando, a senhora vai receber.

Ouvindo isso, ela entrou em desespero e pensou: "O que posso fazer, meu Deus, para ficar livre desse homem? Não vou matá-lo porque não sou assassina. Se eu tirar a vida dele, virão outros, pois vejo que são muitos. Será mais fácil eu me mudar daqui, já que aqui só tenho esta casa, nada mais. Tenho de pensar para onde iremos, para que minha neta possa estudar sem ser prejudicada. Sinto que aqui não poderemos mais ficar, pois esse homem não me dará sossego".

Assim que tudo ficou decidido, dona Shirley conversou com sua neta e falou que, infelizmente, teriam de se mudar do Rio de Janeiro. Talvez fossem para Salvador.

— Por que vovó, se a senhora mora aqui há tanto tempo? Já me acostumei com meus amigos da escola, o trabalho na Casa Espírita. Eu não gostaria de mudar daqui, vovó, tudo o que temos está aqui.

— Minha filha, o Rio de Janeiro é uma cidade muito violenta, não sei por que, mas estou ficando com muito medo de morar aqui.

Esther pensou que sua avó estava tendo apenas uma pequena preocupação, devia ser por causa das notícias, que só falavam da onda de violência no Rio. Esther, que era uma jovem muito humilde e bondosa, falou:

— Tudo bem, vovó, faça o que for melhor para a senhora. Eu só gostaria que a senhora esperasse o fim do ano para que eu possa terminar o ano letivo.

Esther se surpreendeu quando a avó falou:

— Vou vender a casa o mais rápido possível para mudarmos o quanto antes.

— Nessa semana mesmo colocarei a casa à venda.

Antes que a menina argumentasse, a avó foi logo falando:

— Esther, tudo o que estou fazendo é para o seu bem. Não podemos continuar morando em um lugar tão violento, como está ficando o Rio de Janeiro. Já fui ameaçada de morte várias vezes e até assaltada algumas vezes, mas nunca falei nada para que não ficasse com medo.

Esther ficou calada, até porque não sabia o que dizer.

Dona Shirley, por outro lado, morria de medo que a neta descobrisse as tramoias que havia feito. Por isso escondia aquelas cartas debaixo de sete chaves. Seu maior medo era que a menina encontrasse as cartas. Se isso acontecesse, além de ter para sempre o desprezo da neta, todo seu plano iria por água abaixo, e isso ela não queria. Esther jamais poderia descobrir seu segredo.

Carregando esse peso na consciência, passou a viver em profundo tormento. Não conseguia dormir em paz. Em volta dela era possível notar uma sombra escura que seguia todos seus passos. Dona Shirley, que já era uma pessoa amarga, passou a ter várias crises de depressão.

Sabemos que as pessoas que carregam segredos, principalmente aqueles que fazem mal aos outros, não têm sossego. A consciência está sempre cobrando. É como se estivéssemos sendo vigiados a todo o momento.

Sabemos que a nossa consciência é o grande juiz que nos condena. Por mais que sejamos prematuros em nossa evolução, nossa consciência sempre aponta onde estão os nossos erros e nos chama a atenção para despertarmos para a nossa reforma íntima.

Existem pessoas que, para despertarem, precisam sentir o mundo desabando em suas cabeças. Enquanto não houver um sofrimento gigantesco, continuam a prejudicar os outros. Era realmente isso o que estava acontecendo com a nossa irmã, que causou tanto sofrimento à neta que dizia amar muito.

Assim que dona Shirley estava de posse do dinheiro que conseguiu com a venda da casa, viajaram para a Bahia. Chegaram a um lugar muito bonito, com belas paisagens, uma natureza perfeita e foram direto para um hotel.

Em pouco tempo, comprou uma linda casa em um dos bairros nobres daquela cidade e matriculou Esther em uma das melhores escolas. Transferiu tudo o que tinha em dinheiro para os bancos de Salvador, onde poderia movimentar seus negócios tranquilamente sem ter ninguém que a importunasse. Pensava que agora poderia viver feliz, pois estava muito longe daqueles falsificadores e trapaceiros do Rio de Janeiro.

Com o passar do tempo, Esther foi se acostumando com as pessoas e fazendo muitos amigos, que a ajudaram a encontrar uma Casa Espírita ali mesmo na cidade de Salvador. Em pouco, tempo já estava participando dos trabalhos sociais da Casa Espírita. Seu envolvimento com as crianças carentes a ajudava a esquecer aquela triste situação e também a não sentir saudade do seu grande amor, que estava sempre presente em seu coração. Muitos jovens a cortejavam, mas Esther não dava bola para nenhum deles. Usava sempre uma aliança de compromisso no dedo, para mostrar a todos que já era comprometida.

Os anos se passaram. Esther formou-se. Completou o segundo grau e estava pronta para fazer o vestibular em uma das melhores universidades de Salvador. O que Esther mais queria era trabalhar com crianças. Procurou fazer um curso para trabalhar diretamente com os enfermos. Formou-se enfermeira e, assim, pôde ter um contato muito mais próximo com os doentes.

Seu objetivo era construir uma creche, uma obra social. Este era um compromisso que assumiu na espiritualidade antes de reencarnar. Estando agora com 22 anos, poderia ter a liberdade de fazer algo a mais em sua vida, pois já estava de posse da herança deixada por seus pais.

CAPÍTULO 20

SOZINHOS NO MUNDO

Os anos se passaram, e André sempre ficou à espera de uma carta de sua esposa, pois assim a considerava. André e o senhor Joaquim haviam se mudado, após terem sido despejados da Vila das Flores. Como não tinham lugar para ficar naquela cidade, foram embora para Belo Horizonte, a grande capital mineira, onde morava uma das irmãs do senhor Joaquim.

Nosso irmão, naquela situação enfermiça, dependia muito das pessoas, e a irmã observou que André era uma ótima companhia para ele. Já que cuidava muito bem do seu irmão e como não tinha nenhum parente vivo, ela decidiu levá-lo para sua casa.

André estava com 22 anos, e conseguiu apenas completar o segundo grau. Entrar para a universidade era impossível, pois não tinha dinheiro para pagar. Conseguiu arrumar um emprego, onde trabalhava para ajudar o senhor Joaquim, que considerava como um pai. Assim que chegou à capital mineira, o jovem procurou uma Casa Espírita onde pudesse frequentar as reuniões e também participar dos trabalhos sociais.

Aquela fraternidade tinha um asilo pelo qual o jovem se interessou rapidamente e passou a cuidar dos velhinhos. Dava banho, comida e gostava muito de contar pequenas histórias para eles. Histórias essas que encontrava nos livros espíritas e que traziam conhecimentos edificantes. Ele usava todo o seu tempo a serviço do amor. Amor que amenizava seu sofrimento e o ajudava a esquecer um pouco a sua dor, preenchendo o grande vazio que existia em seu coração.

Quando tudo parecia estar se encaminhando na vida de André, eis que ele levou mais um tropeção e, não fosse a sua fé em Deus e a confiança na espiritualidade, o tombo seria desastrado.

Senhor Joaquim, muito debilitado e fraco, em uma tarde fria e escura, partiu para a outra dimensão da vida.

André, amparado pela espiritualidade, sofreu amargamente aquela perda, mas não desanimou. O trabalho tinha de continuar. Tudo o que poderia ter feito pelo senhor Joaquim, ele fez. Jamais esqueceria seu grande amigo, que lhe ensinou tantas coisas valorosas na vida. Fora mais que um pai para ele.

André estava sozinho no mundo, era dono de sua liberdade e poderia fazer de sua vida o que bem quisesse. Uma coisa o deixava preocupado: continuar morando na casa da irmã do senhor Joaquim, sendo que não era parente dela. Tinha de procurar seu próprio lugar, e assim pensou: "Meu Deus, quantas cartas escrevi para Esther sem nunca ter recebido resposta! Acho que é hora de procurá-la. Não vou ficar mais aqui. Não há nada que me prenda a este lugar. Mesmo se estiver casada com outro, não faz mal, o importante é que esteja feliz".

Quando amamos de verdade e o amor é puro e verdadeiro, às vezes preferimos renunciar à nossa própria felicidade para ver o outro feliz.

Sem muito tempo para pensar, colocou seus planos em ação. Pediu as contas na firma em que trabalhava, foi até a Casa Espírita e se despediu dos irmãos, dizendo que tinha de fazer uma viagem e não sabia se voltaria, mas que não se preocupassem com ele. Escreveria para todos dizendo onde estava.

O dirigente da Casa Espírita, senhor Adolfo, disse:

— Meu filho, esta casa estará sempre aberta para você. Vai nos fazer muita falta. Tenho certeza de que os velhinhos que aqui estão também sentirão sua ausência. Quando você chega, contagia a todos com sua alegria. Até os que estão mais nervosos ficam calmos.

— Meu amigo, não vou dizer que não vou voltar. Se eu puder, voltarei. Mas como o senhor sabe, nosso destino não está em nossas mãos, está nas mãos de Deus. Não sei o que vai acontecer comigo. Gosto muito de vocês e acostumei rapidamente com todos. Mas, depois da morte do senhor Joaquim, sou um homem livre. O que me prendia, realmente, era o meu compromisso com ele. É difícil viver numa casa quando não fazemos parte da família. Por isso preciso fazer essa viagem, vou ao encontro de uma pessoa que preenche o meu coração.

— É a namoradinha, não é?

— Sim, mas ela não é apenas uma namoradinha, somos almas afins.

— Almas afins ou almas gêmeas?

— Se somos almas gêmeas, eu não tenho certeza; mas almas afins, certamente.

Assim, André se despediu de todos os velhinhos, disse que ia fazer uma viagem, mas nunca iria se esquecer de nenhum rostinho daqueles e estaria sempre orando por eles.

Os amigos tarefeiros da Casa Espírita se emocionaram com a despedida de André. André abraçou a cada um daqueles irmãos e as lágrimas desciam abundantemente de seus olhos, pois era um homem muito emotivo.

E, assim, André partiu com destino à cidade de Araguaína, no estado de Goiás, onde julgava morar sua querida Esther.

Depois de muitos dias de viagem, chegou a seu destino. Com o endereço na mão, procurou pela casa de Esther. Demorou muito para encontrar a casa. Quando a encontrou, teve uma grande decepção: era um pequeno barraco com as paredes em ruínas, caindo aos pedaços. André, muito encabulado, pensou: "Deve ter alguma coisa errada. Esther recebeu uma grande herança de seus pais, como ela iria morar em um lugar desses, tão pobre assim? Sua avó era uma mulher de posses. Há alguma coisa que não está se encaixando nesta história".

Bateu à porta e uma criança de nove anos, mais ou menos, veio atender. André ficou parado ali na porta olhando para aquela criança barrigudinha, cheia de vermes, que também não parava de olhar para ele. Depois, a criança chamou sua mãe e disse que tinha visita. De repente, chegou à porta uma senhora de olhar muito triste, que trazia no rosto marcas de muito sofrimento.

André se apresentou e disse que estava ali à procura de uma moça chamada Esther. Falou que havia mais de oito anos que mandava cartas para aquele endereço. Mandara vinte e duas cartas e nenhuma fora devolvida para ele, significando, então, que Esther morava mesmo ali.

— Meu senhor, meu marido não está aqui agora e eu não sei de nada. É melhor o senhor voltar mais tarde.

André despediu-se da senhora e saiu dali muito triste. Gostaria muito de saber o que tinha acontecido com sua amada.

Mais tarde, André encontrou-se com o marido daquela senhora e perguntou se ele teria tempo para conversar um pouco.

Era uma família muito pobre, naquela casa não tinham sofá, nem cadeiras para se sentar. Era a casa do senhor Alexandre.

— Senhor Alexandre, não sei se poderá me ajudar. O senhor mora aqui há muito tempo?

— Moro aqui desde que nasci. Esta casa pertenceu aos meus pais.

André relatou toda sua história, falou da carta que recebeu com aquele endereço, dizendo que sua amada estava morando lá. Contou que mandou vinte e duas cartas para aquele endereço e que nenhuma foi devolvida para ele.

— Olha, eu recebi algumas cartas, não sei quantas, mas foram várias.

— Tenho um filho que mora no Rio de Janeiro. Ele veio aqui, deu dinheiro para nós e falou que era para receber todas as cartas que chegassem e guardá-las. Quando não estivesse chegando mais cartas, era para colocarmos todas em um grande envelope e mandá-las para ele. Assim nós fizemos. Mandamos todas as cartas para ele, mas não sabemos o que aconteceu com elas.

André ficou feliz, pois estava começando a ter uma explicação para tudo o que estava acontecendo.

— Senhor Alexandre, tem como me passar o endereço do seu filho no Rio de Janeiro?

— Não sei direito o endereço, mas sei que ele mora na favela da Rocinha, no Beco das Pedras. Quem sabe você consegue descobrir esse lugar? Pelo nome dele não vai conseguir encontrá-lo, mas ele tem o apelido de Alemão, todos o conhecem assim. Ele tem um amigo que também é muito conhecido por lá, chama-se Baianinho.

— Meu Deus, como vou fazer para encontrar esse homem? Será muito difícil encontrar alguém só pelo apelido, mas terei de tentar. Se encontrei uma pista, tenho de continuar procurando

Assim, André despediu-se do pessoal da casa, agradecendo a informação, e partiu novamente com destino à capital de Goiânia, para depois seguir para o Rio de Janeiro.

Chegando ao Rio de Janeiro, hospedou-se em uma pensão que ficava próxima da rodoviária. No dia seguinte, já descansado da viagem, foi procurar a favela da Rocinha. Andou o dia todo até chegar, mas uma notícia triste o esperava pela frente. Quando encontrou a casa do Alemão, alguém o atendeu e disse que não conhecia esse rapaz, que há pouco tempo tinha comprado aquele barraco.

Procurando por informação ali mesmo na vizinhança, ficou sabendo que Alemão havia morrido havia uns cinco anos, fora assassinado.

André, então, começou a procurar pelo Baianinho, mas ninguém naquele beco o conhecia. Andou vários dias procurando por ele, até que certo dia encontrou uma senhora que se chamava Olívia, que vendia condimentos na favela da Rocinha, e por isso conhecia quase todo mundo.

Aquela senhora tratou André muito bem e disse que conheceu o Baianinho, mas a notícia não era muito boa: ele havia sido assassinado havia uns dois meses.

"Meu Deus, as duas pessoas que poderiam me dar alguma pista estão mortas. Agora será muito difícil encontrar Esther."

Agradeceu a senhora pela boa vontade de ajudar e desceu o morro, vendo como aquelas pessoas eram tristes e sofridas.

Andou por um bom tempo sem saber direito para onde ir e o que fazer. Seus pensamentos estavam muito confusos. Tinha voltado à estaca zero. Depois que caminhou bastante pelas ruas e becos daquela favela, decidiu ir à praia para ver a imensidão do mar e meditar um pouco.

Chegou a um determinado ponto daquele lugar maravilhoso e ficou pensando: "Deve ser aqui que ela tirou aquela foto que mandou para mim. Meu Deus, que destino cruel é o meu! Fomos enganados! Será que foi a avó dela que fez isso conosco? Pelo menos sei que está sozinha e, com certeza, me esperando. Mas como vou encontrá-la nesta cidade tão grande? Será que mora aqui ainda ou já mudou para outro lugar?"

Depois de um longo tempo ali parado, André teve uma ideia e falou:

— Já sei onde encontrá-la. Vou procurar as Casas Espíritas, tenho certeza de que pelo menos uma vai me dar notícias dela. Se ela frequenta ou já frequentou uma Casa Espírita nesta cidade. Sei que não será fácil, pois a cidade é muito grande. Não faço nem ideia de quantas Casas Espíritas existem por aqui. Antes de tudo, vou tentar arranjar um trabalho.

André voltou para a pensão muito triste, mas ao mesmo tempo feliz porque sabia que Esther não o tinha esquecido. Descobriu que os dois foram enganados e que a avó dela era a única pessoa que poderia ter feito isso.

André, então, começou a procurar emprego. Não encontrou nem um trabalho naquilo que gostaria de fazer, mas conseguiu emprego em um bar, para atender no balcão. André, que não ingeria bebidas alcoólicas, também não gostava de frequentar bares, mas teve de trabalhar servindo bebida para os outros.

Nas suas horas de folga, saía andando pela cidade à procura de Casas Espíritas. Quando encontrou uma, começou a frequentar assiduamente. Depois de um tempo naquela casa, perguntou se alguém de lá conheceu uma moça chamada Esther. Deu todas as características dela, mas, infelizmente, ninguém a conheceu. André ficou por mais algum tempo na casa, depois saiu à procura de outra. E, assim, andou de casa em casa à procura de notícias, mas a resposta era sempre a mesma: ninguém a tinha conhecido.

Até que um dia encontrou uma Casa Espírita muito grande e muito bem organizada. Procurou o dirigente e perguntou a ele se há mais ou menos uns quatro ou cinco anos tinha trabalhado lá uma jovem chamada Esther. O presidente da casa disse que sim, que era uma jovem muito dedicada e que gostava muito de crianças. Trabalhava como voluntária na creche e, quando chegava, as crianças ficavam radiantes.

— O senhor sabe onde ela mora?

— Olha, moço, um dia ela chegou aqui e disse que ia se mudar, mas não sei se era para um bairro mais distante ou se era para outra cidade. Não sei para onde foi, não deixou o endereço. Isso faz uns quatro anos, e até hoje não tivemos mais contato com ela.

André agradeceu e foi embora pensando: "Meu Deus, estive tão perto dela, mas não consegui chegar a tempo. Será que alguma coisa impede o nosso encontro? Será que o nosso destino é passar a vida toda cada um para um lado? Mas tenho esperança de que um dia irei reencontrá-la, pois jamais a esquecerei e me sinto cada vez mais compromissado com ela. Tenho certeza de que quem está fazendo isso tudo com a gente só pode ser sua avó".

André voltou para a pensão decidido a ir embora, pois nada mais o prendia àquela cidade. Foi ao bar, onde trabalhava como balconista, e acertou as contas para que pudesse seguir um novo destino. Com tudo acertado, embarcou novamente para a capital de São Paulo. Quem sabe Esther estaria morando novamente em São Paulo?

Em São Paulo, André conseguiu alugar um barracão numa vila bem distante da cidade. Ali ele recomeçou a vida. Arranjou emprego e começou a trabalhar, mas descobriu que na vila não existia nenhuma Casa Espírita. Se existisse, era muito longe.

A vila foi crescendo cada vez mais.

André fez amizade com muitas pessoas e começou a recebê-las em sua casa para fazer o Culto do Evangelho no Lar, todos os domingos, às 10 horas da manhã. Convidava todos os vizinhos para participar, distribuía balas para as crianças. Em pouco tempo, havia mais de vinte crianças participando daquele Culto do Evangelho no Lar, e todas acompanhadas de seus pais. Ele falava do Evangelho de Jesus com muito amor e sabedoria. Aquele culto foi crescendo cada vez mais. André recebia todos com muita alegria no coração.

Toda noite, na hora das suas orações, sempre pedia a Deus por sua amada Esther, que iluminasse seus caminhos para que pudesse cumprir sua missão na Terra dentro da programação divina. Pedia a Deus que desse a ele também muita força para que pudesse cumprir sua missão, os compromissos assumidos no mundo espiritual.

Todos os domingos, na hora do Culto do Evangelho no Lar, sua pequena casa ficava repleta de pessoas. Então resolveu abrir mais um dia na semana para que somente os adultos participassem com ele. Seria na quinta-feira à noite. O número de pessoas foi aumentando dia a dia. De repente, já estava ali com mais de vinte pessoas.

André lia o Evangelho, fazia comentários, divulgava sua doutrina consoladora, falava de Jesus o tempo todo. Em pouco tempo, em sua casa não cabia mais ninguém. Então comprou um lote próximo de onde morava e dividiu o valor em várias parcelas, já que não tinha dinheiro suficiente para aquela compra.

Construiu ali um Centro Espírita bem simples e humilde, mas um lugar onde ele pudesse semear a semente do bem, do amor e caridade naquela pequena vila.

Procurou a Federação Espírita de São Paulo, que lhe deu o maior apoio. E o trabalho foi crescendo cada vez mais. Assim nasceu o Núcleo Espírita Bezerra de Menezes. André tornou-se coordenador e dedicava todo seu tempo ao trabalho, que não parava de crescer. André começou a observar que seu maior compromisso era com os idosos. Sua porta estava sempre cheia de pedintes e idosos, doentes que traziam muitas dificuldades para se locomover, muitas deficiências físicas. Sempre estavam em busca do seu amor e do seu auxílio.

André aproveitava todo seu tempo livre para cuidar dessas pessoas, doando roupas e alimentação que ele mesmo fazia.

Era uma época muito difícil no Brasil, quando os idosos ainda não tinham direito à aposentadoria. Naquela época, não existia isso, somente quem tinha era beneficiado.

Era comum ver esses idosos pela cidade mendigando. Não existiam casas que dessem apoio a eles.

André observava aquela situação com muita preocupação, queria ajudar a todos para que tivessem uma vida melhor e reuniu-se com algumas pessoas que frequentavam o Núcleo Espírita Bezerra de Menezes. Aquele pequeno grupo que trabalhava com ele, homens que saíam de madrugada para o trabalho e só retornavam à noite, tinha somente o fim de semana disponível para ajudar na obra.

A espiritualidade amiga nunca desampara ninguém. Quando estamos preocupados em servir, a espiritualidade nos serve muito mais. Assim, André recebia o amparo dos benfeitores espirituais.

CAPÍTULO 21

RENUNCIANDO POR AMOR

Envolvido pela vontade de ajudar, André levou a proposta de construir um barracão nos fundos da Casa Espírita. A Casa tinha um salão pequeno, e sua maior preocupação era com os velhinhos que viviam desamparados nas ruas. Todos aqueles amigos concordaram em ajudar. Os que não tinham condições de comprar o material ofereceram a mão de obra.

Fizeram um barracão de três cômodos no fundo do núcleo espírita, e os idosos começaram a chegar. André trabalhava à noite e cuidava deles durante o dia. O tempo foi passando, e as pessoas viam a dedicação daquele jovem, que poderia estar vivendo sua vida da forma como todos jovens gostavam de viver. Mas André escolheu dedicar todo o seu tempo aos necessitados.

Quando alguém falava que ele era jovem, que deveria arranjar uma namorada, casar, construir família, ele respondia:

— Já sou casado, minha esposa não mora aqui, ela mora bem distante. No momento, estamos separados, mas um dia vamos nos reencontrar. Por enquanto, cada um está realizando seus sonhos.

As pessoas riam dele e achavam aquilo muito engraçado.

Com o passar do tempo, aquela obra social foi crescendo, outros necessitados foram chegando e aquele barraco, que era de três cômodos, tornou-se uma grande casa. Chegou a um ponto que André não podia mais trabalhar fora. Era necessário que ficasse dia e noite cuidando dos idosos. Para André, conciliar o trabalho e o serviço voluntário estava sendo muito difícil. Mas, como a espiritualidade nunca nos desampara, André teria de pagar mais um débito do passado: teria o compromisso de abdicar de toda sua vida em favor do próximo. Assim aconteceu esse episódio. André trabalhava em uma grande indústria de cana-de-açúcar. Ele manuseava uma máquina de moer cana. Certo dia, por um pequeno descuido, a máquina de cana puxou a mão de André e esmagou seu dedo polegar. André foi imediatamente levado para o hospital. Os médicos tentaram recuperar seu dedo, mas sem sucesso, e tiveram de amputá-lo. Assim André ficou com uma pequena deficiência na mão direita, tornando-se inválido para o trabalho. Foi mandado para o INPS, que o aposentou imediatamente por invalidez. André não se abateu com essa perda, mas, sim, agradeceu a Deus a oportunidade do resgate e do auxílio ao próximo. O que mais o fazia sofrer era a dor de não saber de sua amada, de não poder estar ao lado dela e de não ter nenhuma notícia. Essa era sua maior e eterna dor.

Com essa aposentadoria, André poderia se manter. Sem se preocupar com o trabalho, podia dedicar todo o seu tempo aos seus semelhantes. Assim, passou a viver 24 horas por dia para o trabalho social. Abriu novos dias de reunião pública na Casa Espírita. Outras pessoas foram chegando, e o trabalho no asilo foi aumentando. Em pouco tempo, já havia catorze velhinhos no asilo Bezerra de Menezes. Para André, era muito difícil manter o asilo, pois não tinha recursos, vivia só de doações, ainda mais em uma vila tão pequena como aquela.

Mas André não desanimava, fazia tudo muito satisfeito. Ele mesmo lavava as roupas, dava banho naqueles que tinham dificuldade em fazê-lo; alimentava os que não conseguiam se alimentar. Ele fazia aquele trabalho com muito amor e carinho.

Mesmo tendo André todo o seu tempo preenchido pelo trabalho na seara divina, jamais se esqueceu de Esther, nem por um momento, porque o amor dos dois era tão grande que nem o tempo conseguia apagar.

Quando o amor é sincero, puro e divino, pode passar o tempo que for que nada o destruirá. Ao contrário, ele aumentará cada vez mais.

À noite, quando André repousava e seu espírito tinha liberdade para sair do corpo, ele viajava ao mundo espiritual e tinha lembranças dos momentos felizes que os dois viveram juntos até os 13 anos de idade.

André vivia sempre sonhando com o passado. Eram essas lembranças que lhe davam força para passar todo esse amor aos irmãos necessitados. Esses sonhos eram como um combustível que o alimentava, dando-lhe mais energia para trabalhar em favor dos seus semelhantes.

Assim era a vida de André: amparando, auxiliando, servindo e amando sempre e cada vez mais. A Casa Espírita foi crescendo e outras reuniões foram surgindo: reuniões mediúnicas, reuniões de tratamento. Muitas pessoas vinham de outros bairros procurando o lenitivo do tratamento espiritual que aquela casa oferecia com muito sucesso. Muitos recebiam a cura, de acordo com o seu merecimento. A casa era solicitada por muitos enfermos, todos vinham em busca de auxílio.

Esther morava em uma cidade no estado da Bahia, envolvia-se no trabalho com as crianças da creche, onde trabalhava vários dias da semana como voluntária.

Certo dia, ao chegar em casa, teve uma triste surpresa. Bateu à porta e sua avó não veio atendê-la. Bateu várias vezes e não obteve resposta. Foi até a vizinhança saber o que havia acontecido. Sua preocupação aumentava à medida que perguntava e as pessoas diziam não saber de nada. Ninguém a tinha visto sair, mas parecia que não tinha ninguém em casa.

Esther, sem saber o que fazer, sentou-se à porta para esperar. Ficou por mais de meia hora ali sentada pensando: "O que será que aconteceu com minha avó? Estou com um pressentimento ruim".

Cansou de ficar ali esperando e chamou o chaveiro, que veio e abriu a porta. Esther entrou correndo na sala, foi até a cozinha e não encontrou ninguém. Desesperada, correu para o quarto e encontrou sua avó caída ao lado da cama. Seu corpo já estava gelado, tinha desencarnado havia várias horas.

Esther pediu a Deus e à espiritualidade amiga que protegessem a sua avó naquele momento, e a ela, que a partir dali, estaria sozinha no mundo. Deus havia levado sua única parenta.

Preparou tudo para o enterro de sua avó, chamou os vizinhos para rezarem uma oração e abriu *O Evangelho Segundo o Espiritismo*, onde leu a prece para aqueles que acabam de desencarnar.

Depois do enterro, a jovem voltou para casa sozinha e ficou meditando: "Meu Deus, agora o que me prende aqui são as crianças e os amigos da Casa Espírita. Ah! Se eu soubesse que André está sozinho, iria procurá-lo. Mas, como mandou aquela carta dizendo que estava namorando, deve ter se casado, construído uma família, deve ter filhos. Não posso interferir na vida dele. Às vezes, meu Deus, sinto uma angústia tão grande, uma vontade louca de procurá-lo, algo me diz que ele não está bem. Uma pessoa não pode se esquecer da outra tão rapidamente como ele se esqueceu de mim".

Aquela noite, depois do enterro de sua avó, foi de muita meditação para a jovem, que acabava de ficar sozinha no mundo. Tantas perguntas chegavam a sua cabeça, e muitas não tinham resposta.

Quando conseguiu pegar no sono, teve um sonho. Sonhou que sua avó estava gritando desesperadamente, pedindo socorro, pedindo perdão por tudo o que tinha feito. Aos gritos, ela falava:

— No cofre, olha no cofre, lá estão todos os documentos que você precisa. Tem uma caixa debaixo da cama que nunca poderia ser aberta, lá estão todos os meus segredos, segredos de uma vida inteira. Ajude-me, minha filha! Esse segredo está me incomodando e me fazendo sofrer muito.

— Pegue, minha neta, eles pertencem a você. Perdoe-me por tudo!

Esther acordou muito preocupada com aquele sonho, não conseguia entender nada, mas foi até o quarto de sua avó verificar se realmente tinha um cofre. Esther sabia que não iria achar a chave, com certeza sua avó a havia jogado fora. Olhou debaixo da cama e avistou, bem escondido no assoalho, uma janelinha. Abriu a janelinha e, lá dentro, viu um caixote. Puxou-o para fora e viu que ele também estava trancado. Assim que o dia amanheceu, Esther procurou chaveiro e pediu-lhe que abrisse o cofre e o caixote. Quando o caixote foi aberto, Esther teve uma grande surpresa: lá dentro estava um envelope grande e, embaixo dele, outro envelope pequeno. Abrindo o envelope com muita pressa e curiosidade, retirou de lá um amontoado de cartas. Esther abriu uma por uma, e leu um pedaço de cada. Muito emocionada, contou vinte e duas cartas que estavam ali escondidas. Com o coração aos saltos, percebeu que todas aquelas cartas tinham sido enviadas por André para ela. Quando olhou o endereço para onde as cartas tinham sido mandadas, levou um grande susto. Como André poderia mandar cartas para a cidade de Araguaína, se que ela nunca tinha morado lá? "Meu Deus, nessa época eu morava no Rio de Janeiro!" Esther, muito amargurada, ficou um bom tempo ali olhando aquelas cartas e pensando: "Meu Deus, o que será que a minha avó fez comigo? Na verdade, André nunca teve outra namorada. Mas como ele me escreveu dizendo que estava namorando?"

Esther lia e relia aquelas cartas e, cada vez mais, desconfiava que alguma coisa estava errada.

Querendo tirar a limpo aquela confusão, pegou a última carta que André havia mandado e viu que a letra, por mais que se parecesse com a dele, não era idêntica. Desconfiou, então, que realmente aquela última carta ele lhe mandara, dizendo que estava namorando com outra pessoa, era falsa.

"Meu Deus, André nunca me mandou esta carta!"

Esther, além de ser uma pessoa de bom coração, era muito esperta e, juntando uma coisa à outra, descobriu que aquele sonho que teve com sua avó pedindo perdão era por toda a maldade que havia feito com ela. Começou a orar pedindo a Deus que perdoasse a sua avó, que, de sua parte, do fundo do coração, já a havia perdoado.

Assim, Esther decidiu procurar por André, onde quer que ele estivesse. O mundo seria pequeno, precisava encontrar seu grande amor. Correria o mundo inteiro, se fosse necessário. Enquanto tivesse vida, procuraria por ele. Até mesmo depois que partisse para outros planos, procuraria por seu grande amor incansavelmente.

Assim, muito decidida, resolveu todas as coisas que precisavam ser resolvidas em sua cidade. Em seguida, foi até a Casa Espírita para se despedir dos seus amigos, dizendo que teria de fazer uma viagem e não sabia quando voltaria. Que eles não se preocupassem com ela, pois, com certeza, estaria muito bem.

Pegou o primeiro ônibus com destino à capital de São Paulo. Chegando à capital, seguiu para o interior. Chegou a sua cidade natal e teve uma grande surpresa: a Vila das Flores, onde André morava, não existia mais.

No lugar existia agora uma grande indústria. Esther, desorientada, saiu perguntando aos moradores dos bairros mais próximos o que tinha acontecido com aquela vila.

Com muita tristeza e dor no coração, ficou sabendo que aquele terreno pertencia a uma grande empresa, que despejou todos os moradores. A jovem não sabia o que pensar, e saiu perguntando aos moradores se algum deles conheceu senhor Joaquim, um grande benzedor que morava naquela vila com um rapaz chamado André. Um daqueles moradores antigos disse a ela que conheceu os dois, mas que eles tinham ido embora.

Esther, então, perguntou se não sabiam para onde eles tinham ido. Eles disseram que não, mas que a dona Ana, que frequentava a Casa Espírita, poderia saber alguma coisa. Disse a ela onde dona Ana morava: no fim da rua, em uma casa que tinha muitas flores na frente.

A jovem agradeceu ao moço e seguiu para casa de dona Ana. Ela atendeu Esther com muito carinho e confirmou que os dois haviam ido embora, já que não tinham lugar para ficar naquela cidade e nenhum parente. Contou-lhe que o senhor Joaquim tinha uma irmã que morava em Belo Horizonte, e que tinham ido procurar por ela. Com certeza, estão morando em Belo Horizonte. Esther perguntou se ela sabia o endereço deles, mas dona Ana não sabia.

Esther agradeceu e voltou muito triste e angustiada. Pegou o ônibus e retornou para São Paulo. E dois dias depois foi para Belo Horizonte.

Chegou a Belo Horizonte. Ela não conhecia ninguém, e pensou: "Meu Deus, como vou encontrar André em uma cidade tão grande como esta? Como não tinha nenhum conhecido, foi para um hotel e pagou três meses antecipados. Pensou que seria o tempo suficiente para encontrar André. A primeira coisa que fez foi procurar a União Espírita Mineira, para ver se eles tinham os endereços das Casas Espíritas de Belo Horizonte e das cidades próximas. Nessa época, Belo Horizonte era uma cidade média em pleno crescimento. Um dos dirigentes da União Espírita, que trabalhava dando informações na recepção da casa, disse a ela:

— Minha filha, temos algumas Casas Espíritas nesta cidade, e posso lhe dar o endereço, mas são poucas.

Com os endereços nas mãos, ela começou a procurar pelas Casas Espíritas. Ela perguntava por André, conversava com muitas pessoas, mas não conseguia notícias dele. Ela visitava as casas espíritas em busca de notícias de seu amado e sempre obtinha mesma reposta. Até que, certo dia, encontrou uma pequena Casa Espírita com um abrigo para idosos. Rapidamente, fez amizade com todos naquela casa e, conversando com um e com outro, buscava informações de André. Até que o presidente da casa falou que conheceu André, que realmente esse jovem esteve com eles por algum tempo.

— André, minha filha, era a alegria desta Casa. Quando ele, chegava todos os nossos idosos se encantavam com ele ficavam radiantes de felicidade. Ele sempre contava histórias para todos e tinha o maior carinho e cuidado com eles. Era uma felicidade danada quando chegava.

— Mas, de uma hora para outra, André perdeu seu pai de criação.

— Meu Deus! O senhor Joaquim faleceu! – Esther ficou muito triste com o desencarne do senhor Joaquim, mas feliz por saber que a vida continua, e por ter notícias de seu amado.

— Que bom que o senhor tem notícias dele, pois há tempo o procuro!

— Depois da morte de seu pai, André se sentiu livre e disse que quem o prendia era o senhor Joaquim, mas tinha uma missão muito importante na vida, que era procurar por alguém que amava muito e que ia amar para sempre. Ele falava de uma jovem que fora sua primeira namorada, que foram criados juntos e que jamais conseguiu esquecer. Ela se chamava Esther, e ele toda noite sonhava com ela.

À medida que aquele senhor ia falando, abundantes lágrimas desciam dos olhos da moça. Senhor Adolfo, ao ver a moça chorando tanto, interrompeu a conversa e perguntou:

— O que aconteceu, minha filha, por que está chorando tanto?

— Desculpe-me, senhor, mas essa moça de quem está falando sou eu. Eu também estou procurando por ele há muito tempo. O destino nos separou aos 13 anos de idade. Fomos levados cada um para um lado e não conseguimos nos reencontrar. Serei a mulher mais feliz do mundo quando estiver ao seu lado. Mas só de saber que André está vivo e bem, tenho mais força para continuar vivendo e procurando por ele. Enquanto Deus me der forças, o procurarei, vou até o fim do mundo, confio nos amigos espirituais, sei que não estarei sozinha.

— É muito lindo quando encontramos duas almas afins que se amam tanto como vocês dois. É muito importante. Mas André foi embora à sua procura, não sei para onde e já faz muito tempo! Quando partiu, disse que talvez voltasse, mas até hoje não tivemos nenhuma notícia dele.

Esther agradeceu e foi para o hotel.

No hotel, passou horas pensando no que fazer. Não tinha a menor ideia do local para onde André pudesse ter ido. Onde ele iria procurá-la? Depois de muito pensar, lembrou que ele mandava cartas para a cidade de Araguaína, em Goiás. Era quase certo que teria ido procurá-la nesta cidade, que também seria seu próximo destino. Partiria para lá, iria encontrá-lo ou, pelo menos, ter notícias dele.

Esther não perdeu tempo, pegou o avião com destino a Goiânia. Chegando lá, pegou um ônibus com destino à cidade de Araguaína.

Araguaína era uma cidade pequena, por isso não seria difícil encontrar aquele endereço que estava escrito nas cartas. Na rodoviária, pegou um táxi que pudesse levá-la até aquele endereço.

Enquanto passava pelas ruas, ela podia ver muitas crianças na mais extrema pobreza. Isso machucava seu coração, fazendo-a sentir imensa vontade de poder fazer alguma coisa por elas.

Era uma vila muito pobre. As casas eram feitas de barro e madeira, e o esgoto corria a céu aberto. A dor e o abandono se faziam presentes no rostinho daquelas crianças, onde o sofrimento era muito visível. Aquela vila tinha sido abandonada pelo poder público, estava em uma situação caótica. Tudo ali era escasso. Sem a interferência do poder público, as pessoas ficavam abandonadas. As mulheres carregavam água na cabeça de um córrego que passava um pouco distante dali. Não tinha nem água encanada naquela vila.

Depois de presenciar tanta dor e sofrimento, ela chegou ao endereço procurado. Esther desceu do carro e bateu à porta do pequeno barracão. Com muito custo, apareceu alguém para atendê-la. Um senhor cambaleando, segurando nas paredes com as mãos, parecendo estar muito doente, abriu a porta. Seu rosto estava muito pálido, suas pernas tremiam de fraqueza. Esther ficou muito penalizada e, antes de qualquer coisa, perguntou:

— Meu senhor, quer que eu o leve a um hospital? Vejo que o senhor está muito doente.

— Minha filha, cheguei ontem da Santa Casa, fiquei internado uns dias, mas agora estou bem melhor.

— Tudo bem, se o senhor está melhor, será que poderia me dar algumas informações?

— Talvez, minha filha, é que às vezes eu não consigo nem falar, sinto-me muito cansado. Se não for muita coisa o que você quer saber, talvez eu consiga ajudar.

— Eu só gostaria de saber se o senhor mora nesta casa há muito tempo?

— Não, mudei para cá depois que saí de uma fazenda onde trabalhei por mais de quarenta anos. Comprei este barraco com o dinheiro que recebi do patrão, quando fui embora da fazenda, há uns quatro ou cinco anos.

— O senhor conhece o antigo dono deste barraco, sabe onde mora?

— Comprei este barraco na mão da sua viúva. Seu marido morreu com uma doença muito triste, a mesma doença que eu tenho. Ele teve barriga-d'água causada pela bebida. É a mesma doença que eu tenho, só que a minha doença não foi causada pela bebida, eu não bebo.

Esther ficou muito triste e desapontada, mas perguntou novamente:

— E a viúva, o senhor sabe onde ela mora?

— Minha filha, quando comprei este barraco, ela já não morava mais aqui, a casa estava abandonada. Ela morava em outra cidade.

— Será que não tem nem um vizinho que a conheceu?

— Não sei nada sobre essa família, mas, já que você está aqui, procure os vizinhos. Na esquina mora a dona Antônia, ela está aqui há mais de cinquenta anos. Talvez ela possa informar melhor.

Esther se agarrava a tudo o que desse um pouco de esperança de encontrar seu amado. Estava vivendo para isso, esse era seu objetivo de vida. Mesmo que durasse uma existência inteira, não desistiria. Sendo assim, foi à casa da esquina à procura de dona Antônia.

Bateu à porta e veio uma senhora com muita dificuldade de ouvir, era necessário falar muito alto para que ela escutasse. Com muito esforço, conseguiu manter um diálogo com dona Antônia. Esther pediu informações sobre a viúva que morava naquela casa. Dona Antônia disse que, depois que o marido dela faleceu, rapidamente ela arrumou outro homem e foram morar em outra cidade, e não deu endereço a ninguém. Isso fazia mais de quatro anos e ninguém teve mais contato com ela. Não sabemos onde mora. À medida que aquela senhora ia falando, a jovem ia se entristecendo, sentia que estava ficando difícil o reencontro com seu grande amor. Era como procurar uma agulha no palheiro.

Agradeceu a dona Antônia pelas informações e voltou para o hotel. Na volta, ia observando aquelas crianças. O olhar delas a marcou profundamente. Antes de chegar ao hotel, passou em um armazém e comprou caixas de balas e doces, enfim, todos os tipos de guloseimas de que as crianças mais gostam. Comprou muitas coisas, encheu dois carros e pediu que levassem tudo para aquele endereço, para aquela vila. Distribuiu tudo para as crianças. Foi uma experiência maravilhosa, para ela, poder fazer aquelas crianças um pouco mais felizes.

Voltou para o hotel naquela noite, agradeceu a Deus e pediu uma inspiração. A partir dali, já não tinha mais onde procurar André e queria iniciar seu trabalho, como sempre sonhara desde que era ainda muito pequena. Não sabia como fazer isso, mas pediu a Jesus, aos amigos espirituais, com quem tanto contava, principalmente ao doutor Bezerra de Menezes, espírito em que tinha uma fé imensa. Nas horas de dificuldade, sempre rogava ajuda a ele.

CAPÍTULO 22

O ORFANATO

Esther estava muito cansada, pois tinha passado a tarde toda na vila andando de um lado para outro. À noite, adormeceu rapidamente e seu espírito foi levado para o Plano Espiritual. Quando chegou, deparou-se com uma região onde tinha muitas crianças abandonadas andando pela rua, procurando alguém mais velho para protegê-las. Viu, também, que muitas daquelas crianças estavam sendo exploradas pelos mais velhos. Viu cenas horríveis de falta de proteção àquelas crianças que mendigavam. E cada rostinho que via parecia que já conhecia. Vinham para o seu lado pedindo socorro e amparo.

Para Esther, aquele sonho foi um grande tormento. Despertou muito assustada, como se tivesse acabado de sair de um transe mediúnico, de um desdobramento. Passou todo o dia vendo aquelas cenas reais e pensou: "Meu Deus, quanto sofrimento pude presenciar! Será que é porque ontem tive aquele contato com aquelas crianças? Ou será que é porque pedi a Jesus uma resposta e a minha resposta são essas crianças? Tenho de iniciar o meu trabalho de cuidar dessas crianças necessitadas. Mas por onde começar? Não conheço ninguém aqui, não sei se é aqui o meu destino. Vou continuar pedindo a Deus que me indique uma cidade onde meu trabalho possa dar bons frutos, onde possa realmente ajudar as crianças que precisam de amparo e proteção. Terei de voltar à Bahia para resolver algumas coisas que ficaram pendentes por lá. Tenho de vender a casa que vovó colocou no meu nome. Com o dinheiro e as economias que tenho guardadas, posso manter esse trabalho por alguns anos, até que consiga angariar novos recursos, ajuda de simpatizantes ao meu trabalho. É isso o que vou fazer".

No dia seguinte, pegou o ônibus rumo à Bahia. Chegando a Salvador, colocou a casa na imobiliária, com o preço abaixo do custo para que fosse vendida rapidamente.

Em pouco tempo, a casa foi vendida. Enquanto esperava pela documentação da venda da casa, pensava onde implantar seu trabalho pelas crianças abandonadas, que existiam por toda parte do mundo.

Quando estava com tudo pronto, procurou uma região bem pobre do interior de Minas Gerais. Naquele lugar de sofrimento e pobreza, comprou uma velha casa, que estava bem danificada. Fez uma bela reforma e começou a receber as crianças. Crianças abandonadas que os pais não tinham condições de criar. Esther recebia todas com um grande amor maternal. Esther começou o trabalho com apenas duas crianças: duas irmãzinhas. Cada dia que passava, apareciam outras e outras. Em pouco tempo, eram mais de trinta crianças que recebiam muito amor e carinho. Essas crianças tinham alimentação, higiene pessoal, tudo o que uma criança necessitava. Assim, Esther contratou duas funcionárias para ajudá-la com o trabalho. Reunia-se com suas ajudantes todos os dias para fazerem o Culto do Evangelho no Lar junto com aquelas crianças. Ensinavam-nas a orar, a agradecer a papai do céu pela vida e pelo alimento.

Todos os dias, na hora das refeições, antes de se alimentarem, todos oravam em agradecimento a Deus pela mesa farta, pelo pão de cada dia. Com esses ensinamentos, foi moldando aquelas crianças, que poderiam crescer tendo por base de vida o Evangelho de Jesus, dentro dos preceitos espíritas. Assim nasceu o Educandário Espírita Doutor Bezerra de Menezes. O trabalho crescia cada vez mais.

Esther construiu uma pequena sala ao lado da casa e deu início a uma reunião de estudos da Doutrina Espírita: colocou uma plaquinha no portão convidando as pessoas para que fossem participar todas as quartas-feiras. Ela mesma lia os livros e fazia o comentário com todos aqueles que ali chegavam, pois, naquela pequena cidade, ninguém conhecia o espiritismo, muitos nem mesmo tinham ouvido falar.

Rapidamente, o grupo foi crescendo e o salãozinho ficando pequeno. Era necessário um espaço maior. Então construiu, em uma parte do terreno, ao lado do Educandário, um salão maior, onde poderia abrir outras reuniões para atender melhor as pessoas. Foi orientando as pessoas que já estavam estudando com ela e deram início ao trabalho de passe, já que tinha experiência como passista desde quando morava na Bahia. Foi passando seus conhecimentos para alguns e conseguiu formar um grupo de quatro passistas. Após as reuniões públicas, começava o trabalho de passe: a doação das energias em prol dos necessitados que ali procuravam e recebiam ajuda.

As mães das crianças que moravam ali tinham toda a liberdade para visitar seus filhos a qualquer dia e hora. Não tinha dia marcado para que elas pudessem vê-los. À medida que a situação financeira das mães ia melhorando, podiam pegar seus filhos de volta. Dessa forma, muitas crianças que passavam por lá voltavam para a casa de seus pais. Havia, também, as mães que deixavam as crianças lá e nunca mais voltavam para visitá-las.

A cada dia, Esther sentia que seu maior compromisso na Terra era com as crianças que foram abandonadas por seus pais. Esther seria a mãe de todas, assumiria a grande responsabilidade de educá-las.

Isso não era difícil para Esther, porque já amava profundamente as crianças e queria educá-las da mesma forma como fora educada. Quando se lembrava de sua mãe, do afeto que sentia por ela, dava mais amor àquelas crianças, como se estivesse retribuindo todo o afeto que sua mãe lhe deu. Passando-lhe experiência, quando ainda tão jovem, com o Culto do Evangelho no Lar. Esther se lembrava de seu passado, e essas lembranças lhe davam mais força para cuidar daquelas crianças.

Esther era uma mulher de muita fé, fibra e coragem, mas sabia que a casa não poderia ser bancada por ela por muito tempo. Seu dinheiro não daria.

Assim, fez uma reunião com o grupo que frequentava a Casa Espírita, mostrando a eles a finalidade do trabalho e como aquela obra era importante.

— Meus irmãos, esta casa é mantida por algumas economias da herança que recebi dos meus pais. Mas sabemos que de onde se tira e não se põe, um dia acaba. Não temos condições de manter esta casa assim para sempre, o dinheiro está quase acabando e será impossível continuar o trabalho, então vamos dividir a responsabilidade. Cada um doará o que puder. Tenho uma relação de tudo o que gastamos na casa Bezerra de Menezes, e peço que cada um veja o que pode doar mensalmente. Não estou pedindo dinheiro, apenas os alimentos necessários para manter a casa.

Esther distribuiu a lista, e cada um foi marcando o que poderia doar mensalmente. Quando a lista retornou às suas mãos, viu que a metade do que estava precisando havia conseguido por intermédio daquelas pessoas.

Esther agradeceu a Deus por poder ter companheiros comprometidos com o trabalho. O tempo passou e o trabalho continuou crescendo cada vez mais.

O Educandário Espírita Doutor Bezerra de Menezes já estava completando treze anos de existência. Muitas das crianças que tinham chegado bebês, já estavam com 14 anos. A casa estava cheia de adolescentes. Agora o que mais preocupava Esther era a falta de escola de nível superior na região. As escolas atendiam somente até a 4ª série do Primeiro Grau. Nessa época, a maior parte dos brasileiros não sabia ler nem escrever.

Naquela noite, comemorando o aniversário de treze anos da instituição, Esther agradeceu a Deus por ter lhe dado a grande oportunidade de trabalhar em auxílio ao próximo. Para Esther, essa idade era muito importante, pois foi exatamente aos 13 anos que se separou de André. Esther Pediu à espiritualidade que, se tivesse merecimento, gostaria de ter um sonho com ele para ver o que estava fazendo, se estava encarnado ou não.

À noite, Esther foi levada, em desdobramento, ao mundo espiritual e, por merecimento, teve condições de registrar tudo o que presenciou no mundo espiritual. Esther avistou um senhor muito simpático, de cabelos grisalhos, aparentando trinta e cinco anos. Essa seria a mesma idade dos dois.

Aquele espírito apareceu em meio a vários raios de luz. Os raios de luz representavam os amigos espirituais que o acompanhavam naquela viagem.

Encontraram-se em uma praça maravilhosa, onde as flores estavam desabrochando, lindas e perfumadas. André segurava as mãos de Esther e dizia, muito emocionado:

— Querida, que bom que pude me encontrar com você! Estamos realizando o nosso sonho!

— Sim, meu amado, hoje é um dia muito importante na minha vida. Além de ter a oportunidade de encontrá-lo, a nossa fundação, Educandário Espírita Doutor Bezerra de Menezes, está comemorando treze anos de existência.

— Minha querida, que bom que você fundou um lar para crianças!

— Sim, meu amado, tenho muitos filhos que já estão adolescentes.

— E você, meu querido, o que está fazendo?

— Estou muito feliz, cuidando dos meus velhinhos, que hoje já são quarenta e cinco. Muitos deles estão com certa deficiência mental, outros bastante debilitados fisicamente. Estou muito feliz por ter conseguido fundar um grupo espírita. O nosso também se chama Adolfo Bezerra de Menezes.

Esther deu um forte abraço em André e disse:

— Meu grande amor, sei que nosso destino é cada um realizar um trabalho diferente. Talvez, se estivéssemos juntos, não teríamos alcançado essas realizações. Casamos com Jesus e com a sua obra divina.

— Continuarei esperando por você, meu amado, tenho certeza absoluta de que um dia ficaremos juntos para sempre.

— Eu tenho essa certeza no meu coração.

— Meu compromisso é com a obra social e com você, Esther. Sempre fui fiel. Depois que você foi embora, não tive outra namorada, estou sozinho e espero por você.

— Meu querido, fomos traídos e enganados por minha avó. Ela planejou tudo para nos separar.

— Eu já sabia, meu amor, não fique lamentando. A sua avó, a essa altura, merece o nosso perdão. Quitamos um débito com ela e demos mais um passo à frente na escada evolutiva. Vamos continuar a nossa vida. A espiritualidade superior está sempre nos protegendo e nos deu esta maravilhosa oportunidade de nos encontrar, pelo menos em espírito. Para mim, Esther, já é o bastante, pois esses encontros me dão mais força para viver à sua espera.

— É lamentável eu não me lembrar desses encontros. Todas as vezes que me encontro com você, aqui no Plano Espiritual, ao despertar no corpo físico não me lembro de nada.

— Isso acontece comigo também, minha amada. A maior parte dos nossos encontros esqueço quando acordo. Se Deus não nos deixa essa lembrança ao despertarmos no corpo físico, é porque precisamos desse esquecimento para continuar a nossa caminhada.

Quando estamos em desdobramento e temos um reencontro com nossos entes queridos e não nos lembramos desse episódio, é porque não vai ser bom para nós. Essas lembranças podem nos perturbar, interferindo na nossa vida cotidiana. Geralmente, encontramos nossos entes queridos e mantemos diálogo com eles.

Não é porque a pessoa desencarnou que perde o contato com os encarnados. Às vezes, esse contato fica mais ostensivo, mas nem sempre podemos nos lembrar, porque cada um tem de seguir o seu caminho.

André e Esther sempre se encontravam em sonhos, mas não tinham permissão para se recordar desses momentos. Naquela noite, André e Esther permaneceram por horas conversando e matando um pouco da saudade que os consumia. Eles tiveram um maravilhoso encontro com seus pais, e receberam uma notícia muito agradável. Esther pôde rever seu pai pela primeira vez. Doutor Luís apareceu junto ao pai de André. Naquele encontro, doutor Luís falou para André:

— Meu filho, perdoe-me por tudo o que fiz a você e à sua família. Sofri muito nas regiões umbralinas. A todo o momento me transpassava o arrependimento pelo que fiz à sua mãe. Estava completamente obsediado, longe do meu estado normal. E, pela misericórdia divina, recebi o perdão de Deus e de seus pais. Nunca tive oportunidade de estar tão próximo de você quanto agora. André, para libertar totalmente a minha consciência, a única coisa de que necessito é do seu perdão.

— Doutor Luís, meu coração não carrega mágoa de ninguém. Só podemos perdoar alguém se essa pessoa nos feriu, e eu não sinto mágoa do senhor. Reconheço que nada acontece em nossa vida por acaso. Deus não nos traz sofrimento. O sofrimento é procurado por nossas próprias mãos. Se o Senhor permitiu que passássemos por tal sofrimento, é porque tínhamos de vivenciá-lo. Tenho certeza de que tudo o que aconteceu em nossas vidas foi para o nosso crescimento espiritual.

— Eu sei, meu filho, e fico extremamente grato por seu perdão. Quero retribuir, de alguma forma, e ser merecedor do seu perdão e do perdão de Deus. Peço a Deus que me dê nova oportunidade de voltar à Terra para corrigir os meus defeitos e colocar minha consciência em dia com os meus sentimentos.

De repente, apareceu um instrutor espiritual, senhor Joaquim de Paula Bernardini, o bisavô de André. Aquele espírito, muito radiante e iluminado, aproximou-se deles em forma de luz. Chegou com seu sorriso alegre e encantador. André olhou para ele e disse:

— Meu bisavô, que bom que o senhor veio nos prestigiar neste encontro maravilhoso!

— Meus filhos, quando a família está reunida em momento de agradecimento a Deus pela oportunidade alcançada e pelos momentos felizes, abraçamos todos com o coração aberto ao nosso Pai Celestial. Gostaria que fizéssemos uma prece em forma de agradecimento por esse encontro que a espiritualidade nos proporcionou.

"Grande arquiteto do universo, nosso querido Pai Celestial, que tanto nos ama e nos dá oportunidades para sermos felizes, agradecemos, ó Pai, pelo encontro com nossos amores e pela felicidade que sentimos quando nos reunimos com espíritos afins. Queremos pedir-lhe, Senhor, que proteja as famílias desamparadas. Pedimos que nos mostre o caminho certo a ser seguido, para não cairmos em novas falhas. Que assim seja!"

E, olhando para o doutor Luís, disse:

— Estamos aqui para convidá-lo a ir para as escolas nas dimensões espirituais, para que possa se preparar melhor para voltar à Terra. Você terá o grande compromisso de receber espíritos perversos. Todo o seu tempo será totalmente dedicado ao cuidado com a educação deles. Terá uma família numerosa e passará por muitas dificuldades financeiras. Esta será a forma de quitar seus débitos. Como não conseguiu ser fiel ao compromisso assumido com sua esposa, terá a oportunidade de aprender muito passando por essa provação, recebendo filhos difíceis, rebeldes. Somente assim ficará em paz com sua própria consciência.

Assim, aquele espírito nobre abraçou a todos e, pegando na mão do doutor Luís, desapareceu no horizonte.

Aqueles espíritos afins permaneceram por mais algum tempo matando a saudade que já não cabia em seus corações. A reunião foi encerrada com o agradecimento de Marina:

"Obrigada, Senhor, por este resgate! Obrigada, meu Deus, pelos filhos que deixei na Terra, e que poderiam formar um ótimo casal, mas sei que dessa forma estão cumprindo a missão assumida perante Ti e quitando débitos consigo mesmos. Gostaria muito de ter a oportunidade de ajudá-los a cumprir essa missão tão bonita: ajudar o próximo. Os dois estão seguindo e trilhando os passos de Jesus.

Parabéns, meus filhos, e que Jesus Cristo os proteja na caminhada da vida física.

Vão com Deus, meus filhos, continuar a tarefa que cabe a cada um. Continuaremos nos preparando para recebê-los de volta e, assim, a família estará reunida novamente para iniciar um novo projeto de reencarnação em situação melhor. Tenho certeza de que o Pai Celestial nos dará uma nova oportunidade de estarmos todos juntos no plano físico como uma grande família. Obrigada, meu Deus, por esta oportunidade e por este reencontro que nos faz sentir afortunados".

André e Esther despertaram no corpo físico trazendo as impressões daquele desdobramento. Foi tão real que parecia que estavam acordados o tempo todo. Tudo o que aconteceu foi realidade. Trouxeram uma lembrança de trinta por cento de tudo o que conseguiram ver e ouvir. O cérebro conseguiu captar somente essa porcentagem, mas para André e Esther isso foi suficiente.

André agradeceu e pediu a Deus que não o deixasse se esquecer daquele sonho. Ele trazia na mente a imagem nítida de Esther e de seus familiares. Só não conseguiu se recordar do diálogo sobre a causa da separação. Mas André sabia que essa informação poderia prejudicar a missão que tinham assumido.

Esther e André conseguiram guardar, durante todo o dia, a imagem daquele reencontro. Aquela imagem ficou marcada profundamente em suas mentes e lhes deu novo ânimo para continuar a tarefa, designada a eles por Jesus, com muito mais alegria, fé e esperança de se reencontrarem no plano físico. Depois daquela extraordinária emoção, André teve várias intuições que o ajudaram na continuação de seu trabalho com os idosos.

André contemplava a enorme varanda onde seus velhinhos estavam sentados. Naquele momento, recebia intuições do Plano Espiritual. Seus companheiros ficavam admirados ao observá-lo no canto da varanda com os pensamentos distantes. André levantou-se e foi abraçando e beijando um por um daqueles inseparáveis amigos. Quando chegou ao último, este olhou para ele e disse:

— Notei que o senhor estava com o olhar distante. Ah! Se eu pudesse saber o que estava pensando! Pelo visto só pode ser algo maravilhoso.

André deu um sorriso, beijou-o novamente no rosto e disse:

— Realmente, estava pensando em uma pessoa que conheci quando era criança.

Aquele homem sentou-se ao lado André, que se abriu para aquele idoso que já estava havia muitos anos em sua companhia. André contou toda sua vida, os momentos de alegria e de tristeza, e suas perdas incomparáveis.

Aquele senhor, passando as mãos sobre os cabelos de André, disse:

— Meu filho, cada um neste mundo tem uma história para contar. Eu também tenho a minha. Quando eu era jovem, gostei muito de uma moça. Gostei tanto que não quis namorar mais ninguém na vida. No meu pensamento e no meu coração só havia ela.

Mas, quando ela completou 18 anos de idade, Papai do céu a levou. Era uma moça muito bonita, cheia de vida e de saúde. De repente, caiu no chão e teve uma morte fulminante. Essa situação marcou muito a minha vida. Gostaria muito de ter a oportunidade de saber como ela está agora, de poder vê-la. Às vezes, tenho a sensação de que nos reencontramos em sonho. Sempre sonho que estamos namorando, caminhando de mãos dadas por onde passeávamos. Estas são lembranças felizes da minha vida. E essa recordação me dá forças para continuar vivendo!

Estou velho fisicamente, mas espiritualmente sou ainda um jovem. Sempre nesses sonhos minha aparência é de 14 anos de idade, sempre estamos passeando, indo para a escola ou para alguma festinha que todos os fins de semana aconteciam na praça da cidade. A Igreja colocava o som na porta e passava música, e ali ficávamos a dançando e nos divertindo muito. Comíamos pipoca e outras guloseimas. Aqueles momentos de felicidade se transformavam em uma grande festa para nós. Nessa época, eu trabalhava e não tinha nenhuma deficiência.

Aproveitei muito a minha vida ao lado dela. Vivemos todos os minutos, cada segundo intensamente sem nos preocupar com mais nada na vida. Foi pouco tempo, mas o suficiente para continuar me lembrando pelo resto da vida.

— Que bom que o senhor, pelo menos, sabe o que aconteceu com ela – disse André. — Diferentemente de mim, que nem sei se está viva ou morta, não sei onde mora. Perdi totalmente o contato com ela. Mesmo assim, agradeço a Deus porque Ele a levou de mim, mas me presenteou com cada um de vocês, que são meus filhos e que amo profundamente. Não sei o que seria da minha vida sem vocês.

Aquele senhor deu um largo sorriso, abraçou André e disse:

— Meu filho, nós é que não sabemos o que seria de nós sem você. Provavelmente estaríamos jogados pela rua, de onde você nos trouxe. Graças a Deus, aqui não nos falta nada; não passamos fome nem frio. Ainda aprendemos com você, quando você faz aquelas lindas lições falando do Evangelho de Jesus. Isso tudo é muito gratificante, senhor André, somente Deus para recompensá-lo.

CAPÍTULO 23

A ESPERANÇA NÃO ACABA

Esther, ao despertar no corpo físico, trouxe nitidamente a imagem de André. Levantou-se, foi até a cozinha e viu que tudo já estava arrumado. O café das crianças já estava preparado, a mesa já pronta e as crianças estavam à sua espera para tomar o café da manhã.

Esther chegou e sentou-se com um lindo sorriso no olhar. Todos notaram que estava completamente diferente naquela manhã, estava radiante. Alguns daqueles jovens tiveram coragem de perguntar:

— Mamãe, o que aconteceu com a senhora hoje? Como a senhora está feliz! Está tão bonita!

— Tive um sonho encantador!

— Que ótimo! Conte para nós.

— Não posso contar, sonhei com meu namorado.

— Mamãe Esther, traga-o aqui para a gente conhecê-lo – disse Joana.

— Que é isso, Joana, ele mora muito longe, só posso encontrar com ele durante o sonho.

— Mamãe, a senhora está namorando um espírito? – perguntou Gabriel.

— Parem com isso, meninos, vamos todos tomar café em silêncio.

Logo após o café da manhã, Esther saiu para o quintal. Um lugar lindo, com várias flores, muitas roseiras, algumas hortaliças de onde extraía legumes para a alimentação das próprias crianças. Esther permaneceu entre as flores e ficou pensando no sonho. Agradeceu a Deus pela oportunidade de ter reencontrado André e disse a si mesma:

— Meu Deus, se pudesse, eu sairia pelo mundo afora para ver se me encontrava com André. Tenho um grande pressentimento de que está vivo. Mas agora, nessa altura, como vou deixar meus filhos sozinhos e sair? É muito difícil para mim. Meu Deus será que não vou vê-lo mais neste mundo? Será que nosso destino é vivermos separados para sempre?

Ainda sou jovem, tenho somente 35 anos. Sinto-me jovem, estou me guardando para ele. Será que ele também está se guardando para mim? Pelas cartas que me mandou, sei que está sozinho. Meu Deus, o que fazer para encontrá-lo? Gostaria tanto de vê-lo! Meu Pai, o que fiz de tão grave assim para ter de viver tão longe de quem amo tanto. Mas Lhe agradeço, meu Deus, pelo desdobramento que tive esta noite com a presença de todos os meus familiares e com André. Percebi que ele estava diferente. Será que também me viu de forma diferente, assim como eu o vi? Estava muito sério e com os cabelos grisalhos. Assim como estou ficando. Se eu o visse pelo menos uma vez, ficaria muito feliz, jamais o deixaria longe de mim. Uniria nossas vidas e as tornaria uma só. Um ajudaria o outro. Se ele estiver cuidando de idosos, que era seu maior sonho quando criança, poderíamos juntar todos em um só lugar, não haveria nenhum problema.

Esther estava com os pensamentos descontrolados, pensava várias coisas ao mesmo tempo, mais um pouco e entraria em desequilíbrio. Parou com todos os pensamentos e começou a orar. Orava e agradecia a Deus pela oportunidade de ter convivido com pessoas tão especiais, como André, sua mãe, seu pai e também os pais de André.

Esther orou por sua avó Shirley, pedindo a Jesus que a abençoasse onde quer que estivesse e lhe desse paz de espírito. Ela já a havia perdoado do fundo do coração, e tinha certeza de que André também. Que ela pudesse seguir seu caminho na vida espiritual ou terrena. Que ela pudesse ficar tranquila, pois estava ajudando-os a cumprir a sua missão. Sabemos que, por mais que não compreendamos nosso futuro, todas as nossas experiências são sempre oportunidades de crescimento espiritual. Temos compromissos na vida que precisam ser cumpridos. Quando existe amor verdadeiro entre duas almas, o tempo não modifica esse amor. Para aquele que tem fé em Deus e na imortalidade da alma, a esperança nunca acaba.

A grande expectativa de Esther era encontrar André ainda nesta vida. André tinha essa percepção: um dia, ainda nesta vida, encontraria Esther, só não sabia como!

Assim o tempo passou. O trabalho de André cresceu bastante. Já contava com mais de cinquenta velhinhos. A Casa Espírita fazia reuniões três vezes por semana. O trabalho de Jesus crescia a cada dia. O grupo de almas afins que trabalhavam naquele núcleo atendia os casos de obsessão. Muitas pessoas obsediadas procuravam cura naquele pronto-socorro espiritual, e obtinham a cura mediante seu merecimento.

Muitas vezes, o que nos faz sofrer não é a tristeza, mas a revolta causada por essa dor. A tristeza vem com a saudade. Afinal, quem não sente a falta de quem ama? Todos nós sentimos, mas esse sentimento não nos impede de trabalhar com Jesus. Quando estamos ajudando o próximo, nossos problemas desaparecem diante do sofrimento dos daqueles que, muitas vezes, são bem maiores que o nosso.

André e Esther tinham esperança, sabiam que Deus um dia iria proporcionar o reencontro entre eles. Eles tinham essa intuição. Todos nós temos essa percepção, vivemos com ela. Muitas vezes, não prestamos atenção nas intuições dos benfeitores espirituais. Eles tentam nos guiar no caminho certo, mas nem sempre ouvimos seus conselhos, preferimos nos guiar pela nossa vontade, que nem sempre é o melhor para nós. Diante da nossa evolução de encarnados, temos muitos obstáculos a superar.

André e Esther, após esse desdobramento, tiveram vários outros, por várias noites seguidas. Eles saíam do corpo físico e se encontravam no mundo espiritual. Esses encontros se tornaram frequentes. Um dia, André ficou assustado e pediu a Jesus e a seus amigos espirituais que o ajudassem, pois não estava conseguindo manter o autocontrole. Os desdobramentos o estavam deixando desequilibrado. Então começou orar:

"Meu Pai, ajude-me superar a falta que Esther me faz. Ter esses desdobramentos e me encontrar com ela é maravilhoso para mim, mas quando desperto no corpo físico sinto que não estou diante da realidade da vida física, e isso está me deixando atordoado. Não sei se terei condições de manter o equilíbrio para continuar o meu trabalho. Às vezes, sinto que meus velhinhos estão sendo prejudicados porque nem sempre estou dialogando com eles da maneira como deveria fazer.

Por isso, meu Pai, peço-lhe que me ajude nessa caminhada, pois no momento não estou preparado para superar essa provação. Dai-me sabedoria, meu Pai!"

Os companheiros de André, que já eram considerados sua própria família, percebiam a mudança em seu estado emocional. O senhor Otávio, um daqueles que gostavam de conversar com ele, notou que seu protetor, às vezes, alternava momentos de muita alegria e de muita tristeza.

Em uma tarde, o senhor Otávio disse para André:

— Meu filho, com os meus oitenta anos de idade posso chamá-lo assim, há quanto tempo você não viaja, não vai à roça fazer um piquenique ou à praia para ver o mar? Há quanto tempo você não tira férias, meu filho? Moro aqui há muitos anos e nunca vi você viajar para lugar algum. Dia e noite está sempre conosco.

Por que não sai um pouco para quebrar a rotina? Vá visitar um parente que mora distante.

— Meu amigo – disse André –, vocês são tudo o que tenho na vida, aqui está a minha família. Se tiver algum parente, não sei onde mora. Minha família são vocês. Somos uma família.

— Se somos uma família, queremos o seu bem. Temos muitos irmãos aqui que podem substituí-lo por alguns dias, fazendo seu trabalho com muita dedicação. São pessoas preparadas em quem pode confiar. Poderá viajar tranquilo, descansar a cabeça e se distrair um pouco. Descansar é muito importante na nossa vida. Se eu pudesse, viajaria também, mas não aguento andar muito. Mas você pode sair um pouco, ir à casa de algum amigo. Não faltará lugar para descansar uns dias.

— Realmente, o senhor está certo. Se eu desencarnar amanhã, não poderei mais ficar com vocês. Quem sabe eu possa mesmo sair e ficar alguns dias fora, até mesmo para que nossos irmãos possam ter uma experiência, já que um dia terão de assumir essa tarefa. Essa tarefa não é minha, é de Jesus e de todos nós, que trabalhamos para Ele. Não sou melhor do que ninguém. Só sentirei muita falta de vocês. Vocês são as pessoas que vieram para me ajudar a continuar vivendo com mais interesse e alegria. Sou muito feliz vivendo ao lado de vocês e tendo a amizade de todos os amigos que vêm à Casa Espírita, os tarefeiros. Todos nós somos uma grande família, que me dá a oportunidade de ter uma vida maravilhosa. Concordo com o senhor, seu conselho é muito importante. Pensarei no assunto com muito carinho, talvez viaje mesmo, pelo menos por uma semana.

Gostaria de visitar a praia. A primeira e única vez que estive em uma, estava passando por um momento de muito sofrimento. Desta vez quero ir à praia como turista.

André e senhor Otávio se abraçaram muito felizes.

No domingo seguinte seria o dia em que a casa de auxílio e repouso faria um almoço. Esse evento acontecia todo segundo domingo do mês e tinha a finalidade de angariar recursos para manter a obra social. Depois do trabalho realizado, todos os convidados se retiravam, ficando somente o grupo de tarefeiros responsável pela limpeza e preparação do ambiente.

No fim das atividades, sempre se fazia a leitura de *O Evangelho Segundo o Espiritismo* e uma prece de encerramento, em agradecimento à equipe espiritual que os auxiliava naquele trabalho maravilhoso. Todos os que conheciam aquele trabalho ficavam gratos pela harmonia que existia no ambiente.

No fim daquele dia de trabalho, nosso irmão Valdecir, que era um empresário muito bem-sucedido, e sua esposa Cássia disseram:

— Meus irmãos, queremos avisá-los que no próximo almoço não estaremos aqui. No próximo mês, vamos tirar uns dias de férias, vamos para a praia. Temos uma casa de praia em Vitória, no Espírito Santo. Há muito tempo não vamos lá. Depois que começamos a trabalhar aqui, ficamos tão envolvidos com as atividades que nem lembramos mais de voltar à praia. Agora precisamos ir, pois o caseiro tem ligado cobrando a nossa presença para que possamos fazer algumas reformas na casa. Teríamos muito prazer em levar um de vocês conosco nessa viagem.

Valdecir olhou para André e perguntou:

— Você, pelo que vemos, nunca saiu daqui, não é verdade?

— Depois que iniciamos este trabalho, não pude mais sair. Antes também não saía, não tinha tempo nem dinheiro para fazer uma viagem como esta. Até tenho vontade de ficar uns dias na praia.

— Então você é o nosso convidado de honra – disse Valdecir.

— Obrigado pelo convite, mas, no momento, não posso ir, tenho de organizar melhor a casa.

— Não tem problema, se não pudermos viajar no próximo mês, viajaremos no mês seguinte. É você quem vai decidir quando viajamos. Para nós será um motivo de alegria termos a sua companhia nesta viagem. Temos certeza de que você vai gostar muito, pois vai refrescar a cabeça e se divertir um pouco. Será bom para todos nós.

Sabe, André, quando ficamos muito tempo em uma só atividade, sem sair para fazer um passeio, isso pode causar até enfermidades. Podemos entrar em depressão. Meu médico sempre me alerta e diz que temos de viajar pelo menos uma vez por ano. Não devemos ficar a vida toda só trabalhando.

Meu amigo, o dia que você falar que está pronto para viajar, nós iremos. Nossa viagem agora está por sua conta – disse Valdecir.

André deu uma risada e perguntou:

— Para quando vocês estão planejando a viagem?

— Agora é o contrário, você é quem vai dizer quando nós vamos.

André olhou para seus velhinhos e perguntou a todos:

— Que dia vocês vão me liberar para que eu possa fazer essa viagem? Enquanto estiver viajando, a casa ficará entregue a vocês, e tenho certeza de que as atividades continuarão naturalmente, porque vocês têm condições de fazer até melhor do que eu.

— Melhor do que o senhor é impossível, o senhor, para nós, é um homem insubstituível. Quem somos nós para ocupar seu espaço! Mas, para que o senhor possa viajar e se divertir um pouco, vamos fazer o melhor possível. Pode viajar tranquilamente que faremos tudo o que estiver ao nosso alcance.

— Fico muito feliz com suas palavras, estou realmente emocionado e agradeço a todos de coração. Tenho certeza de que o trabalho vai continuar e muito bem.

— Meu amigo, estou à sua inteira disposição. O dia que vocês falarem que estão indo, estarei com a minha malinha pronta para partir. Mas poderei ficar lá somente uma semana.

— Tudo bem, André, é o tempo suficiente para resolvermos os problemas. Na semana que vem poderemos viajar, embarcaremos na segunda-feira. Vamos viajar de avião. Tenho certeza de que você vai gostar muito de conhecer as praias do Espírito Santo. Essa viagem será maravilhosa. Nós vamos descansar a mente e nos distrair um pouco.

No dia marcado, estavam todos no aeroporto pegando o avião com destino à Vitória do Espírito Santo.

Naquela semana, Esther estava se sentindo triste, um pouco descontrolada, já que os encontros que estava tendo constantemente com André, em desdobramento, haviam cessado. Ela estava preocupada com a sua situação. Procurou a doutora Marlene, sua médica e amiga havia muito tempo, e falou sobre suas aflições e inquietações.

— Esther, você viaja ao menos uma vez por ano para relaxar um pouco e refrescar a cabeça?

— Nunca viajei para relaxar, porque quase nunca tive tempo. E eu não tenho para onde ir, já não possuo nenhum parente vivo. Meus parentes são os meus filhos, que cuido e amo de todo meu coração.

— Esther, não pode! Você precisa passear, sair da rotina, distrair-se, relaxar. Todos nós temos de fazer uma viagem de vez em quando para descansar e sair da rotina. Não podemos passar a vida toda só trabalhando. Somos como uma máquina, que precisa de lubrificação, se não as peças ficam danificadas. Viajar, sair um pouco da rotina, é fazer uma grande lubrificação em nosso organismo físico. Você não pode continuar assim, faça uma viagem, vá à praia, tome um banho de água salgada. A água lava qualquer impureza do nosso corpo.

— Você não tem ninguém que possa substituí-la no trabalho?

— Tenho vários voluntários que podem fazer meu trabalho até melhor que eu.

— Então o que está esperando para sair um pouco, viajar pelo menos por uma semana, distrair sua cabeça? Quando retornar, com certeza, estará se sentindo muito melhor, renovada, animada e feliz. Vou prescrever sua receita e o medicamento principal vai ser fazer uma viagem à praia, tomar banho de água salgada duas vezes por dia, durante uma semana.

Esther deu uma risada, pegou a receita, colocou-a dentro da bolsa e saiu, dizendo:

— Tudo bem, doutora, vou me medicar.

Naquela noite, após a reunião mediúnica, estavam reunidos os dirigentes da reunião pública, os dirigentes da casa e todos os médiuns. Esther aproveitou o momento e disse:

— Meus irmãos, nesta semana, a partir de quinta-feira, vou fazer uma viagem. Estou com uns probleminhas de saúde e minha médica me receitou uma viagem à praia e banhos de água salgada durante uma semana. Sendo assim, estarei ausente por alguns dias.

Todos concordaram, dizendo que seria muito bom para ela, já que não viajava havia bastante tempo. Havia quase treze anos que estava sempre trabalhando, sem se ausentar um dia sequer. Alguns daqueles dirigentes até disseram que, se pudessem, também iriam, pois seria um passeio muito agradável.

— Enquanto eu estiver fora, vocês tomarão conta da casa, cuidarão de tudo na minha ausência. Sei que o trabalho ficará em boas mãos. Vou levar comigo as duas meninas mais velhas.

Na sexta-feira, bem cedo, estavam prontas para seguir viagem. Esther e as duas filhas de criação seguiriam para Vitória, no Espírito Santo. À noite chegavam àquela linda cidade de belas e encantadoras praias.

Chegaram à rodoviária, pegaram um táxi e foram para o endereço, que estava no cartão, de uma pousada muito conhecida, por ser a melhor da região: Pousada Del Rey.

Chegando lá, foram muito bem recebidas pela proprietária, dona Maria, pois Esther já havia entrado em contato com ela antes da viagem. Dois quartos de hóspedes já estavam preparados, um para Esther e outro para as moças.

Após o jantar, Esther convidou suas filhas para fazer uma leitura de *O Evangelho Segundo o Espiritismo* e meditar um pouco antes de dormir. Assim fizeram, e foram para seus respectivos quartos repousar. No dia seguinte iriam à praia.

No dia seguinte, ao conversarem com dona Maria, ficaram sabendo que havia várias praias, mas a que estava mais próxima da pousada era uma das mais tranquilas.

Como vocês não conhecem muito bem o mar, não é aconselhável entrar em qualquer praia. A essa, que estou falando, vocês poderão ir a pé. É a melhor praia da região.

Após o café da manhã, as três saíram em direção à praia.

Esther aconselhou as jovens sobre como se comportar para que não corressem nenhum perigo, já que elas não conheciam o mar. Esther, no início, ficou um pouco envergonhada e sem jeito de colocar um biquíni perto das moças, mas, aos poucos, se soltou e, não demorou muito, lá estava ela entrando na água, dando início aos banhos de mar receitados por sua médica.

Em alguns momentos, Esther sentava na areia da praia e ficava olhando para aquele mar azul e imenso. Nesses momentos, começava a pensar na sua vida. Lembrava do sonho que tinha de se casar com André, ter filhos, viver ao lado de quem tanto amava e que havia tanto tempo nem notícias tinha. Já fazia mais de vinte e dois anos que os dois não se viam, e ela não tinha nem ideia de onde ele poderia estar. Tinha somente uma vaga lembrança dos sonhos que tivera com ele.

"Meu Deus, será que corro o risco de me encontrar com André e não reconhecê-lo? Quem sabe já nos vimos e não nos reconhecemos! Acho quase impossível que nos encontremos nesta encarnação. Parece que nosso destino é passar o resto da vida separados. Talvez seja essa a programação divina. Será que, se estivéssemos juntos, nosso sonho de trabalho em favor dos necessitados teria se realizado? Será que teríamos conseguido conciliar esse amor com o trabalho na seara divina? Será que cumpriríamos os compromissos assumidos no Plano Espiritual? Será que seríamos bons missionários do Cristo? Ou perderíamos o tempo preocupados apenas com o nosso amor?"

Vários pensamentos fervilhavam na cabeça de Esther. Ficava imaginando os dois ali juntos, andando de mãos dadas pela praia e felizes. Ela era uma mulher saudável, bem cuidada, muito bonita e voluptuosa. Se sentia uma menina, como nos tempos de outrora. Esther estava em sua plena juventude, contava com trinta e cinco primaveras. Sempre resguardou sua pureza para seu eterno amado. O tempo e a distância não conseguiram fazê-la se esquecer André.

Quando a saudade apertava, Esther se apegava às cartas deixadas por André, e se sentia mais consolada. A essa altura, aquelas cartas já estavam totalmente amareladas pelo tempo, que não poupa ninguém, tampouco pedaços de papel.

Aquelas lembranças a faziam voltar ao passado e sentir-se uma adolescente com saudade da sua primeira e única paixão. Ao ler aquelas cartas, renovava sua esperança de um dia poder reencontrar seu príncipe encantado. Sentia, no íntimo, que Deus não a deixaria partir desse mundo sem rever aquele homem que sempre fora o maior sonho de sua vida. "Passe o tempo que passar, sempre estarei esperando por André, que é e sempre será meu eterno amor."

Esther recordou as promessas de amor que fez a André, quando eram crianças: "poderemos dividir esse amor tão grande, tão bonito que existe entre nós com nossos filhos amados. Você é o homem que completa a minha vida e todos os meus sonhos. Sem você não serei feliz neste mundo. É minha felicidade, minha razão de viver. Já sofri muito neste mundo perdendo meus pais ainda tão jovem. Mas Deus deixou você ao meu lado para cuidar de mim; também cuidarei de você e serei a mulher mais feliz do mundo tendo-o como meu esposo.

Como desconhecemos o nosso destino! Como somos pequenos perante a lei do Pai! Sinto falta do meu grande amor, mas Deus me contemplou com tantos filhos para multiplicar esse amor que sinto por André com todos esses meus filhos amados! O lugar de André continua em meu coração, esse espaço ninguém consegue preencher. Mesmo assim, sou muito feliz porque tenho muitos amigos. Deus me deu tantas oportunidades para fazer amigos, que trazem um pouco de luz para iluminar as trevas que ainda carrego no coração. Por isso só tenho de agradecer ao Pai por ainda me sentir uma mulher esperando pelo esposo que está fazendo uma viagem muito longa.

Peço, Pai, que nos dê muita saúde e a felicidade de podermos ficar juntos, nem que seja no finalzinho de nossas vidas. Vou me sentir a mulher mais feliz do mundo!"

CAPÍTULO 24

A PRAIA

André, Valdecir e sua esposa também partiram de São Paulo com destino à Vitória, no Espírito Santo.

Quando chegaram ao aeroporto, tinha um veículo à espera deles. Seguiram para uma bela casa na Praia de Camaçari. Valdecir e Cássia faziam de tudo para agradar a seu convidado, uma pessoa que muito os ajudou em momentos difíceis, quando perderam uma filha, aos sete anos de idade, vitimada por uma doença rara que em pouco tempo a levou. Na Casa Adolfo Bezerra de Menezes, fundada por André, o casal foi beneficiado e consolado com os ensinamentos da Doutrina Espírita e passou a frequentar a Casa, tornando-se colaboradores importantes e se dedicando aos trabalhos, obras sociais e reuniões mediúnicas da instituição.

Durante aquele tempo, receberam várias cartas de sua filha consolando-os e despertando-os para os compromissos assumidos no Plano Espiritual. Essas cartas fortaleciam, cada vez mais, o elo entre os três amigos. Na comemoração de doze anos da instituição, Paulina, a filha do casal, surpreendeu seus pais com uma emocionante carta.

"Papai e mamãe, venho com os votos de agradecimento pela oportunidade que estou tendo no mundo espiritual, trabalhando com vocês no asilo Adolfo Bezerra de Menezes, cuidando dos velhinhos que se encontram internados nas dimensões espirituais, irmãos que, ao desencarnar, tinham dificuldades em compreender a sua realidade e ficavam internados no mesmo asilo, pensando que estavam vivos, sentindo as mesmas sensações da vida ativa que viviam antes de seu desencarne, tendo as mesmas necessidades fisiológicas. Estou, mamãe e papai, trabalhando juntamente com a equipe espiritual que aqui trabalha, cuidando deles com todo

amor e carinho, sem obrigá-los a nada, tendo total compreensão que no momento certo eles chegarão à conclusão de que algo diferente está acontecendo, que não pertencem mais ao mundo físico, e sim ao espiritual. Assim, o nosso diálogo será mais fácil, já que terão conhecimento de sua desencarnação.

Sei, papai e mamãe, que foi a dor da minha perda que os levou a esse trabalho de dedicação e amor, esse carinho que distribuem a eles em homenagem a mim. Hoje estou mais madura e com conhecimento espiritual, e gostaria de estar em melhores condições até mesmo para ampará-los como um anjo protetor. Peço-lhes que continuem sempre amando e distribuindo esse amor que reservaram a mim a esses que tanto precisam. Sempre estarei com vocês. De sua filha, Paulina."

A partir dessa carta reveladora, Valdecir e Cássia começaram a sentir a presença dela, principalmente quando consolavam os irmãos que estavam se sentindo angustiados, revoltados e tristes pelo abandono dos seus filhos. Estavam fazendo o papel daqueles filhos que não os visitavam. Conseguiam dar amor e carinho a todos os que se esforçavam para superar a grande dor do abandono. A saudade dos filhos ingratos que, pela falta de amor, jogavam seus próprios pais nos asilos e nunca mais voltavam para visitá-los. Eles sentiam o abandono e o desprezo da própria família, mas se sentiam fortalecidos pelo amor e a amizade daquele casal que doava todo o amor que tinha no coração.

Assim que chegaram à casa de praia, André foi logo para o quarto descansar um pouco, pois a viagem fora longa e cansativa. Antes, porém, convidou-os para uma prece de agradecimento a Deus por tantas bênçãos concedidas.

André entrou para o quarto, sentou-se em uma poltrona e lembrou-se do senhor Joaquim. Recordou-se dos seus conselhos e das palavras de amor e carinho que sempre tinha para ele e sua querida Esther:

"Meus filhos, o amor é o companheiro inseparável da caridade. Não esqueçam que, mesmo que vocês se amem profundamente, nunca poderão deixar de lembrar dos decaídos da vida, as crianças abandonadas pelos pais, os velhos abandonados pelos filhos. Saiam em busca do trabalho da caridade para que possam se alegrar com a gratidão do outro pelo bem que fizeram a ele. Lembrem-se de que quem foi ajudado nunca se esquece de quem o ajudou. Quem ajuda o próximo sempre tem um espírito amigo a auxiliá-lo em todas as dificuldades, pois Deus sempre manda alguém para ampará-lo em suas necessidades.

Nunca se esqueçam das orações nas horas mais difíceis da vida. O Mestre Jesus sempre se afastava dos discípulos e ia orar buscando a ajuda ao Pai. Há momentos em que temos de orar em conjunto, mas há momentos em que precisamos nos refugiar para nos dirigir ao nosso Pai Celestial. O encontro com Ele, muitas vezes, é a viagem interior que necessitamos fazer.

Não deixem, meus filhos, que o sofrimento venha abrir as portas do seu coração. Lembrem-se do compromisso assumido com os necessitados. Não foi por acaso que tiveram a oportunidade de ter as mães maravilhosas, que traziam no coração a humildade, o amor, a fraternidade e o perdão. São duas mulheres excepcionais que retornaram à pátria espiritual deixando-os ainda muito jovens e com tantos compromissos batendo às suas portas. Mas Deus estará sempre auxiliando vocês. Nunca estarão sozinhos. Os benfeitores espirituais estarão sempre por perto, amparando-os, e jamais os abandonarão, porque sabem que, por intermédio de vocês, poderão realizar um grande trabalho na Terra em favor do bem, do amor e da caridade. Vocês serão os instrumentos dos benfeitores espirituais, estarão à disposição da seara divina. Essa seara é tão grande, mas tem tão poucos trabalhadores! Terão as mãos abençoadas, tudo o que tocarem terá a bênção de Deus.

Sei que estou indo embora, meu tempo está se esgotando, mas tenho fé em Deus que vocês darão continuidade a essa semente que foi semeada, aqui ou em outro lugar, porque não sabemos os desígnios de Deus. Muitas vezes, não compreendemos, mas temos de brilhar onde estamos. Em qualquer lugar em que estivermos, somos chamados ao trabalho e precisamos dar conta da nossa responsabilidade. Vocês terão pela frente muitas alegrias, muitas felicidades, mas terão também provações, já que estamos em mundo de provas e expiações. Quando acharem que o sofrimento é muito grande, lembrem-se de que não estão sofrendo sozinhos. Sempre há alguém passando pelas mesmas dificuldades ou até piores.

Lembrem-se que, mesmo seus pais estando no mundo espiritual, nunca estão distantes de vocês. Estarão sempre presentes em espírito, sempre prontos para ajudá-los em qualquer momento de suas vidas".

Aquelas palavras vinham como um filme. Ele se lembrava daquele lindo momento ao lado de Esther. Fatos vividos há mais de vinte e dois anos, quando ainda eram crianças.

Para André, era como se estivesse ouvindo a voz do seu mentor espiritual. Lembrou-se de sua mãe, de sua avó, de seu pai, de dona Laura e do doutor Luís. Lembrou-se de todos aqueles amigos que já tinham retornado à pátria espiritual.

De repente, em sua frente, materializou sua avó Mariana, que sempre aparecia para André desde que tinha 5 anos de idade. Mariana olhou para seu neto e disse:

— Meu querido filho, seus pais estão muito felizes com seu trabalho realizado. Estão vendo que você está cumprindo sua missão.

— Que bom que a senhora veio me ver. Hoje lembrei-me muito do senhor Joaquim e de todos os seus conselhos. Lembrei-me de Esther, era como se um filme estivesse passando diante de mim. Vovó, como estão meus pais, dona Laura, doutor Luís e o senhor Joaquim?

— Eles estão muito bem, meu filho, cada um seguindo seu caminho na vida espiritual. Todos nós temos um caminho a percorrer, como você também tem o seu compromisso na Terra. Cada um de nós tem de caminhar para o crescimento espiritual, adquirindo novas experiências na vida espiritual para, quando retornar à vida terrena, ter condições de superar as provas e cumprir aquilo que foi programado com os benfeitores espirituais.

— Você está de parabéns! Até agora está cumprindo muito bem a sua missão.

— A senhora tem notícias de Esther? Como ela está, está encarnada ou já desencarnou?

— Meu filho, nem tudo estamos autorizados a falar, mas posso dizer-lhe que ela está muito bem e encarnada ainda. Continua realizando seus sonhos, cuidando de crianças. Somente isso posso dizer a você. Que o Cristo que nos consola continue sempre do seu lado, iluminando o seu caminho.

E o espírito de sua avó desapareceu.

André ficou por alguns minutos como que hipnotizado. Primeiro foi a lembrança do diálogo que teve com senhor Joaquim quando ainda era criança e, no final, a aparição de sua avó Mariana com aquela tão esperada notícia de que Esther estava encarnada e cumprindo sua missão, e isso o consolava profundamente.

"Meu Deus, ainda terei alguma chance de reencontrá-la? Obrigado por essa notícia, que encheu meu coração de esperança."

Valdecir ficou preocupado com seu amigo, que estava demorando muito no quarto. Havia mais de quatro horas que estava lá. Foi até o quarto, bateu à porta com muita delicadeza e chamou-o várias vezes, até que ele respondeu:

— Estou bem, meu amigo, não se preocupe, estava apenas meditando um pouco e nem vi o tempo passar.

Alguns minutos depois, André saiu do quarto, e seu amigo notou que os olhos dele estavam vermelhos, parecia que tinha chorado. E perguntou-lhe:

— Amigo, estava chorando? Está sentindo falta dos seus velhinhos?

— Quando fazemos uma prece em agradecimento a Deus pelas misericórdias recebidas, às vezes, ficamos emocionados, e essa emoção se expressa em lágrimas, mas lágrimas de alegria.

— Que lindo saber que você está chorando de alegria, dessa forma quero vê-lo chorando constantemente. Abraçou-o alegremente dizendo que o almoço estava servido.

Após o almoço, André chamou seus amigos para irem até a praia, caminhar um pouco, ver as ondas e o mar de perto, poder sentir aquela energia maravilhosa.

Os três saíram conversando e passeando, olhando o vai e vem das pessoas até chegarem à praia e ver aquele imenso mar azul. A imensidão era tão grande que dava a ideia de que as nuvens estavam se banhando naquelas águas. Era um contraste de rara beleza. A alegria da natureza se fazia presente em todos os sentidos.

André ficou maravilhado com aquele espetáculo de tamanha beleza e falou para seu amigo:

— Este mar representa outro mundo, porque há milhares de formas de vida que só podem existir dentro da água. Assim, também, é a nossa vida física: existem milhares de vidas que só podem viver em terra firme. Da mesma forma é o mundo espiritual: existem lá milhares e milhares de vidas que só podem viver naquela dimensão.

Podemos dizer que o mar, a terra e o mundo espiritual são três dimensões de vida e que estão interligados. Posso ver o mar à minha frente, olhar para trás e ver a terra e olhar para cima e observar o mundo espiritual. Acho que o contato com a água é muito importante para todos nós, porque quando chegamos ao plano físico, nosso primeiro contato é com a água. Nos primeiros meses de vida, ficamos dentro de uma bolsa d'água. Água significa proteção, ninguém consegue viver sem ela. Sabemos que nosso corpo físico possui setenta e cinco por cento de água.

A água tem todos os nutrientes. Muitas vezes, serve até para matar a nossa fome. As grandes baleias se alimentam dos pequenos nutrientes que existem na água. Tudo, neste mundo, tem uma razão de ser.

E Cássia disse:

— Concordo com tudo o que você falou, André. Realmente, a água é muito importante em nossa vida, até no mundo espiritual ela existe.

Assim ficaram observando aquele lugar maravilhoso, contemplando a criação de Deus, perfeita e única.

Todos os dias, pela manhã, eles iam à praia, ficavam até a hora do almoço e depois do almoço não saíam mais. André entrava para o quarto para estudar as obras de Allan Kardec e aproveitava o momento para orar em favor daqueles irmãos doentes que levavam seus nomes e os colocavam no pedido de preces na Casa Espírita Adolfo Bezerra de Menezes.

Em outra praia, bem próxima dali, por ironia do destino, encontrava-se seu grande amor, que naquele momento estava fazendo a mesma coisa. Todos os dias, pela manhã, Esther e suas filhas iam até a praia.

Após o almoço, retornavam para o quarto e ficavam estudando as obras de Kardec.

Naqueles dias, Esther se lembrou muito do seu tempo de infância. Eram lembranças tão boas e agradáveis que ela nem via o tempo passar. Lembranças que jamais queria esquecer, pois foi o tempo mais feliz de sua vida. Naquela época, tinha sua mãe ao seu lado, seu grande amor André e viviam a felicidade que somente os que amam conhecem. Nem o tempo, nem a distância conseguiram destruir esse grande amor. Esther nunca teve olhos para outro homem, pois André preenchia todo o espaço em seu coração, em sua vida. A mesma coisa acontecia com André.

Esther era uma moça linda, assim como André era um rapaz muito bonito e elegante. Superaram muitas tentações, investidas e pedidos de namoro de pessoas que se sentiram atraídas por eles. Os dois sofreram muito com tudo isso, mas ninguém conseguiu conquistar o coração deles. Esther e André sempre falavam que eram casados.

As pessoas estranhavam porque sempre os viam sozinhos. A jovem passou a usar uma aliança no dedo para que ninguém a importunasse e, assim, passou a ser mais respeitada. As pessoas que a conheciam sabiam que aquela aliança tinha uma grande razão de ser, que existia, realmente, um amor tão profundo que nem o tempo conseguiu destruir. Sempre em seus corações tinham a esperança de se reencontrarem e, enfim, viver esse grande amor.

Estava sendo uma viagem inesquecível para ambos, pois tiveram a oportunidade de meditar sobre o tempo de infância, relembrando dos momentos felizes que passaram juntos.

Esther e André se amavam profundamente e sempre foram fiéis um ao outro. No decorrer de todos esses anos, nunca beijaram nem tiveram outro tipo de contato com outras pessoas. Sempre mantiveram esse amor antigo guardado. Respeitavam-se profundamente. Sempre agradeciam a Deus a oportunidade de resgate, pois sabiam que aquela separação tinha alguma explicação. O Pai, em sua misericórdia divina, nunca deixaria que um filho seu sofresse tanto se não fosse por débitos de outrora.

André estava mais esperançoso, pois tivera notícias de Esther por intermédio de sua avó. Só não sabia que sua amada estava tão perto, aproximadamente a cinco quilômetros de distância, na mesma cidade.

Naquele fim de semana, Esther foi conhecer a Praia de Camaçari, a mesma em que André estava.

Naquele sábado, o céu estava mais azul do que nunca, um dia muito ensolarado, e as pessoas tomavam conta da praia, todas querendo se deliciar com aquela água quente. Era um dia muito especial.

Chegando à praia, Esther e suas filhas ficaram ali, sentadas à beira da água por muito tempo.

André também estava na mesma praia, só que em outro ponto, pois gostava de ficar mais próximo da casa onde estava hospedado. Estava ali sentado, olhando para o mar, pensando nos preparativos para o retorno ao lar, que seria nos próximos dias. Observava todos os que ali passavam.

Nem por um momento imaginava que seu grande amor estava a menos de cem metros de distância dele.

Era como se tudo estivesse preparado para o encontro daquelas duas almas que muito se amavam, depois de vinte e dois anos separadas. Mas como tudo em nossa vida é planejado, por merecimento podemos obter uma oportunidade. Naquele ambiente, a Espiritualidade atuava.

Os benfeitores espirituais que acompanhavam aquele casal comentavam:

— Será que não é hoje o encontro dessas duas almas afins? É uma ótima oportunidade para esse reencontro, poderão matar esta enorme saudade, acabar com esse sofrimento pelo qual passaram, vivendo longe um do outro por tanto tempo.

Cada um falava uma coisa, envolvidos pelo sentimento de compaixão, querendo criar uma situação para promover aquele encontro.

Irmã Teresa, uma companheira dedicada que trabalhava com André no asilo, disse para o anjo de guarda de Esther, o irmão José:

— Irmão José, será que não podemos pedir a Deus, à espiritualidade superior, aos espíritos que são responsáveis pela nossa vida na Terra para que deixem esse encontro acontecer agora, pois seria tão bonito, tão gratificante, tão maravilhoso e emocionante! Será que Deus, sendo um Pai de pura bondade, não poderia dar a eles essa oportunidade? Será que não poderiam se encontrar pelo menos uma vez?

Irmão José olhou para um, olhou para outro, e todos tinham a mesma expressão no olhar, como a suplicar-lhe aquele pedido. Ele, um pouco entristecido, disse:

— Não tenho esse poder, meus irmãos. Não podemos interferir em uma situação que está diante da misericórdia divina. Não temos nenhuma ordem para programar o encontro dos dois agora. A espiritualidade superior, que é responsável por nosso trabalho aqui na Terra, não nos deu essa permissão. Vamos orar e pedir a Deus, quem sabe poderemos receber uma visita de um dos benfeitores do doutor Bezerra de Menezes para nos esclarecer sobre o que devemos fazer, pois as duas casas espíritas, onde os dois trabalham, são protegidas pelo doutor Bezerra de Menezes. Quem sabe ele possa nos dar uma oportunidade?

Naquele momento, aquela grande equipe espiritual orou pedindo inspiração ao doutor Bezerra, para que mandasse um amigo espiritual para permitir que eles promovessem aquele encontro, que seria uma grande emoção, não somente para os dois, mas para todos. Seria uma grande festa de alegria.

Depois daquela linda e sentida prece, materializou-se um espírito muito iluminado e lhes disse:

— Meus filhos, estou muito emocionado pelo grande sentimento com o qual fizeram suas preces. Elas chegaram até o doutor Bezerra de Menezes, e ele me incumbiu de vir aqui trazer as explicações para vocês. Realmente, seria um momento de muita alegria, de muita felicidade o encontro dos dois agora. Estão tão próximos um do outro, menos de cem metros de distância. Com certeza, iriam se reconhecer.

Entendam, meus filhos, tudo está nas mãos de Deus e não podemos interferir em seus desígnios. Há uma grande lei que nos rege: a Lei de Causa e Efeito. Ainda não é o momento certo para os dois se reencontrarem. Doutor Bezerra vai nos presentear com o reencontro dos dois, nem que seja somente por alguns minutos, mas será o bastante para que possam continuar cumprindo sua missão na Terra. Este dia está próximo. De acordo com o desenvolvimento do trabalho deles na Terra, pelo merecimento, poderão se encontrar outras vezes.

Terminado aquele diálogo, os espíritos se despediram e cada um foi cuidar das suas obrigações.

O domingo amanheceu com o tempo fechado, caindo uma intensa chuva na parte da manhã. Não puderam ir à praia naquele dia. Cada um se pôs a arrumar as bagagens para o retorno às suas casas e às suas atividades cotidianas.

Esther já estava muito preocupada com seus filhos, pois estava havia uma semana distante deles.

André, da mesma maneira, estava preocupado com seus velhinhos.

Na segunda-feira, bem cedo, ele acabou de arrumar suas coisas e alguns presentes que comprou para levar de lembrança para seus grandes amigos.

Após o café da manhã, André, Cássia e Valdecir retornaram para a grande capital de São Paulo.

Assim também nossa irmã Esther fazia a mesma coisa. Com suas filhas, preparava-se para retornar ao lar, no interior de Minas Gerais.

No mesmo horário, saíram todos de casa. Esther, com destino à rodoviária; André, com destino ao aeroporto.

Assim, em uma pequena passagem em um cruzamento, em certa rua da cidade, o sinal de trânsito fechou, Esther estava indo para o lado direito e André para o lado esquerdo. O ônibus que conduzia Esther parou em um lado da pista, e o carro onde André estava do outro lado. A janela do ônibus de Esther ficou bem de frente para a janela do carro que levava André, no banco de trás, do lado do motorista.

André olhou para o ônibus parado quase à sua frente, no sentido contrário, e avistou aquele rosto que era tão conhecido, que em qualquer lugar do mundo que visse reconheceria num piscar de olhos. Aquele rosto inesquecível, pois mesmo com a passagem do tempo, trazia a marca daquela jovem adolescente de 13 anos que ele amava profundamente.

Imediatamente, Esther olhou para ele, com os cabelos já grisalhos, e reconhecera aquele rosto que jamais saiu de sua mente e trazia algumas marcas que ficaram gravadas para sempre em seu coração e no íntimo de sua alma.

O encontro daqueles olhares penetrou profundamente em suas almas. Era o amor espiritual que os unia, independentemente do corpo físico. O choque da emoção foi tão grande, que ficaram paralisados, sem conseguir dizer nada. Foram três minutos que se tornaram uma eternidade. Seus corações batiam acelerados, perderam os movimentos do corpo e ficaram sem forças para falar. Era como se tivessem parado no tempo e ficassem desfrutando aquele momento cheio de amor e profunda saudade, que o tempo e a distância não conseguiram destruir. Era um momento mágico depois de tantos anos. Estavam ali, paralisados, olhando um para outro, sem acreditarem no que viam e totalmente alheios ao resto do mundo. Para André e Esther nada importava naquele momento. Era algo inexplicável, somente quem ama conseguiria entender o que se passava no íntimo daquelas duas almas castigadas pela cruel saudade. Não conseguiram conter as lágrimas e choraram copiosamente. Naquele instante, não sabiam o que dizer, olhavam-se como se estivessem gravando profundamente em suas mentes uma das mais lindas emoções vividas naquele brevíssimo momento. Apenas três minutos que se tornaram uma eternidade.

Podemos dizer que, naquele momento, os espíritos dos dois se desligaram do corpo físico e se abraçaram profundamente, um abraço reconfortante que lhes deu forças para continuar cumprindo suas tarefas na Terra.

A emoção foi grande demais e puderam observar que as semelhanças que viam um no outro, durante os desdobramentos que tiveram, eram as mesmas.

O sinal do trânsito abriu e os veículos começaram a se movimentar.

André permaneceu por um bom tempo sem conseguir falar, sua voz não saía, estava paralisado. A mesma coisa acontecia com Esther. Suas filhas notaram-na estranha, mas respeitaram seu silêncio pensando que estivesse orando e pedindo proteção a Deus para que chegassem em paz ao lar.

Os companheiros de André também notaram seu silêncio, mas não lhe perguntaram nada. Chegaram ao aeroporto e o senhor Valdecir lhe disse:

— Meu amigo, você entrou em um silêncio tão profundo, que não tive coragem de lhe perguntar nada até aqui. Estava agradecendo a Deus pela nossa viagem que foi tão boa?

André ainda estava um pouco magnetizado, fora de si, por isso a resposta foi um pouco demorada. Ele olhou para Valdecir, com os olhos cheios de lágrimas, e este, um pouco assustado, lhe perguntou:

— André, você está passando bem?

— Meu amigo, estou muito bem, foi somente uma grande emoção que tive, mas tudo vai passar. Vamos confiar em Deus que teremos uma viagem tranquila de volta ao nosso lar para continuarmos nosso caminho na luta do dia a dia, cumprindo os compromissos que Deus nos incumbiu.

Valdecir ficou um pouco confuso com aquelas palavras de André, mas, pelo grande respeito que tinha por ele, não disse mais nada.

Por outro lado, Esther, quando chegou à rodoviária, viu que o ônibus já estava no guichê recebendo os passageiros que retornariam a Minas Gerais. Chegaram um pouco atrasadas por causa trânsito congestionado. Mas acabou dando tudo certo, e elas embarcaram no ônibus de volta para Minas Gerais. Ela deveria continuar seu trabalho com aquelas crianças desamparadas que tanto amava.

Seu coração continuava acelerado pela emoção tão grande que acabara de sentir. Sentou-se em uma poltrona que ficava do lado da janela e foi olhando para todos os lados, para ver se novamente via aquele que era tudo em sua vida. A imagem dele não saía de sua cabeça e pensava: “Por que não desci daquele ônibus e fui onde André estava para me encontrar com ele? Meu Deus, que oportunidade eu perdi! Agora é difícil, quase impossível encontrá-lo novamente, o carro em que estava ia para o lado oposto. Ele também poderia ter descido e vindo se encontrar comigo. Por que nenhum de nós tomou uma decisão? Tenho certeza de que ele me reconheceu, cheguei a ver as lágrimas descendo em seu rosto, assim como ele deve ter visto as minhas também. Mas senti que me abraçou, como se estivesse saído daquele carro e vindo me abraçar. Fiquei magnetizada, não consegui fazer nada. Meu Deus, por que o Senhor não me deu forças suficientes na hora para que eu pudesse sair do ônibus e ir ao encontro dele? Se eu o vir novamente, não vou perder a oportunidade, terei forças para reagir. Será que o encontrarei novamente? Será que mora por aqui? Estava passeando de carro e tinha mais duas pessoas com ele".

E, assim, nossa irmã Esther seguiu sua viagem com os pensamentos em desalinho. Sem saber o que fazer, pensou em tantas coisas: descer do ônibus, ir atrás daquele carro, adiar a viagem... Passavam tantas coisas na cabeça de Esther, mas a emoção foi tão forte que não conseguia tomar nenhuma atitude.

Suas filhas não se atreveram a falar nada, respeitando seu silêncio, que imaginavam ser mais uma oração a Deus para que a viagem fosse sossegada.

Depois de muito tempo em silêncio, uma das suas filhas olhou para Esther e viu seus olhos vermelhos de tanto chorar e perguntou:

— Mamãe, a senhora está passando mal?

— Não, minha filha, foi uma grande emoção que senti e ainda estou sentindo.

— Vamos orar pedindo proteção a Deus para a nossa viagem.

Esther orou com muito fervor agradecendo a Deus por aqueles pequenos instantes em que pôde ver seu grande amor. Aquele se tornou, para ela, um dos momentos mais felizes de sua vida.

A situação de André também não era diferente. Dentro do avião, não parava de se lamentar por não ter descido do carro e ido ao encontro de sua amada, mesmo que atrasasse ou perdesse o voo. O que mais importava, naquele momento, era saber mais alguma coisa sobre Esther: "Será que se casou? Será que tem filhos? Será que está à minha espera? O que será que está fazendo na vida, meu Deus?" Angustiado, não parava de pensar.

"Meu Deus, avistei duas moças ao seu lado, será que são suas filhas? Não tive tempo de olhar direito, mas nenhuma das duas se parecia com ela. Faltou-me força para agir. Este foi o momento que mais sonhei em minha vida. Se pudesse, desceria deste avião agora e iria à procura daquele ônibus até encontrá-lo. Mas não posso fazer isso. Tenho certeza de que, se Deus me deu a oportunidade de revê-la hoje, Ele me dará outras oportunidades. Voltarei aqui todos os anos, neste mesmo mês, para me encontrar com Esther. Irei a todas as pousadas das redondezas, vou fazer uma investigação e saber onde ela está. Tenho certeza de que não mora aqui, pois estava em um ônibus de viagem."

André não conseguiu anotar nada sobre aquele ônibus. Sua grande preocupação, no momento, foi somente olhar para sua amada. Agradeceu a Deus por esse breve momento, em que pôde rever aquela que era tudo em sua vida.

CAPÍTULO 25

NA ROTINA DO DIA A DIA

Esther regressou ao seu lar e não contou a ninguém sobre o momento maravilhoso que viveu. Guardou tudo em seu pensamento e em seu coração.

André teve a mesma atitude em relação a tudo o que sentiu e viveu naquele breve momento com Esther.

Lembranças que consolaram os dois corações, dando-lhes força e ânimo para que cada um continuasse seu trabalho na Terra, cumprindo sua missão bendita de ajudar o próximo. Aquela lembrança os consolaria e os uniria quando a saudade apertasse.

E, assim, cada um voltou à sua rotina, com o coração cheio de esperança.

André voltou a atender todos os que o procuravam na Casa Espírita. Com suas palavras de ânimo e consoladoras, sempre aconselhando-os.

— Meus irmãos, não se desesperem diante da provação. Tudo o que vivemos tem uma razão de ser; toda dificuldade que passamos é uma oportunidade para o nosso crescimento espiritual. Só assim poderemos caminhar na escada evolutiva. Por isso, temos que pedir ao Mestre Jesus forças para superar os obstáculos, com sabedoria e paciência, para que possamos dar seguimento à nossa jornada.

Lembrem-se: passando a tempestade sempre vem a bonança. Temos muitas bênçãos a receber, em comparação com as dificuldades por que passamos na vida. Nunca podemos nos esquecer de que Deus é um Pai de misericórdia, que jamais nos deixará passar por qualquer dificuldade que não pudermos suportar. Estamos sempre sendo auxiliados por Deus, nosso Pai, pelo Mestre Jesus e os benfeitores espirituais, que sempre cuidam de nós com esmero. Precisamos ter paciência para esperar o auxílio, que nos chega diretamente ou por intermédio de alguém, mas apenas na hora certa. No momento em que mais precisamos, a intervenção de Deus vem sempre em nosso favor.

Devemos nos lembrar das palavras do nosso irmão Francisco Cândido Xavier:

> "Agradeço todas as dificuldades que enfrentei; não fosse por elas, eu não teria saído do lugar. As facilidades nos impedem de caminhar. Mesmo as críticas nos auxiliam muito."

Passaram-se muitos anos, e os personagens desta bela história viviam cada um a sua vida. Esther cuidando das suas crianças e André, de seus idosos. Assim seguiam realizando o seu compromisso perante o Mestre. Com muita esperança, que aquecia seus corações.

André, todos os anos, no mesmo mês, voltava às praias de Espírito Santo na esperança de reencontrar aquela que era seu maior sonho, sua esperança de cada dia. Esther também o procurava todos os anos, em todas as praias daquela cidade. Mas todo o esforço daqueles dois seres que se amavam profundamente era em vão. André a procurava de um lado e Esther o procurava de outro. Andavam sempre em lados opostos. Nunca mais estiveram tão perto um do outro como naquela primeira vez que foram à praia.

As buscas se tornaram frustrantes, pois nunca conseguiam se encontrar.

Essa procura durou vinte e cinco anos, após aquele maravilhoso encontro que a espiritualidade proporcionou a eles.

Esther se sentia um pouco desanimada, e começou a perder as esperanças.

"Meu Deus, quanto tempo se passou e eu estou ainda à procura de André! Já não estou suportando tanta dor. É como procurar uma agulha no palheiro. Pai amado, dê-me sabedoria para entender tudo o que está acontecendo em nossa vida, que possamos esperar com paciência o momento certo, que sei que o senhor irá nos proporcionar."

André também sofria amargamente a dor da saudade e a desilusão de tantos desencontros, e pensava:

"Meu Deus, será que nunca mais verei Esther de novo? Será que, para cumprir nossa missão na Terra, teremos de viver separados até o fim de nossas vidas? Já se passaram tantos anos e eu continuo indo à sua procura naquelas praias, mas não a encontro.

Senhor Jesus, dê-me sabedoria para que eu não permita que essa situação interfira em meu trabalho com o próximo."

André nunca mais conseguiu rever sua amada, sempre encontravam-se em sonhos, durante os vários desdobramentos que tinham. Às vezes, traziam pequenos flashes de lembranças, alguns bem nítidos, outros nem tanto. Algumas vezes, essas lembranças eram tão reais, que até parecia um encontro materializado entre os dois. Nesses encontros, um confortava o outro, passando forças e energias para que pudessem ter perseverança.

André e Esther sempre recebiam intuições dos amigos espirituais e se dispunham a praticá-las, assim, cada um seguia cumprindo sua missão na Terra, conforme a programação feita no Plano Espiritual.

No Educandário Espírita Doutor Bezerra de Menezes tudo corria bem. A maioria das jovens que foram adotadas por Esther, quando ainda crianças, tinha se casado. Esther sempre saía, nos fins de semana, com as filhas para passear, no intuito de conhecerem um bom rapaz com quem pudessem namorar e até se casar, constituindo sua própria família.

A maior parte das meninas não via sua mãe havia muitos anos; outras eram órfãs de pai e mãe.

À medida que algumas moças iam se casando, outras mães procuravam Esther pedindo ajuda para criar seus filhos. Esther, ao invés de levá-los para o orfanato, passou a ajudar as mães para que tivessem melhores condições de cuidar dos filhos em sua própria casa. Assim os filhos cresceriam amando-as e respeitando-as, já que no orfanato eles poderiam ter tudo, menos o amor da própria mãe.

Nada é mais importante para o ser humano do que o amor materno. O amor, o carinho dos pais são mais gratificantes na vida dos filhos que qualquer conforto material, seja ele de qualquer ordem. Nada pode substituir esse amor.

"Os efeitos da Lei de Amor são o melhoramento moral da raça humana e a felicidade durante a uma vida terrestre."[10]

Algumas mães diziam que não tinham condições de criar seus filhos, ou por seu marido ter ido embora, ou porque eram mães solteiras e estavam desempregadas. Havia aquelas cujos pais não as aceitaram em casa com a criança, e teriam de escolher entre a moradia ou o filho.

Esther, com muito carinho e cuidado, tentava aconselhar aquelas mulheres e seus familiares. Falava sempre do Mestre Jesus, do seu grande amor pelos seus semelhantes. Além de aconselhar, oferecia a ajuda necessária para cuidarem do filho. Dessa forma, Esther ajudou várias mães. Muitas famílias permaneceram unidas e felizes.

Com o passar dos anos, o orfanato já não tinha mais crianças, todas cresceram e se tornaram pessoas adultas. As moças se casaram, construíram suas próprias famílias e seguiram novos

10 O Evangelho Segundo o Espiritismo - cap. XI. - 9.

caminhos. Somente duas daquelas meninas permaneceram no orfanato, Maria e Terezinha, que tinham um grande respeito por sua mãe e amor profundo. Chegaram para Esther dizendo:

— Mãe, nós não vamos nos casar.

— Minhas filhas, vocês não vão se casar por quê? Uma família é muito importante na vida do ser humano. Todos nós necessitamos de uma família.

— Mamãe Esther, a senhora é a nossa família. Nós não vamos nos casar porque viveremos para cuidar da senhora na velhice, uma fase em que vai precisar muito de alguém, e nós estaremos aqui.

— Minhas filhas, não se preocupem comigo, tenho tantos amigos, tenho certeza de que não vou ficar sozinha. Deus guiará outras pessoas para estarem ao meu lado. A família é muito importante em nossa vida, e ser mãe é um acontecimento maravilhoso, é uma dádiva de Deus!

— Mamãe, a senhora está se esquecendo da nossa idade. Não somos mais tão jovens. A senhora se esqueceu de quanto tempo moramos aqui? A senhora está com cinquenta e nove anos, e nós já estamos com trinta. O tempo passou, não queremos mais pensar nisso. Vamos pensar somente em cuidar da senhora.

— Minhas filhas, olhem quantos filhos eu tive! Vocês estão preocupadas em ter seus filhos com trinta anos? Considero todos os que passaram por aqui como meus filhos.

E Maria falou:

— Não temos essa missão que a senhora tem, de cuidar dos filhos dos outros. Essa missão é da senhora. Nós viemos somente para receber a sua proteção e o seu amor. Agora vamos protegê-la, acompanhá-la até o fim da sua vida.

Esther deu um largo sorriso e abraçou as duas filhas fortemente, dizendo:

— Vocês são tão bonitas! Poderiam ter se casado com um bom rapaz que lhes desse muito amor e carinho.

— A senhora sabe que nunca namoramos, nunca tivemos vontade de casar. Gostamos mesmo é de ficar aqui cuidando da limpeza da nossa casa e perto da senhora. Não queremos ser mais nada além do que somos hoje.

Esther se lamentou por não ter conseguido formar nem uma daquelas meninas, porque a escola da cidade não oferecia maiores oportunidades de estudos. Na cidade não existia nenhum curso superior, apenas o ensino médio.

Esther ficou emocionada com as palavras sinceras daquelas filhas com que Deus a presenteou e que cuidou e amou profundamente.

Tereza falou para Esther:

— Mamãe, o que a senhora nos deu vale muito mais do que qualquer curso superior. A oportunidade de viver com a senhora tem um valor inimaginável para nós. Saiba que teve um grande papel no mundo. Quantas moças e rapazes se conduziram no caminho do bem, do amor e do respeito ao semelhante? A maioria deles hoje tem suas famílias. Quantos netos e netas a senhora tem? Quantas outras pessoas a senhora também ajudou em seus próprios lares? Quantas famílias foram amparadas? Quantos lares se desmoronariam com a chegada de mais uma criança? A senhora sempre dava um jeitinho e colocava tudo no lugar. Você é uma pessoa mais do que especial para todos nós, é um tesouro que Deus colocou em nossas vidas, o maior presente que alguém poderia querer.

Esther ficou muito emocionada com as palavras de Maria e Terezinha, suas meninas que se tornaram filhas do coração, pois tinha uma grande afinidade com elas, e que estavam sempre perto dela em qualquer momento que fosse decidir alguma coisa. Estavam sempre prontas para servir.

— Realmente, minhas filhas, sinto que minha missão era realmente cuidar de crianças abandonadas, assim como todas as que recebi. Quem sabe, em uma vida passada, deixei de ajudar essas crianças e agora elas retornaram para que eu as pudesse ajudar?

Meu papel era o de conduzi-las no caminho do bem. Depois, parei de receber crianças aqui e passei a tentar mantê-las com a família, para que pudesse receber estes pequenos seres, seus próprios filhos, e amá-los dentro do ambiente sagrado do lar. Às vezes, encontro com algumas dessas pessoas que consegui aconselhar e mostrar o verdadeiro sentido do amor. Nesses encontros, elas me agradecem pela alegria e felicidade que aquele neto ou neta tem dado para elas, dizendo: "Ai de mim, se não fosse meu netinho! Hoje sou uma pessoa feliz e não tenho a consciência pesada. A minha maior felicidade é o carinho que recebo do meu neto".

Essas palavras me davam mais força para continuar com aquele objetivo. Em vez de receber as crianças no orfanato, orientava os pais para que cuidassem de seus filhos em seus próprios lares, recebendo todo o apoio necessário: material e moral. E assim continuou a conversa.

A região de Minas Gerais onde Esther morava era muito pobre. Estavam atravessando uma época de grande seca. Muitas pessoas abandonavam suas casas e se mudavam para Belo Horizonte, uma cidade que estava em fase de crescimento e tinha empregos. Ali, cada um buscava seu lugar. Outras famílias foram para o estado de São Paulo, para trabalhar nos canaviais. Outros ficaram mesmo em Minas Gerais, no Triângulo Mineiro, trabalhando na agricultura, na região de Araxá e Patos de Minas. Essa região apresentava um grande crescimento na plantação de café. A região onde Esther morava ficou quase abandonada.

Os frequentadores da Casa Espírita, aos poucos, foram desaparecendo, foram se mudando para outras cidades, para outros estados. Cada um buscando seu recurso. Esther se viu sozinha com suas duas filhas. Algumas daquelas moças que ela criou ainda moravam por ali, outras já tinham se mudado para outra cidade.

O tempo foi passando e as pessoas foram diminuindo. Nos dias de reunião pública, na Casa Espírita, estavam sempre Esther e suas duas filhas.

E Esther pensava: "Acho que a minha missão aqui na Terra está terminando. Esse trabalho na Casa Espírita foi somente para me dar forças para cumprir o compromisso que tinha assumido com essas crianças. Todas vieram com o objetivo de me ajudar a exercitar a caridade, por isso acho que meu tempo está chegando ao fim. Já estou com cinquenta e nove anos, quase chegando aos sessenta, e não tenho muita coisa a esperar da vida física. Só tenho a agradecer ao Senhor por essa grandiosa missão, que, de alguma forma, cumpri com muito amor e esmero".

Em São Paulo, André vivenciava a mesma situação: muitos daqueles idosos que abrigava no asilo já haviam desencarnado. Ficaram somente dois deles: João e Jerônimo, que sempre estavam ao lado de André. Sempre que André precisava de algum conselho, procurava os dois amigos.

Grande parte desses idosos que eram atendidos por André tinha alguma deficiência física e outros estavam bem debilitados.

E, assim, nosso irmão teve a mesma intuição que Esther: em vez de trazer os velhinhos para o asilo, ajudava seus familiares, para que pudessem cuidar deles dentro do lar. André sempre acolhia as intuições do seu anjo protetor, que sempre esteve ao seu lado, ajudando-o e amparando-o em todos os momentos de sua vida. Esse espírito era dona Mariana, sua avó, que constantemente o visitava, sugerindo-lhe as atividades da Casa Espírita.

Marina sempre dizia:

— Meu filho, você nem imagina como é importante a família. Seria muito bom se você conseguisse que os idosos que batessem à sua porta pedindo ajuda fossem ajudados em seus próprios lares. Você poderia dar recursos à família para que pudessem cuidar deles. Estaria ajudando todos a cumprir melhor sua missão na Terra. Por mais que aqui, no asilo, recebam seu carinho, amparo e o carinho dos visitantes, o lar é o cadinho onde vamos ajustar as nossas imperfeições, é onde vamos purificar os nossos corações.

Não é afastando-os de seus lares que resolveremos os seus problemas. Se você conseguir ajudá-los dentro dos seus lares, tenho certeza de que seu mérito será muito maior.

Assim, André tomou essa atitude, passando essa orientação espiritual para todos os tarefeiros da casa. Formaram várias equipes em busca de socorro material, como consultas médicas, medicamentos necessários para que esses idosos pudessem continuar vivendo em seus lares.

Sempre faziam campanhas para adquirir vários equipamentos: cadeira de rodas, cama hospitalar, medicamentos e outros. Tudo o que pudesse lhes proporcionar conforto. Dessa forma, esse maravilhoso trabalho em favor do próximo era realizado.

Assim, o núcleo Bezerra de Menezes, não tendo mais seus idosos para cuidar, foi se transformando em salas onde se ofereciam cursos profissionalizantes beneficentes, orientando as jovens, as mães e todos aqueles que o procuravam para aprender uma profissão, como bordados, crochê e outros cursos artesanais.

O ritmo de trabalho na casa foi se alterando, como se André também estivesse terminando de cumprir seu trabalho na Terra, de acordo com a programação divina. A Casa Espírita continuava cada vez mais frequentada, ligada ao trabalho social. Muitas moças fizeram o curso de costura e conseguiram emprego. Muitas famílias foram beneficiadas pelas oportunidades que surgiram.

Todos os dias, no horário do lanche, era feita uma leitura de *O Evangelho Segundo o Espiritismo*. André sempre orientava os frequentadores da casa para que nunca deixassem de fazer o

Culto do Evangelho no Lar. Sempre fazia doações do *Evangelho Segundo o Espiritismo* e também do *Livro dos Espíritos*, passando as orientações de como deve fazer o Culto do Evangelho no Lar.

A essa altura, André já contava com seus cinquenta e nove anos, seu corpo já estava ficando cansado, mas sua mente ainda estava muito jovem e ativa. Fazia coisas que muitos jovens não conseguiam fazer. Ainda carregava, com certa facilidade, fardos de arroz e de feijão que eram distribuídos em cestas básicas. Apesar da idade, continuava em plena atividade. Em seu íntimo, carregava a lembrança daquele olhar penetrante que há muitos anos teve a oportunidade de rever.

Mesmo agora, não perdia a esperança, tinha um vago pressentimento de que um dia ele reencontraria Esther. Nunca esqueceu aquele amor. Sabia que, após o desencarne, se reencontrariam, porque o amor, quando é puro e verdadeiro, jamais é esquecido. A distância funciona apenas como um fermento.

Durante o sono do corpo físico, André e Esther sempre se encontravam nas dimensões espirituais. Eram esses encontros que alimentavam esse amor.

A Casa Espírita Adolfo Bezerra de Menezes, onde André trabalhava, estava muito bem estruturada. Uma grande equipe trabalhava com ele, e já não necessitavam tanto de sua presença. O fundador tinha deixado os trabalhos da Casa Espírita para outros colaboradores, ficando apenas no atendimento fraterno. Todos os colaboradores trabalham com muito amor e dedicação, dentro dos ensinamentos do Mestre Jesus e com os princípios da Doutrina Espírita.

CAPÍTULO 26

O REENCONTRO DO CASAL

Assim seguia a vida de André e Esther, cada um com seu compromisso. Como já não tinham mais tanta atividade na Casa Espírita, tiveram a mesma intuição: conhecer o grande médium da doutrina espírita Francisco Cândido Xavier.

No ano de 1999, André fez a tão esperada viagem a Uberaba. Esse era um dos seus maiores sonhos.

Em uma linda noite, Esther estava no jardim de sua casa acompanhada das duas filhas, Maria e Tereza.

— Olha como o céu está radiante!

— Olhem, minhas filhas, como aquela estrela tem uma luz forte! Nunca vi uma estrela tão próxima da Terra assim. Está fazendo uma noite tão clara, e ainda são dezenove horas. Meu Deus, que noite mais linda!

— Ah, minha mãe, como são ainda tão grandes nossas necessidades! Teremos de pedir muito ao Mestre Jesus para nos ajudar.

— Estamos, a cada dia, recarregando nossas energias para termos forças para superar todas as dificuldades que, porventura, aparecerem em nossas vidas, pois são elas que nos fazem crescer.

— Tenho certeza, mamãe, de que o que a senhora mais gostaria neste mundo seria rever o André.

— Se o Senhor me conceder essa bênção, ficaria muito feliz.

— Estou pensando em ir a Uberaba conhecer o Chico Xavier. Tenho um pressentimento de que a hora dele está chegando.

— É bom que a senhora se distraia um pouco. Há quanto tempo não sai de casa? Um passeio vai te fazer muito bem.

— Então preparem-se para viajarmos neste fim de semana – disse Esther decidida.

Assim aconteceu. Esther e suas filhas foram de ônibus para Uberaba. Chegando lá, foram direto para um hotel que ficava próximo da Casa da Prece.

Maria parou um pouco e depois perguntou:

— A senhora sabe que dia é amanhã?

— Sei, amanhã é domingo.

— A senhora sabe que dia do mês é amanhã? Amanhã é seu aniversário, mamãe!

— Que bom! Quem sabe poderei conhecer o Chico Xavier! Seria meu maior presente!

— Deus vai nos atender e te dar esse presente. Presente de sessenta anos!

— Não fique triste, mamãe! Qualquer um que vir a senhora, vai achar que tem somente uns quarenta anos de idade.

Tereza disse sorrindo:

— Quem sabe, além desse, Deus não te dará outro presente ainda maior?

— Maior que ver o Chico Xavier? Impossível, minha filha!

— Mamãe, a senhora já se esqueceu de André?

Naquele momento, Esther empalideceu, respirou fundo e, como se fosse um filme, começou a rever *flashes* do seu tempo de criança. Os minutos que se sucederam foram como horas revividas no tempo!

Ela saindo na janela e vendo aquele lindo menino vindo em sua direção. Quando ela se aproximou dele, já foi logo o abraçando, pegando em sua mão e chamando-o para brincar, para conhecer seus brinquedos no quarto. Esta cena nunca saiu da sua mente.

Reviu o momento em que disse para sua mãe: "Mamãe, não sei o que seria de mim se não pudesse ver mais o André. Sinto por ele um amor tão grande que não sei se seria maior ou menor se fosse meu irmão. Do mesmo jeito que amo a senhora, amo o André. É um amor diferente, mamãe, se um dia eu pudesse escolher um homem para me casar, o escolheria de olhos fechados, e tenho certeza de que seria a mulher mais feliz do mundo!"

Na mente de Esther, passou o triste dia do acidente, onde desencarnaram seus pais. E André, para consolá-la, disse: "Não se preocupe, nunca me afastarei de você. Cuidarei sempre de você".

Em suas lembranças, Esther recordou do seu primeiro beijo, aos 13 anos de idade. Um dia, saindo do colégio André pegou na mão de Esther e seus olhares se cruzaram. Era o olhar de duas almas apaixonadas e afins. Era um momento mágico em suas vidas. Era o descobrimento das carícias. Aquelas duas crianças se tornavam adolescentes. Pela primeira vez, os dois se abraçaram e se beijaram ardentemente, como dois seres que se amam profundamente. Era o desabrochar do amor na mais profunda intensidade, amor esse que os dois já sentiam desde a infância.

Passou em sua mente a cena em que ela estava no avião e, do alto, acenava para André, que também acenava para ela. Parecia que um pedaço de seu coração havia ficado para trás. Essa cena ficou gravada profundamente na memória dos dois jovens, que naquela noite não dormiram. Ficaram meditando a noite toda. Os dois estavam completamente apaixonados um pelo outro. Não era aquela paixão avassaladora e desequilibrada, mas um sentimento de amor sincero, puro e verdadeiro.

As duas filhas de Esther se preocuparam com o profundo silêncio da mãe, mas, em respeito ao momento, não interferiram em sua meditação.

Algum tempo depois, para que Esther despertasse de seus sonhos, Maria voltou a falar:

— Amanhã a senhora estará completando 60 anos, e vamos passar seu aniversário longe dos seus amigos. Mas, em compensação, a senhora está nesta terra abençoada pelo Chico Xavier.

Esther deu um longo suspiro, como que acordando para a realidade, e depois do longo passeio em sua tela mental, respondeu:

— Esse contato com a espiritualidade superior faz com que sentimentos tão profundos despertem em nossos corações. É como se minha festa de aniversário estivesse sendo realizada hoje, e estou imensamente feliz. Sinto que minha missão está chegando ao fim. Vamos tomar um banho e depois iremos para a Casa da Prece.

Chegando à Casa Espírita, ficaram surpresas com a grande multidão que ali se encontrava para ver o grande médium de Uberaba.

Elas entraram na imensa fila que já havia se formado para beijar as santas mãos de Chico Xavier. Quando o relógio marcou 22 horas, chegou a vez de Esther beijar as mãos do médium e dizer algumas palavras do fundo de seu coração.

— Querido Chico, o senhor é muito importante para nós e para nossa doutrina. O senhor é um exemplo que representa o verdadeiro homem de bem, com seu esforço e dedicação. A sua missão mediúnica se transformou num grande mandato de amor.

— Filha, sou nada mais que uma pequena graminha no meio do campo.

Nesse momento, Esther teve de sair da fila para dar lugar a outros que se aproximavam. O tempo era muito pouco para falar com o Chico, porque a fila era enorme.

Assim, Esther retornou para o hotel sem saber que André também estava naquela mesma fila, que continuou até alta madrugada.

Chegando a vez de André conhecer o Chico, este o cumprimentou e, fixando seu olhar nos olhos de André, disse:

— Você será muito feliz! Está próximo de realizar seu grande sonho! Dê-me um abraço, meu filho.

André abraçou o Chico e saiu chorando. Retornou para o hotel e aquelas palavras não saíram de sua mente.

Chegando ao hotel, Esther chamou suas filhas e fizeram uma linda prece em agradecimento a Deus pela oportunidade de estarem realizarem um sonho. Esther abriu *O Evangelho Segundo o Espiritismo* aleatoriamente e saiu uma linda lição:

"Pedi e obtereis, batei à porta e a porta vos abrirá".

Terminado aquele momento de meditação, Esther foi para seu quarto repousar. Durante o tempo em que esteve acordada, ficou meditando no conteúdo daquela lição: "Pedi e Obtereis". Então começou a entender que podemos pedir tudo a Deus, mas vamos receber somente aquilo que for melhor para cada um de nós. Precisamos ter fé e devotamento ao nosso pedido a Deus.

Nossa irmã Esther, influenciada pela inspiração do momento, fez um pedido a Deus:

"Senhor, estou completando sessenta anos e não poderei esperar mais tantas coisas deste mundo, somente uma passagem tranquila para o mundo espiritual".

Mas, naquele momento, lembrou-se do seu grande e único amor. Havia tanto tempo não o via! Após os dois terem se afastado, jamais o esquecera. Todas as noites, em suas preces, o nome de André era lembrado. Assim continuou aquela sentida prece.

“Meu Pai, sei que não sou merecedora das muitas bênçãos que o Senhor me proporcionou no decorrer desta longa vida que estou tendo na Terra. Foram tantas pessoas boas que o Senhor encaminhou perto de mim para me ajudarem nessa missão abençoada de cuidar de tantas crianças! Tenho certeza de que, de uma forma ou de outra, o meu compromisso é muito grande com elas. Graças ao Senhor, consegui conduzir todas ao bom caminho, e hoje me sinto como um pássaro livre para voar.

Meu Pai, se o senhor me desse a oportunidade de rever o André, meu grande amor, e ficar com ele pelo menos por um dia, já seria o bastante para mim. Toda a minha vida aguardo ansiosa por esse dia. Precisamos esclarecer muitas coisas que aconteceram. Gostaria de lhe falar da grande saudade e da falta que ele me fez e que ainda faz.

Só em pensar que um dia poderei encontrá-lo, que seja neste mundo ou em outra dimensão, já será o bastante e valerá cada minuto a minha vida na Terra. Com essa esperança, consigo forças para superar as amarguras da vida, tão cheia de altos e baixos.

Obrigada, Senhor, por tudo. Só tenho a lhe agradecer!”

Terminados aqueles instantes de reflexão, desgastada pelo cansaço do dia, Esther adormeceu.

O espírito de Esther foi para a dimensão espiritual, onde pôde, novamente, reencontrar com seus familiares e matar a saudade. Nesse encontro estava André e o senhor Joaquim, que havia desencarnado havia muitos anos.

Aquele encontro se deu em um lugar de extrema paz, e todos foram envolvidos por uma enorme emoção. Era notável a presença de muitos casais. Parecia que todos os casais separados pela desencarnação ou pela distância física na convivência do mundo estavam ali se reencontrando. Na visão espiritual, realizava-se o encontro de família.

Famílias essas que aproveitaram o momento para traçar novos planejamentos de vida a se concretizarem na Terra e em outras dimensões.

Agradeciam a Deus por esse maravilhoso encontro, onde a paz e o amor imperavam.

Ao acordar, pela manhã, Esther ficou algum tempo na cama lembrando-se do sonho, que, na verdade, estava muito próximo de se realizar. Esther jamais imaginaria que seu grande amor estava hospedado no mesmo hotel. Esther estava no quarto 36, e André no quarto 12.

Naquele formoso dia, André e Esther estavam fazendo aniversário. Completavam 60 anos, e nem imaginavam que estavam tão próximos um do outro. A espiritualidade já havia programado o reencontro e feito a preparação no desdobramento que tiveram na noite anterior.

Esther lembrou-se do semblante de André e notou que aquela fisionomia era a mesma que via em todos os seus sonhos. Ele não havia mudado quase nada.

André também fez a mesma observação, notando que Esther continuava a mesma. E, mesmo o tempo tendo passado, ele a reconheceria em qualquer lugar.

Os dois agradeciam a Deus pela oportunidade de se encontrarem em desdobramento. Eles sabiam que sempre um estaria esperando pelo outro. Tinham a certeza, em seus corações, de que um dia venceriam aquela enorme saudade que aumentara durante tantos anos de separação.

Assim, André fez uma sentida e bela prece:

"Meu Pai, se estiver chegando a minha hora de retornar ao mundo espiritual, retornarei muito feliz, pois este sonho que tive com Esther já me consolou. Tenho certeza de que foi a grande misericórdia divina. Não sei se sou merecedor de receber tantas graças, de ter tido a oportunidade de viver cenas tão bonitas como as que presenciei nesta noite e de ter me encontrado com pessoas que amo profundamente. Obrigado, Senhor!"

André saiu de seu quarto e seguiu, pelo corredor, com destino ao refeitório. De longe pôde observar uma senhora que vinha caminhando em passos lentos, de cabeça baixa. A aproximadamente 25 metros de distância, separaram-se um do outro.

No momento em que conseguiu observá-la melhor, encantou-se por aquela mulher, e sentiu que do seu coração saía um sentimento tão forte que invadiu sua alma de alegria e emoção. Fixou o olhar naquela que lhe chamara tanto a atenção e percebeu que sua cabeça, aos poucos, ia se levantando.

À medida que se aproximavam, seus olhares ficaram paralisados. André e Esther permaneciam neutralizados, as pernas tremiam e não tinham forças para continuar a caminhada.

André pôde ver naquele rosto a mesma Esther que trazia em seu coração.

Esther também notou no rosto dele aquele que esperou intensamente por quarenta e sete anos.

Aos poucos, foram retomando as forças nas pernas e o coração voltava ao seu ritmo normal. Aproximando-se, Esther estava com aquele radiante sorriso nos lábios e um sentimento de imensa alegria e satisfação, e André retribuiu aquele lindo sorriso com um que somente ela poderia reconhecer depois de tantos anos.

Ali se dera o momento mágico do reencontro de duas almas. Esther perguntou:

— Seu nome é André?

André não se conteve e deixou descer pelo rosto intensas lágrimas de saudade e felicidade.

E, assim, se entregaram a um profundo abraço, marcado por uma imensa saudade, sofrimento e vários desencontros.

Aquelas duas almas afins se reencontravam depois de tantos anos separadas.

André olhou no fundo dos olhos dela e disse:

— Tenho absoluta certeza de que você é a Esther. Muitos anos se passaram, mas nunca esqueci sua fisionomia.

— Eu também tenho certeza de que você é o André. Você continua o mesmo, depois de tanto tempo – disse ela.

Já não eram mais necessárias respostas para aquelas perguntas. André e Esther se envolveram novamente em um longo e demorado abraço, como se pudessem suprir, naqueles poucos instantes, a saudade de quase uma vida inteira. Os dois se deixaram levar pela emoção do momento e silenciosas lágrimas desciam abundantemente em seus rostos.

Era um misto de emoção e alegria entre duas criaturas que já contavam com 60 anos de idade, embalados naquele abraço como se fossem dois adolescentes que tinham acabado de descobri o amor.

Aquela cena nos trazia à lembrança o tempo em que os dois ainda eram duas crianças e foram separados pelo pai de Esther. Só se viam a distância, André no alto da pedra acenando para Esther e os dois se comunicando por meio de gestos. Quanto tempo havia se passado! Que intensa saudade sentiam um do outro!

Nenhum dos dois tinha forças para falar, e não conseguiam se afastar um do outro. Deixaram que o silêncio falasse aos seus corações.

Aquele momento de deslumbramento durou cinco minutos, e era uma cena muito tocante. Qualquer pessoa que a presenciasse notaria a grandeza do amor daquele casal! Tiveram cinco minutos de contemplação mútua sem interferência de ninguém.

Passados esses instantes, afastaram-se um pouco e ficaram olhando um para o outro. Aquelas duas almas se contemplavam naquele momento mágico e único.

Após alguns minutos ali paralisados, conseguiram, então, dizer algo.

André foi o primeiro a falar:

— Quanto tempo espero por este momento! Meu maior desejo era encontrá-la novamente.

— Meu grande amor, todas as noites rezo por você, que não sai do meu coração um minuto sequer. Pedi tanto a Deus para que não me deixasse partir sem tê-lo em meus braços novamente!

Aquelas belas palavras mexeram profundamente com os sentimentos de André, e, arrebatado por aquele grande amor, enlaçou Esther em um forte abraço e olhou fixamente em seus olhos. Não conseguindo controlar seu desejo, foi ao encontro de seus lábios e se entregaram a um longo e apaixonado beijo. No momento seguinte, André começou a beijar Esther por todo o rosto e depois beijou suas mãos e, com muito carinho, abraçou-a novamente.

Alguns minutos depois, André disse:

— Temos de sair daqui, não podemos ficar tanto tempo parados neste corredor. Se você não se importar, podemos ir ao meu quarto e lá conversaremos melhor.

Os dois foram para o quarto e ficaram horas e horas conversando, matando a saudade que tanto os tinha castigado. O quarto era bastante confortável, tinha uma mesinha com duas cadeiras, uma de cada lado. André sentou-se do lado esquerdo e Esther no lado direito, e assim os dois ficaram por muito tempo olhando um para o outro. Até que André disse:

— Esther, o tempo passou, mas, olhando para você, vejo ainda aquela jovem com a mesma formosura do último dia em que a vi, quando nos despedimos, aos 13 anos de idade. Você continua linda! Muitos anos se passaram e não mudou em nada!

— Você também continua o mesmo, André, aquele jovem menino por quem sempre fui apaixonada. Percebo como cresceu espiritualmente. Olho para você e não tenho outra imagem que não seja a daquele menino de muitos anos atrás. Sonho com você quase todas as noites, e nesses sonhos tenho presenciado a passagem do tempo em seus cabelos, que hoje se encontram esbranquiçados. Consegui acompanhar toda essa mudança por intermédio dos sonhos ou em desdobramentos que constantemente tive com você.

— Comigo acontecia a mesma coisa, e as imagens ficavam marcadas em meu coração. Por isso, quando a vi dentro do ônibus, sabia que era você, mas não consegui descer do carro, nem ao menos falar uma palavra. Fiquei magnetizado, não consegui tomar nenhuma atitude.

— Eu também passei pela mesma situação. Embora o tenha reconhecido, não tive forças para reagir. Não havia chegado o momento do nosso reencontro, André. A espiritualidade superior ainda não nos tinha dado a permissão para esse tão importante acontecimento em nossas vidas. Mas isso não importa mais, hoje estamos vivendo essa maravilhosa oportunidade. Farei de tudo para não perdê-lo de vista nunca mais, pois passei toda a minha vida esperando por você.

Mostraram, um para o outro, a aliança de compromisso que traziam no dedo. Sentiam-se casados espiritualmente.

André disse:

— Esther, eu me senti comprometido com você desde que nasci, e nem por um segundo deixei de amá-la. Cumpri fielmente o que disse um dia, se não se casasse com você, não me casaria com mais ninguém neste mundo. Nunca tive outra mulher em meus braços. Continuo sendo fiel a você.

— Eu também fiz a mesma escolha, pois jamais me entregaria a um homem que não fosse você. Tantos homens me desejaram nesta vida, mas não me interessei por nenhum. Continuei esperando por você para ter a minha primeira experiência sexual nesta encarnação. Tinha esperanças de que um dia o encontraria.

— Meu amor – disse André –, o mesmo aconteceu comigo. Sempre que alguém me falava que eu deveria arrumar uma pessoa, que não poderia viver tanto tempo sozinho, sempre respondia que já era comprometido, que só estava esperando a hora certa para ter uma vida normal, ao lado da mulher que mais amei e amo na vida. Dizia sempre que a minha companheira estava muito distante, executando uma grande missão, mas que na hora certa ficaríamos juntos.

Estava cumprindo o grande compromisso com Cristo, assumido na Espiritualidade. Teria de realizar o meu trabalho com os velhinhos desamparados. E passei toda a minha vida com esses pensamentos, assim amenizava um pouco a minha dor diante da sua ausência. Esther, fale um pouco da sua vida.

— Assim como você, André, sofri muito nesta vida, mas minhas filhas me ajudaram nessa difícil trajetória. Construí um orfanato em uma cidade de Minas Gerais, onde pude receber muitas crianças abandonadas, recém-nascidos, algumas de meses de idade. Houve uma criança que chegou ao orfanato com dois dias de vida.

Graças a Deus, consegui conduzir todos na vida. Sinto que essas crianças vieram para que eu pudesse cuidar delas, foram todas enviadas por Deus, para que, assim, eu pudesse suportar a tristeza de viver longe de você. Nas horas mais difíceis da minha vida, era o carinho delas que me consolava. Não foi nada fácil para mim. Com muito sacrifício e muita dor, encaminhei todas no caminho do bem.

Dei a elas o maior grau de estudo que a cidade podia oferecer. De todas aquelas crianças, restaram duas que não quiseram se casar nem sair de casa. Renunciaram a tudo para cuidar de mim na velhice. Elas me acompanham a todos os lugares.

Recebi dos benfeitores espirituais todos os conselhos necessários para que não me perdesse no tempo. Sabia que algum dia o encontraria, não sabia como nem quando. Essa esperança é que me dava força e coragem para viver. Não imaginava que o nosso reencontro seria em um dia tão importante, já que hoje estamos completando 60 anos de idade!

Quero apresentar minhas filhas a você, elas são maravilhosas. Mas teremos muito tempo para colocar todos os assuntos em dia, falar de tudo o que sofremos nesses longos anos de saudade e solidão. Temos uma lista enorme de questionamentos.

André, que ouvia tudo em silêncio, disse:

— O tempo passou tão depressa, já estou preocupado com suas filhas. Já faz várias horas que estamos neste quarto conversando, e elas não sabem onde você está.

— Realmente, as horas passaram depressa e me esqueci das minhas meninas. Vamos até o meu quarto para que eu possa apresentá-lo a elas, vão adorar a surpresa.

Os dois saíram e foram até o quarto onde Esther estava hospedada. Chegando lá, as moças não estavam. Foram até o refeitório e, no caminho, encontram as duas, Teresa e Maria, que foram logo falando:

— Mamãe, a senhora quase nos enlouqueceu! O que aconteceu? Procuramos pela senhora em toda a parte. Pelo amor de Deus, não faça mais isso conosco! Estamos quase passando mal, o coração batendo acelerado de preocupação. Há muitas horas que a senhora desapareceu!

— Calma, minhas filhas, calma!

— A senhora nunca fez isso antes!

Esther abraçou as duas filhas pedindo-as para ter calma.

Naquele momento, as duas, já um pouco mais tranquilas, viram aquele senhor ao lado de sua mãe e perguntaram:

— Mamãe, quem é esse senhor que está com a senhora?

— Minhas filhas, esse é André! Já falei dele para vocês muitas vezes.

Naquele instante, um lindo sorriso desabrochou no rosto das filhas, demonstrando muita alegria e contentamento! Emocionadas, disseram ao mesmo tempo:

— Que ótimo, mamãe, a senhora encontrou seu grande amor, realizando, assim, seu sonho de uma vida inteira. Graças a Deus, a senhora o encontrou! Agora entendemos o motivo pelo qual ficaram tantas horas longe de nós. Somente uma pessoa tão importante como o senhor poderia afastar mamãe por tanto tempo de nós.

— É, minhas filhas, depois de passar tantos anos longe um do outro, não é fácil controlar o tempo, que passa muito veloz. Nós perdemos a noção da hora.

As meninas deram uma risada e disseram:

— Sim, mamãe, foi por uma boa causa, por isso vamos perdoá-la e, além do mais, estamos felizes.

Hoje vamos deixar os dois bem à vontade para que possam conversar e namorar bastante, matar a saudade de tanto tempo.

Esther concordou com as filhas e deu-lhes algum dinheiro para que pudessem passear e conhecer a cidade, assim como ela e André iriam fazer, mas queriam sair sozinhos para que pudessem conversar mais à vontade, falar do passado e de tudo o que viveram nesses anos de separação.

André disse:

— Estarei à sua disposição, vou ligar para minha casa e avisar meus amigos para que não se preocupem comigo, pois não tenho dia certo para voltar. E para que eles continuem executando os trabalhos da Casa Espírita.

Assim André fez. Ligou para seus amigos avisando que ia demorar um pouco mais, e que em breve mandaria notícias.

CAPÍTULO 27

SONHO REALIZADO

Naquele dia, os dois ficaram no quarto até a hora do almoço. À tarde, saíram e foram até o hospital do Fogo Selvagem para visitar os doentes. Saindo de lá, deram uma volta no centro da cidade. Em todas as praças que passavam aproveitavam para sentar um pouco e conversar.

Em dado momento, Esther disse:

— Meu amor, queria que fosse à minha casa, pois tenho um grande segredo para lhe mostrar: tenho todas as cartas que me mandou. E você nem imagina quem foi o causador da nossa separação. É triste e vergonhoso dizer, mas foi a minha avó.

Nunca imaginei que alguém pudesse fazer uma coisa dessas em profundo silêncio e sem nenhuma manifestação. Ela conseguiu nos enganar da pior maneira possível. Ela sempre olhava para mim com o rosto alegre, com isso conseguiu esconder, por trás daqueles olhos bonitos, essa grande traição. Só descobri toda a verdade depois da sua morte.

Vovó apareceu para mim em sonho, muito aflita e perturbada, me pedindo perdão por todo o mal que havia me causado. Naquele desespero profundo, talvez pelo peso na consciência, me falou das cartas e onde estavam escondidas.

Descobri toda a verdade dessa triste forma.

— Eu também achava muito estranho você mandar carta de uma cidade que não tinha nada a ver. Além do mais, não respondia às cartas que eu lhe mandava – disse André. – Recebi somente uma carta com o endereço da cidade de Araguaína, no estado de Goiás. Mandei mais de vinte cartas para esse endereço. Como não recebia resposta, resolvi ir até essa cidade para ver o que estava acontecendo, pois você não me respondia.

Então tomei a decisão de partir para aquela cidade. Fiquei sabendo que alguém recebia as cartas e as guardava a pedido de um parente que morava no Rio de Janeiro.

Até que, certo dia, ele veio e levou todas as cartas.

Fiquei bastante intrigado com isso e saí à procura dele.

Fui para o Rio de Janeiro e, seguindo as orientações recebidas do marido da senhora que morava naquele endereço de Araguaína, cheguei lá e comecei a procurar pela pessoa. Mas, quando encontrei o endereço, soube que a pessoa que eu procurava não existia mais. E, assim, voltei à estaca zero.

Passei dias difíceis naquela cidade. Todas as pessoas que podiam me levar perto do seu paradeiro haviam morrido. Arrumei até emprego na cidade, já que precisava ficar mais tempo por lá do que o imaginado.

Fiquei um bom tempo trabalhando em um bar. Nas horas vagas, saía pela cidade à procura de Casas Espíritas para saber se você chegou a frequentar alguma delas. Passei por várias Casas Espíritas no Rio de Janeiro, que eu frequentava por um tempo e, ao descobrir que você não havia passado por ali, partia em busca de outras que pudessem me ajudar, me dar uma luz sobre seu paradeiro.

Até que um dia, depois de muita procura, encontrei uma Casa Espírita muito grande e bem organizada. Nessa casa tive boas notícias. O dirigente conhecia você. Ele me disse que frequentou a casa por um bom tempo, que era muito dedicada e carinhosa com todos. Falou muito bem de você, e me disse que um dia você chegou dizendo que iria embora sem dizer para onde, e que já fazia uns quatro anos que tinha partido dali e, desde então, não tiveram mais notícias suas.

Fui para a pensão onde estava hospedado, decidido a ir embora, voltar para São Paulo. Assim fiz: pedi demissão no bar onde trabalhava e fui para o grande estado paulista. Em São Paulo, consegui alugar um barraco em uma vila bem distante da cidade.

Naquela vila, arrumei um emprego e comecei a trabalhar. Descobri que por ali não existia nenhuma Casa Espírita. A vila começou a crescer e, a cada dia que passava, crescia mais. Em pouco tempo, fiz muitas amizades. Comecei chamar as pessoas para fazerem comigo o Culto do Evangelho no Lar.

Dessa forma, foi fundado o Núcleo Espírita Bezerra de Menezes, onde amparava e cuidava dos velhinhos abandonados com muito amor e carinho.

Esther, depois de ouvir toda aquela narrativa, disse:

— Meu amor depois que descobri tudo o que vovó havia feito com a gente, também saí à sua procura e não consegui encontrá-lo. Por todos os lugares que passei parece que você já havia passado primeiro. O destino também fez a sua parte nos nossos desencontros.

Comecei a procurá-lo no estado de São Paulo, mais precisamente no interior, nossa terra natal. Ao chegar, tive uma grande surpresa: a vila onde você morava não existia mais, nem ao menos a sua rua. Desorientada e triste, saí perguntando para um e para outro o que havia acontecido com aquela vila. Com muita tristeza e dor no coração, fiquei sabendo que aquele terreno pertencia a uma grande empresa que despejou todos os moradores dali.

Sem saber o que pensar, saí procurando pelos moradores e perguntando se alguém conheceu o senhor Joaquim, que morava naquela vila com um rapaz chamado André. Um dos moradores me disse que conheceu vocês dois, mas que haviam se mudado assim que saíram da vila, e somente a dona Ana, uma antiga frequentadora da Casa Espírita, poderia saber para onde tinham ido.

Por intermédio de dona Ana fiquei sabendo que haviam se mudado para Belo Horizonte, onde o senhor Joaquim tinha uma irmã. Imediatamente, embarquei para Belo Horizonte. A primeira coisa que fiz lá foi procurar a União Espírita Mineira para ver se eles tinham o endereço de todas as Casas Espíritas daquela cidade.

Nessa época, Belo Horizonte ainda era uma cidade muito pequena, portanto, não havia muitas Casas Espíritas.

Com alguns endereços nas mãos, saí procurando. Tinha a certeza de que vocês frequentavam alguma delas. Um dia, depois de ter passado por várias casas, encontrei uma pequena Casa Espírita que tinha nos fundos um abrigo para idosos, chamado Abrigo Paulo de Tarso. Fiquei sabendo que você frequentou aquele lugar por uns cinco anos, e era a alegria de todos, principalmente, dos idosos, que ficavam eufóricos quando você chegava.

Soube que e o senhor Joaquim desencarnara e você decidira ir embora. Fiquei muito triste com essas informações. Sem raciocinar direito, não sabia mais onde procurar. Voltei para o hotel onde estava hospedada e fiquei pensando no que fazer. Depois de muito pensar, lembrei que você me mandava cartas para a cidade de Araguaína.

Sem perder tempo, embarquei para aquela cidade. Chegando lá, as coisas não foram diferentes. Quando pensava que estava quase te encontrando, tudo se desencontrava novamente e voltava à estaca zero.

Desiludida e sem saber o que fazer, decidi voltar para a Bahia e iniciar o meu trabalho. Mas sentia que meu lugar não era ali. Pensando assim, vendi tudo o que tinha e vim para uma cidadezinha de Minas Gerais, em que me estabeleci e fiz meu trabalho. Realizei meu sonho de cuidar de crianças abandonadas.

André, que ouvia tudo atentamente, disse:

— Meu amor, por trás disso tudo está a misericórdia divina. Nada disso teria acontecido sem a vontade de Deus. Pode ser que, se estivéssemos juntos, não teríamos realizado esse grande trabalho de ajuda ao próximo.

Às vezes chego a pensar que o nosso amor é tão grande que não teríamos condições de dividi-lo com os outros, aqueles que mais sofrem neste mundo. Quem sabe, estamos quitando uma dívida que deixamos de pagar um dia, em uma de nossas encarnações passadas? O nosso afastamento nesta vida foi essencial para quitarmos esse débito. Esse grande sonho de ajudar o próximo foi um compromisso assumido no mundo espiritual.

O melhor disso tudo é que ainda estamos vivos, nos encontramos e podemos viver o resto de nossas vidas na Terra juntos.

— Nunca mais perderei você de vista. A partir de agora, aonde você for eu irei atrás.

— Eu também quero aproveitar os últimos momentos da minha vida junto de você. O Núcleo Espírita Adolfo Bezerra de Menezes, que fundei junto com um grupo de amigos, tem muitos irmãos preparados para dar continuidade ao trabalho sem a minha presença. Hoje estou como um pequeno trabalhador que não faz tanta falta.

Temos duas opções: ou você vai morar comigo ou eu posso vir morar com você.

— Só há um pequeno problema, André, que na verdade nem chega a ser um problema, mas sim oportunidade. Se eu for morar com você, tenho de levar minhas duas filhas.

— Que bom, meu amor! Ganhar uma esposa e ainda duas filhas já criadas! Isso é um verdadeiro presente de Deus, já estamos velhos e elas poderão cuidar de nós.

Naquele exato momento, Maria e Tereza chegaram perguntando aos dois:

— Como foi o dia de vocês hoje?

— Foi maravilhoso — disse Esther. – Venham, minhas filhas, e abracem seu pai.

André, muito emocionado, falou para as duas:

— A partir de hoje, vocês são minhas filhas. O meu coração tem um lugar reservado para recebê-las com muito amor e carinho. Eu e sua mãe decidimos que, a partir de hoje, somente a morte vai nos separar. Tenho certeza de que Deus, nosso Pai de tanto amor, vai nos dar essa oportunidade, pelo tempo que ficamos afastados um do outro.

Assim, aquela família que o destino juntou ficou horas a fazer planos para o futuro.

André e Esther aproveitaram bastante aquela maravilhosa semana que passaram em Uberaba. Foram até a cidade de Sacramento para participar do Culto do Evangelho no Lar fundado por Eurípedes Barsanulfo e aproveitaram a oportunidade para conhecer a dona Corina.

Eles conheceram os pontos turísticos da cidade, principalmente o colégio Allan Kardec. Foram à fazenda Santa Maria, onde começaram os primeiros fenômenos espíritas no Triângulo Mineiro e foi despertada a mediunidade em Eurípedes Barsanulfo.

De Sacramento seguiram para Araxá, para conhecer a Casa do Caminho, fundada pelo grande missionário José Tadeu. Passaram o dia todo visitando aqueles irmãos enfermos que se encontravam ali internados. Tiveram a oportunidade de participar da reunião pública à noite. Depois retornaram muito felizes para Uberaba, ao hotel onde estavam hospedados.

Após aquela inesquecível semana juntos em Uberaba, Esther decidiu ir para São Paulo para conhecer de perto o trabalho de André.

Nesse pequeno espaço de tempo, aproveitaram bastante para colocar para fora tudo aquilo que estava escondido e martirizava seus corações. Fizeram seus desabafos e mataram a saudade de um longo tempo. Fizeram um bom planejamento para suas vidas a partir de então.

Dentro da programação feita pelos dois, resolveram ir para São Paulo. Chegando a cidade, Esther e suas duas filhas foram muito bem recebidas pelos amigos de André. Até parecia que já se conheciam. Esther ficou muito emocionada ao conhecer aquele trabalho simples, mas com muito amor, muita dedicação e devotamento aos necessitados que chegavam àquela casa de amparo.

A semana passou depressa e, na semana seguinte, André decidiu ir para Minas Gerais conhecer o trabalho e os amigos de Esther, que ficou muito feliz em poder apresentá-lo aos seus amigos. Ela marcou uma reunião com todos os tarefeiros da Casa Espírita para fazer a apresentação, já que poucos sabiam da história dos dois. Aquele era um segredo que Esther guardava só em seu coração.

No horário marcado, um grupo de doze pessoas estava reunido: eram os tarefeiros mais próximos e mais atuantes da casa. Esse grupo se encontrava à frente dos trabalhos.

Quando todos estavam reunidos, Esther disse: ,

— Meus irmãos, é com muita alegria no coração que chamei todos aqui porque quero tomar uma decisão. Sei que depois de tanto tempo juntos, para mim vai ser muito doloroso, como também será para alguns de vocês, mas há momentos que temos de aproveitar os últimos dias na Terra para sermos felizes.

Este homem que está aqui ao meu lado é André, e a maior surpresa é que ele será meu marido.

André e eu começamos a namorar aos 13 anos de idade e, em seguida, fomos obrigados a nos separar. Nós nos conhecemos quando éramos crianças, com 5 anos de idade. Tivemos um convívio muito próximo, ele era filho de dona Marina, que ajudava minha mãe no serviço da casa-grande, onde morávamos. Fomos criados juntos até os 13 anos, quando começamos a namorar e o destino nos separou. Ficamos quarenta e sete anos separados.

Passamos todos esses anos procurando um pelo outro, mas foi em vão, nada dava certo. Mesmo assim, nosso amor permaneceu forte e não perdemos a esperança de que um dia nos reencontraríamos. Deus ouviu nossas preces e nos deu a oportunidade de passar o resto dos nossos dias juntos.

Quando Esther terminou a narrativa, ficou uma grande tristeza no ambiente. Muitos dos que conviviam com ela durante muitos anos estavam chorando. Alguns deles tinham sido criados por Esther, e choravam em saber o quanto ela sofrera calada, sem dividir com ninguém tão grande sofrimento.

Ana era uma das primeiras adotadas por Esther e, ao ouvir sua história, disse:

— Mamãe, como a senhora foi forte em carregar esse sofrimento na alma por tanto tempo! Lembro muito bem que, muitas vezes, a vi chorando pelos cantos da casa, e quando perguntava o que estava acontecendo, sempre falava que era emoção. Como conseguiu carregar sozinha essa grande cruz e ainda nos ajudar a carregar a nossa?

— Minha querida filha, jamais poderia falar para vocês sobre a minha vida sentimental. Vocês eram ainda tão jovens! Meu dever era dar força, incentivar o namoro com uma boa pessoa, que poderia conduzi-las na vida. Se eu falasse dos meus problemas, muitas teriam medo de enfrentar o mundo lá fora.

Sem saber de nada, vocês me consolavam, me davam carinho de todas as formas e me ajudaram a viver todos esses anos sendo tão amada.

— Minhas queridas filhas do coração, eu não consigo imaginar como teria sido minha vida sem a companhia de vocês. Além do amor e carinho que sempre tiveram por mim, ainda me ajudavam nas tarefas da Casa Espírita, dando o melhor de si em benefício dos necessitados que nos procuravam.

Posso dizer que sou uma mulher muito feliz. As muitas vezes que chorei foram por lembrar do meu tempo de criança, dos momentos felizes que vivi ao lado da pessoa que mais amei neste mundo depois dos meus pais. Mas aprendi, com a Doutrina Espírita, a dividir esse amor com outras pessoas.

Pela grande afinidade que sentimos um pelo outro, sabemos que já nos conhecemos de outras vidas, temos absoluta certeza de que já vivemos muitas vezes juntos neste lindo planeta Terra. Desconfio de que eu e André falhamos muito em vidas passadas para merecermos a prova de sermos afastados um do outro para cumprir nossa missão na Terra.

Se tivéssemos ficado juntos, com certeza, não teríamos conseguido cumprir a nossa missão. Essa separação foi uma grande oportunidade que tivemos para realizar o sonho que tínhamos quando éramos crianças. Eu sonhava em cuidar de crianças abandonadas e André queria cuidar de velhinhos.

Nossas mães nos legaram o conhecimento da Doutrina Espírita, que orientou os nossos passos durante toda essa jornada.

Agora eu e André temos muito o que conversar.

Dizendo isso, pegou na mão de André e entrou para seu quarto. Foi até a penteadeira, que tinha um compartimento secreto, abriu a gaveta e retirou um pequeno baú, que continha várias cartas.

E, então, ela começou a abrir as cartas, uma por uma. Eles releram todas as cartas, inclusive aquela que tinha sido falsificada e foi a causadora de tanto sofrimento na vida dos dois.

Esther entregou a carta para André para que ele mesmo pudesse ler.

Ao terminar de ler aquela carta, estava com os olhos estavam cheios de lágrimas. Sua dor era de compaixão por uma pessoa que pôde fazer tanto mal à própria neta.

Naquele momento, por intermédio de sua mediunidade, André pôde ver como era grande o sofrimento da avó de Esther, perambulando pela casa onde morava e carregando um baú com as cartas, tentando encontrar a neta para devolvê-las. Estava profundamente arrependida e pedia perdão.

André também percebeu a presença dos obsessores que a perseguiam, acusando-a de traidora, falsa, covarde, ciumenta, invejosa, destruidora da felicidade alheia. Eles gritavam dizendo que ela merecia ser infeliz, pois, se teve coragem de fazer isso com a própria neta, o que não faria, então, com outras pessoas?

Aqueles espíritos que a acusavam, infelizmente, também passaram pela prova da traição. Ela entrava em sintonia com eles, ouvia suas vozes e ficava cada vez mais desesperada, correndo pela casa e gritando a neta para socorrê-la e perdoá-la. Pensava que somente o perdão da neta a libertaria daquela terrível perturbação que a acompanhava.

André visualizou aquela triste cena e falou para Esther:

— Minha querida, vamos orar com muita fé em favor de sua avó.

— Realmente, vovó deve estar sofrendo muito! Se ela conhecesse Jesus, dentro dos moldes da Doutrina Espírita, estaria livre desse sofrimento. Quantas e quantas vezes convidei-a para participar comigo dos trabalhos espíritas ou ao menos ir às reuniões públicas, mas nunca se interessou. Dizia que tinha nascido na Igreja Católica Apostólica Romana e não poderia se afastar daquela religião. E me aconselhava a voltar para a Igreja Católica, pois acreditava que não podíamos mudar de religião.

Ela trazia sempre um terço na mão, tinha muita devoção. Seu quarto era um verdadeiro santuário, com imagens de vários santos. Estava sempre em oração e fazendo penitência.

Eu pensava que aquilo lhe dava tranquilidade, por isso não me preocupava muito com esse lado religioso. Agora vejo que estava errada, vovó precisa muito das nossas orações. Queria que ela soubesse que já a perdoei.

André, então, disse:

— Sei que você a perdoou, mas o mais difícil é ela própria se perdoar. Infelizmente, de uma forma ou de outra, ela procurou esses espíritos que a acompanham. Nesse caso, terá de ser feito o processo de doutrinação dessas entidades, para que ela encontre paz e possa refletir sobre todo o sofrimento pelo qual está passando, causado por suas próprias maldades e pela ignorância que traz em seu coração.

Os dois aproveitaram o momento para fazer uma leitura de *O Evangelho Segundo o Espiritismo*. O acaso lhes trouxe uma maravilhosa lição: "Perdão das Ofensas".

No fim daquela importante leitura, os dois fizeram uma linda prece, envolvendo dona Shirley e os espíritos que a acompanhavam. André sentiu que, após a prece, a situação dela melhorou bastante, não estava mais ouvindo aquelas vozes acusadoras e conseguiu sentar-se em uma poltrona ali mesmo, passando a meditar e a orar com o terço, como fazia quando estava encarnada.

Mas aquele momento de reflexão não durou muito. Assim que terminou a oração, os espíritos se aproximaram novamente e continuaram o processo de perturbação. Mas, a partir daquele dia, quando se sentia perseguida por aquelas entidades, sentava-se na mesma poltrona e fazia suas preces e, ao terminá-las, sentia-se melhor e mais aliviada, mesmo que somente por alguns minutos.

Assim, dona Shirley permaneceu por muito tempo sofrendo aquelas perturbações, até que o verdadeiro arrependimento pudesse tocar o seu coração.

André ficou um mês na casa de Esther, e todos os dias faziam uma prece e uma leitura de *O Evangelho Segundo o Espiritismo* em favor de dona Shirley.

Nesse tempo em que estiveram juntos, André pôde perceber, por sua visão espiritual, a recuperação da dona Shirley, que já não sentia tanta perturbação. Aproveitaram esse tempo, também, para decidir o que seria melhor para o destino dos dois. Conversaram bastante e decidiram ir para São Paulo, porque lá as oportunidades de trabalho eram maiores, já que a casa espírita onde Esther trabalhava estava praticamente vazia.

Convidaram as pessoas mais próximas e foram até o cartório civil, onde foi realizado o casamento dos dois na maior simplicidade. A festa foi em família, com os amigos da Casa Espírita, as filhas e os netos de Esther, e foi finalizada com uma linda prece e um Culto do Evangelho no Lar, pedindo a Jesus que protegesse aquele novo lar que se formava.

O momento foi de grande emoção para todos. Muitos choravam de alegria e satisfação ao ver que sempre há tempo para recomeçar. O casal, muito feliz, abraçava os amigos fraternalmente.

Uma das filhas de Esther pediu a palavra para dizer tudo o que sentia em seu coração, agradecer àquela que a amparou e amou profundamente porque, se não fossem seus cuidados, com certeza, não estaria viva.

— Eu cheguei aqui aos dois meses de idade, muito doente. Todos pensavam que eu não sobreviveria. Mamãe deu-me o nome de Diana.

Diana não conseguiu conter as lágrimas de gratidão por aquela mulher que tanto a ajudou.

— Querida mamãe, devo a minha vida à senhora. Deus, um dia, me colocou em suas mãos para que pudesse cuidar de mim. Quero que a senhora seja muito feliz. Se existe alguém que merece ser feliz, é a senhora, que fez tantas pessoas felizes neste mundo. Sempre teve um ombro amigo para que as pessoas pudessem se confortar e os braços abertos para acolher todos com muito amor e carinho. Com toda sua sabedoria, enxugava nossas lágrimas; com o amor que trazia no coração, aquecia o frio que trazíamos em nosso íntimo, causado por nossos sofrimentos.

A senhora foi o bálsamo para tantos enfermos que a procuravam trazendo grandes chagas na alma, e sempre tinha uma fórmula para cuidar de cada um. Sempre que precisava nos aconselhar contava uma história que trazia a lição de vida de que estávamos precisando. Sentíamo-nos seguras para escolher nosso caminho dentro dos preceitos que queria que seguíssemos. Foi uma mãe, uma professora e uma grande psicóloga que compreendia a nossa alma e as nossas dores, mesmo na fase da juventude, carregando a rebeldia que, às vezes, se aflorava muito forte.

A senhora sempre tinha um jeito carinhoso. Incentivava-nos ao namoro com um bom rapaz com quem pudéssemos nos casar. Dizia que a felicidade é a melhor coisa do mundo e está dentro de cada um de nós, e que não dependemos de ninguém para sermos felizes.

Quero dizer que sou uma mulher muito feliz por poder lhe dar três netos maravilhosos, e também por ter conseguido um marido que preencheu o vazio que todas as mulheres trazem no coração.

E hoje, aos 60 anos de idade, a senhora está começando uma vida a dois. Vai ver como é maravilhoso viver a dois quando amamos de verdade. Tenho certeza de que entre vocês há o amor sincero e puro, são duas almas afins. Por isso a felicidade será real.

Peço a Deus que dê aos dois muitos anos de vida, muitas realizações no campo espiritual. A senhora pode viajar tranquila, não se preocupe, pois todas nós aqui vamos dar continuidade ao seu trabalho. Tenho certeza de que a espiritualidade não vai nos abandonar.

Gostaria de estar sempre em contato com a senhora. Não esqueça que está deixando uma família muito grande para trás.

Esther deu um sorriso e disse:

— Realmente, minha filha, estou deixando uma grande família, mas nos dias de hoje não existe distância, há o telefone para que possamos nos comunicar. Estarei sempre em contato com vocês. Levo cada um no meu coração e quero viver bastante tempo na Terra para conhecer alguns bisnetos.

Todos sorriram muito felizes e a recepção terminou com uma salva de palmas.

Esther ainda disse:

— Minha querida filha, tenho certeza de que Jesus, o nosso grande Mestre, vai continuar nos amparando nessa nova caminhada evolutiva. Confie na ajuda dos benfeitores espirituais, que nunca vão nos desamparar. Rogarei ao doutor Bezerra de Menezes para que possa nos dar proteção, para que possamos seguir na nossa luta em busca do autoconhecimento.

Estarei sempre dedicada à obra de Jesus, tenho certeza de que lá vivenciarei uma nova experiência de vida. E vocês, aqui, assumirão mais um posto de responsabilidade, que é a administração da casa, dando continuidade ao trabalho que vêm realizando aqui junto comigo. Sei que todas estão preparadas para continuar esta obra que não é nossa, mas do Cristo, e aqui estamos para trabalhar para Ele. Seremos muito beneficiados por estarmos nesta seara de Jesus.

Após aquela linda fala de Esther, todos se despediram entre abraços fraternos. O casal pegou suas malas e foi para a rodoviária da cidade, onde pegaria um ônibus com destino à cidade de São Paulo.

Assim, André e Esther começaram uma nova etapa "VIVENDO UM GRANDE AMOR" AGUARDEM!...

FIM...

VIVENDO UM GRANDE AMOR

"Aguardem a sequência dessa emocionante história de almas afins ligadas por um amor que transcende o tempo, supera a distância e vence todas as dificuldades."

SENHOR!

Estou aqui para exaltar a beleza, porque ela reflete a Tua presença. Vejo-a no firmamento, na luz do dia, na natureza e nas coisas aparentes. Há, porém, uma beleza especial, que me chama a atenção: a do mundo interior. É importantíssimo reconhecer sua existência, tão esquecida pelos homens. Ela também marcha para a perfeição, vibra, expande-se, aprimora-se, resplandece. Esta beleza íntima dá expressão e sentimento à minha beleza externa. Por isso, coloco-me diante de Ti para louvar a beleza que há em mim e que é uma manifestação da tua beleza cósmica, luminosa, eterna. Ao reconhecer que há beleza em mim, animo-me a viver digna e alegremente, passo a sentir o prazer da tua presença e me encorajo no sentido de aumentá-la cada vez mais. Obrigado, senhor, porque possuo a beleza interior e estou a caminho da perfeição. Obrigado! Obrigado!

Prece extraída do livro *Preces do Coração*. Lourival Lopes. Editora Otimismo, p. 53.

Estrela de Luz
Psicofonia: Izoldino Resende
Pelo Espírito Ismael
Gênero: Romance
Formato: 14x21
Páginas: 336
ISBN 978-85-60451-04-3

Resgatando o Passado e Construindo o Futuro...
Psicofonia: Izoldino Resende
Pelo Espírito Ernesto
Gênero: Romance
Formato: 14x21
Páginas: 310
ISBN 978-85-60451-01-2

Planeta Terra em Transição
Psicofonia:Izoldino Resende
Pelo Espírito Ismael
Gênero: Romance
Formato: 14x21
Páginas: 320
ISBN 978-85-60451-16-6

Renunciando Por Amor
Psicofonia: Izoldino Resende
Pelo Espírito Ernesto
Gênero: Romance
Formato: 14x21
Páginas: 376
ISBN 978-85-60451-11-1

Fé e Razão
Autor: Rossano Sobrinho
Gênero: Doutrinário
Formato: 14x21
Páginas: 224
ISBN 978-85-60451-05-0

O Mensageiro da Regeneração
Autor: Rossano Sobrinho
Gênero: Romance
Formato: 14x21
Páginas: 256
ISBN 978-85-60451-15-9

Evolução Pelo Amor
Autor: Rossano Sobrinho
Gênero: Autoajuda
Formato: 14x21
Páginas: 224
ISBN 978-85-60451-13-5

Universo Maravilhoso das Parábolas
Autora: Eliane Alves Batista
Gênero: Estudo Evangélico
Formato: 14x21
Páginas: 352
ISBN: 978-85-60451-20-3

Encontros Com a Vida
Autor: Rossano Sobrinho
Gênero: Romance
Formato: 14x21
Páginas: 288
ISBN 978-85-60451-21-0

Há Solução, Sim!
Autor: José Lázaro Boberg
Gênero: Autoajuda
Formato: 14x21
Páginas: 224
ISBN 978-85-60451-24-1

O Evangelho de Tomé
Autor: José Lázaro Boberg
Gênero: Doutrinário
Formato: 14x21
Páginas: 288
ISBN 978-85-60451-08-1

O Poder das Suas Palavras
Autor: Celso Batista Inácio
Gênero: Autoajuda
Formato: 14x21
Páginas: 256
ISBN 978-85-60451-19-7

Viver Melhor
Autor: Celso Batista Ináico
Gênero: Autoconhecimento
Formato: 14x21
Páginas: 224
ISBN 978-85-60451-14-2

O Espiritismo Segundo a Bíblia
Autor: José Reis Chaves
Gênero: Doutrinário
Formato: 14x21
Páginas: 224
ISBN 978-85-60451-12-8

A Misericórdia Divina Nos Liberta do Passado
Psicofonia: Izoldino Resende
Pelo espírito Ernesto
Gênero: Romance
Formato: 16x23
Páginas: 320
ISBN 978-85-60451-15-9

Diretrizes Para Uma Vida Feliz
Autor: Sergito de Souza Cavalcanti
Gênero: Autoconhecimento
Formato: 14x21
Páginas: 256
ISBN 978-85-60451-06-7

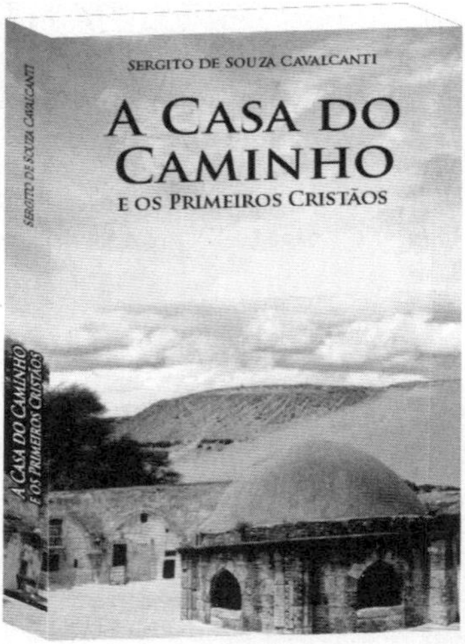

A Casa do Caminho
Autor: Sergito de Souza
Gênero: Doutrinário
Formato: 16x23
Páginas: 240
ISBN 978-85-60451-02-9

Sementes de Esperança
Psicografia: Wander Cardoso
Pelo espírito Ignácio de Antioquia
Gênero: Mensagens
Formato: 12x17
Páginas: 192
ISBN 978-85-60451-29-6

Chico Estrela e Zé Foguetinho
Eliane Alves Batista
Gênero: Infantil
Formato: 17x24
Páginas: 24
ISBN 978-85-60451-26-5

Qualidade de Vida e Autoconhecimento
Autor: Rossano Sobrinho
Gênero: Autoconhecimento
Formato: 16x23
Páginas: 192
ISBN 978-85-60451-25-3

PROGRAMA ESPÍRITA DE RÁDIO "O CRISTO CONSOLADOR"

Ouça na rede de rádio Boa Nova às quintas-feiras às 22:00hs. 1450 AM ou na Parabólica atráves do Canal do Boi (áudio 615).

Prezados Companheiros da Seara Espírita,

Em 1996, pela orientação do Mundo Espiritual, o Grupo Espírita Eurípedes Barsanulfo recebeu através do médium Izoldino Rezende de Morais, seu fundador e dirigente, a incumbência da divulgação da Doutrina Espírita, pelo rádio, para todo o Brasil, com mensagens diversas e livros da Codificação Espírita, a preços populares para as casas espíritas. Junto dessas atividades, surgiu a doação de livros da Codificação Espírita, que o próprio Grupo Espírita Eurípedes Barsanulfo recebeu de uma editora espírita. Foi feita a distribuição gratuita de 3.000 exemplares do livro "O Evangelho Segundo o Espiritismo".

No decorrer desses 14 anos de nosso trabalho, o Grupo Eurípedes Barsanulfo fundou a Editora e Distribuidora de Livros Espíritas Chico Xavier, que edita e distribui livros espíritas para todo o Brasil. Hoje, ela tem o programa espírita "O Cristo Consolador", que está sendo transmitido por mais de 160 emissoras de rádio, por cidades de todos os estados do Brasil. Temos também um trabalho de divulgação que produzimos e distribuímos gratuitamente cerca de 3.000.000 mensagens espíritas por ano.

Também você pode participar conosco dessa divulgação de nossa querida e consoladora Doutrina Espírita, conseguindo numa rádio de sua cidade um horário para a transmissão do programa "O Cristo Consolador", cujos programas ser-lhe-ão enviados pela Editora e Distribuidora de Livros Espíritas Chico Xavier sem nenhuma despesa. Para isso, comunique-se conosco pelo e-mail contato@editorachicoxavier.com.br ou o telefone 0800-283-7147. Você poderá escolher entre programas de 15, 30 ou 60 minutos.

Com os nossos agradecimentos e abraços fraternos.

Editora e Distribuidora de Livros Espíritas Chico Xavier

Santa Luzia, na Grande Belo Horizonte (MG).